# Model Graphix
# ガンダム アーカイヴス
## 『機動戦士ガンダム00』編

モデルグラフィックス編

大日本絵画

# Model Graphix ガンダム アーカイヴス

## 『機動戦士ガンダム00』編

## モデルグラフィックス編



**'85年に創刊した模型専門雑誌『月刊モデルグラフィックス』には創刊当初より数々のガンプラ作例やスクラッチビルド作例が掲載され続けてきていますが、本書はその膨大な作例群のなかから『機動戦士ガンダム00』シリーズを題材とする作例をピックアップしてまとめたものです。なお、本書内でのガンダム世界考証は模型を楽しむための独自のもので、公式設定を下敷きにしていますがサンライズ公式設定ではないことをお断りいたします。**

＊本書では基本的に雑誌掲載当時の記事表記に準じるようにしています。そのため、「本誌」＝『月刊モデルグラフィックス』、「MG」＝マスターグレード、「PG」＝パーフェクトグレード、「センチネル」＝ガンダムセンチネルの略となっています。また、記事中にあるマテリアルやキットに関する表記は掲載当時のものになっているため、現在は販売が停止されていたり名称が変更になっていたり価格が改訂されていたりする場合がありますのでご了承ください（バンダイ ホビー事業部は'18年4月よりBANDAI SPIRITS ホビー事業部へと改編されています）

# Contents;

NDAM EXIA

# 20th Evolution!!!

Model Graphix 2018年12月号 掲載

## PG20年目の「進化（Evolution）」

**プロポーションとディテール、機構再現、可動、発光ギミック——すべての面で進化を遂げた"PGの新基準"を作る。**

PG第一弾であったエヴァンゲリオン初号機が発売された'97年から数えて20年後の'17年年末、その間の蓄積を集約しそれを超えるという「PGの進化」を狙って開発されたのがこの1/60 PG ガンダムエクシアだ。PGは、「パーフェクトグレード」＝究極のガンプラ、つまり「それ以上はない」ものを作り続けていくという重い目標が課されたシリーズだが、このPGエクシアは、20周年を記念するタイミングでそれまで以上のPGの進化を我々に見せてくれた。

開発にあたってはGNドライヴからGN粒子が全身に伝達していく機構が徹底考証され、新設計のLEDユニットや新採用導光素材によりガンプラの電飾の新境地を開拓、電飾と可動の両立の新たな可能性を世に示した。同時にガンダムエクシアとしてこれ以上はないのではないかと思わせるカッコよさでプロポーションとディテールを再構築し、全方位から見てまったく隙がない、まさに「パーフェクトグレード」の面目躍如な、完璧なガンプラとなった。相当なボリュームとギミック密度のキットなため作例の製作に時間がかかりこのタイミングでの掲載となったが、このあとガンダムエクシア用LEDユニットやPGダブルオーガンダムセブンソード/Gなどの発売も控えているので、まだ製作していないという方はこれを機にぜひ作ってみていただきたい傑作キットである。

GN-001 ガンダムエクシア (LIGHTING MODEL)
BANDAI SPIRITS 1/60
パーフェクトグレードシリーズ
インジェクションプラスチックキット
発売中 税込3万4560円
製作・文／**堀越智弘**

1/60 PG GU

"PERFECT"
PROPORTION
CELESTIAL BEING
GN
BANDAI

●PGガンダムエクシアは'17年11月に電飾が含まれない通常版（税込1万9440円）と　電飾ギミックが同梱された「LIGHTING MODEL」（税込3万4560円）が発売されたが、今年（'18年）の12月には電飾ギミック単品の「PG 1/60 ガンダムエクシア用LEDユニット」（税込1万5120円）がプレミアムバンダイにて販売される。プレミアムバンダイからは同時期に「PG 1/60 ガンダムエクシア クリアカラーボディ」（税込3700円）、「PG 1/60 ガンダムエクシア用リペアパーツセット」（税込4320円 再版）なども販売。また、その後にPG 1/60 ダブルオーガンダムセブンソード/G（2万4840円）の発売も控えており、続々発売される『00』関連のガンプラに要注目 なのである

●「LIGHTING MODEL」では、新設計のLEDユニットによりGN粒子の蓄積／圧縮による色調変化を表現。電飾ユニットのボタンを押し重ねていくことにより、起動状態の「緑」から稼動状態の「緑／青」と推移し、臨界状態となる「赤」へ変化していくようになっている。もちろん電飾により可動や組みやすさを損ねないような設計となっており、これだけ光るうえに非常にポージングの自由度が高い仕様となっている

20th Evolution!!!
PG GUNDAM EXIA

もはや「究極を超えている」ほどの完成度なので「こう改造したらカッコ良くなる」なんてポイントはもはや皆無と言っていいPGガンダムエクシア。でも……やっぱりパチ組みではなくモデラーの技術の粋を尽くして塗装して仕上げればその見映えは格段に上がります。PGのマイルストーンとなった傑作ガンプラを活かしきるていねいかつ繊細な工作と塗装、そしてマーキング――モデラーだからこそ作り上げられる至高のエクシアをじっくりとご覧ください。

# PG20周年、“完璧”を超えたその先へ――
# ガンプラが到達した極限を模型として作る。
## パーフェクトグレード ガンダムエクシア

BANDAI SPIRITS
1/60 パーフェクトグレード
GN-001 ガンダムエクシア

# 20th Evolution!!!
## PG GUNDAM EXIA

### サイズが生む圧倒的迫力と精緻なモデリング、そして考証に裏付けられた説得力

●PG化にあたっては、メカデザイナー海老川兼武氏の監修によりGNドライヴによる機体構造を考証。背中のGNドライヴからGN粒子が伝達されるメカニズムをフレーム構造や導光素材を使って巧みに表現している。とくに肩や脚に採用された新素材導光材は質感、発光具合ともにすばらしく、軟質樹脂製なので可動も損なっていないところがすごい。全身に発光ギミックを搭載しながら配線が露出せず可動も損なわない。ギミックと高い完成度の外観をみごとに両立していることにも驚かされる。PG化にあたり1/60という大きさに見合うよう再構築された面構成やエッジの情報量はアニメ設定画や劇中作画をはるかに上回るものとなり、間近に眺め体感できる「立体物であることの優位」を見事に体現するものとなっている。歴代のPGシリーズでは毎回「これ以上のガンプラはもう難しいのではないか」という感想を抱かさせられるが、そのようなシリーズのなかでも傑出した内容と完成度を持つ逸品、それがこのPGガンダムエクシアなのである

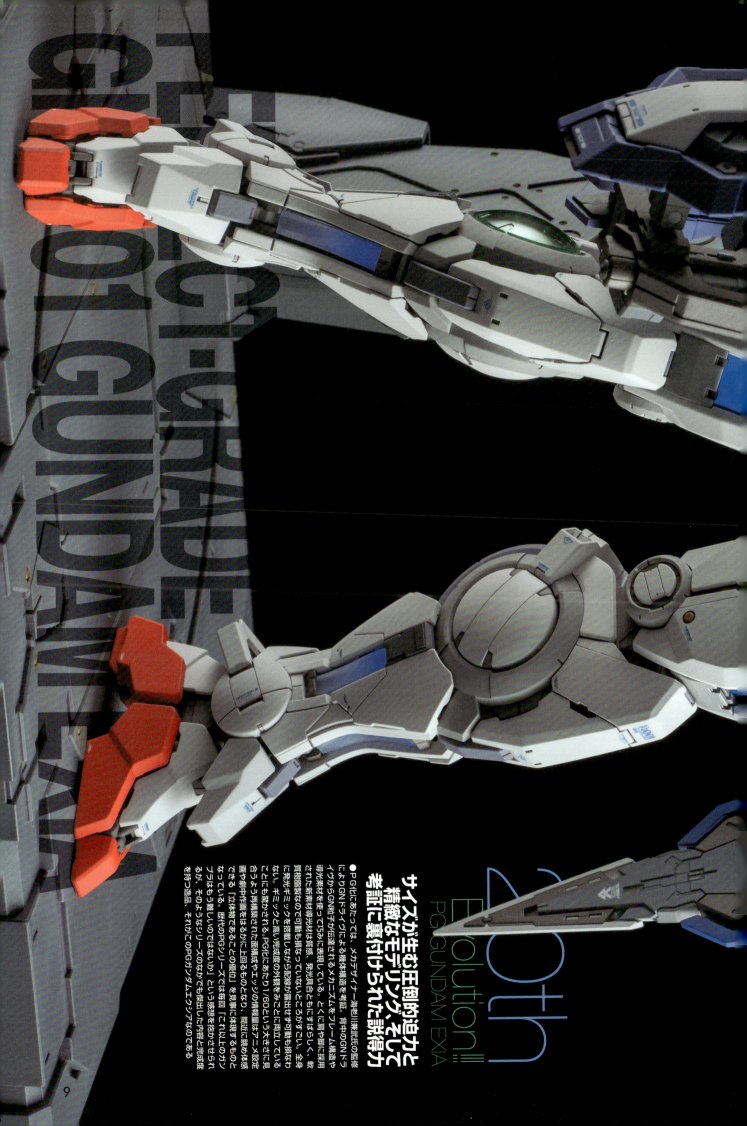

# PGの面目躍如、圧倒的ギミックの集積体。

# PERFECT-GRADE 1/60 GN-001 GUNDAM EXIA

## 20th Evolution!!!

## PG GUNDAM EXIA

- ●作例は「LIGHTING MODEL」を製作
- ●全身の外装が可動するハッチオープンギミックを搭載。ユニットの重なり合いや内から見えるフレーム構造がメカニカルなリアリティーを演出
- ●GNソード、GNシールドは可動式で展開可能。腕にフレームでジョイントされるので、しっかりと保持できるようになっている
- ●GNロングブレイドとGNショートブレイドは腰に取り付け可能。取り付け部の太もも付け根関節部は引き出し式の凝った構造になっている
- ●GNドライブは取り外し可能。ベース側に取り付けることもでき、胴体側のカバーパーツも付属
- ●見る角度により精悍にもアルカイックにも見えるエクシアの頭部を完璧なカッコよさで立体化

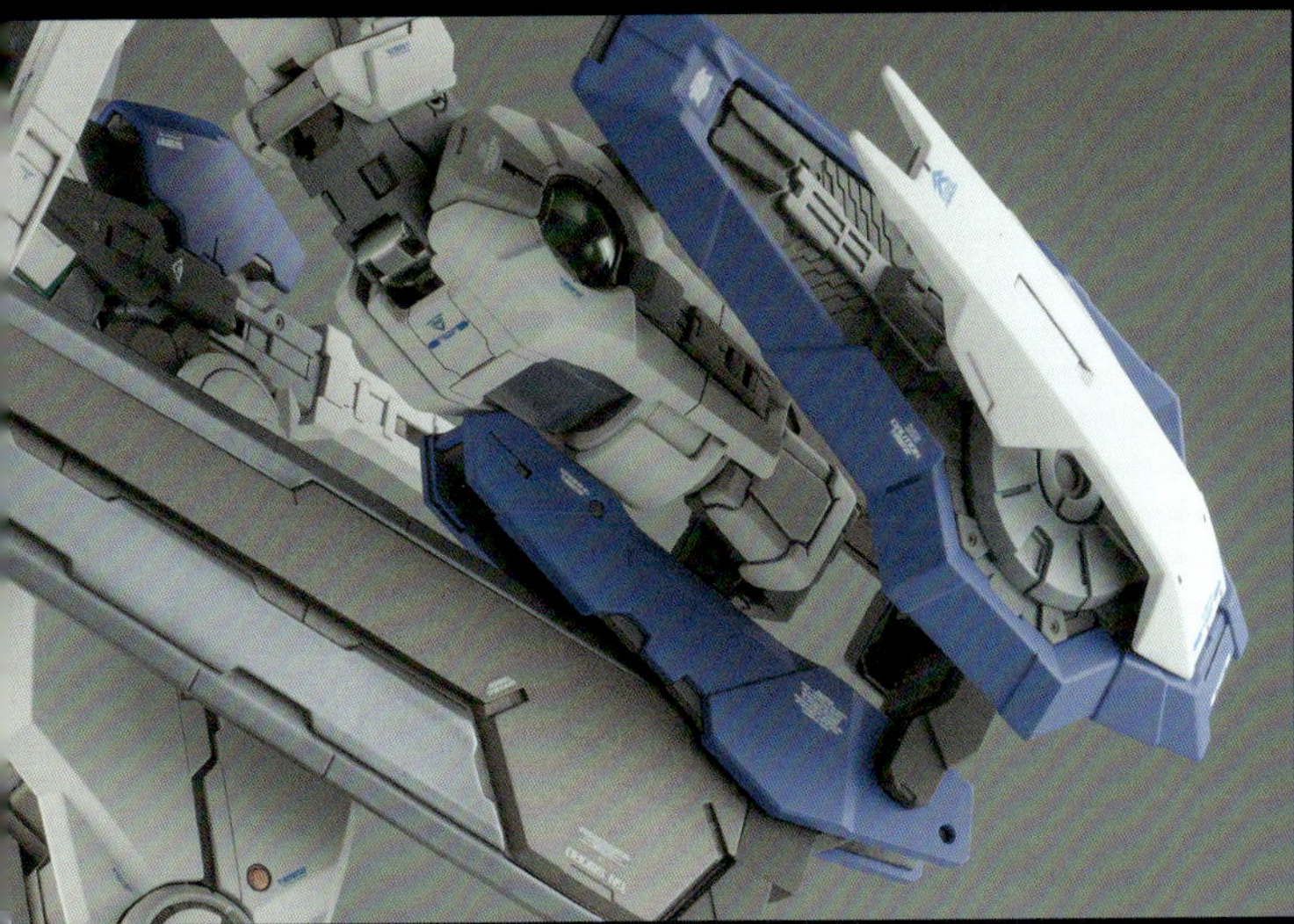

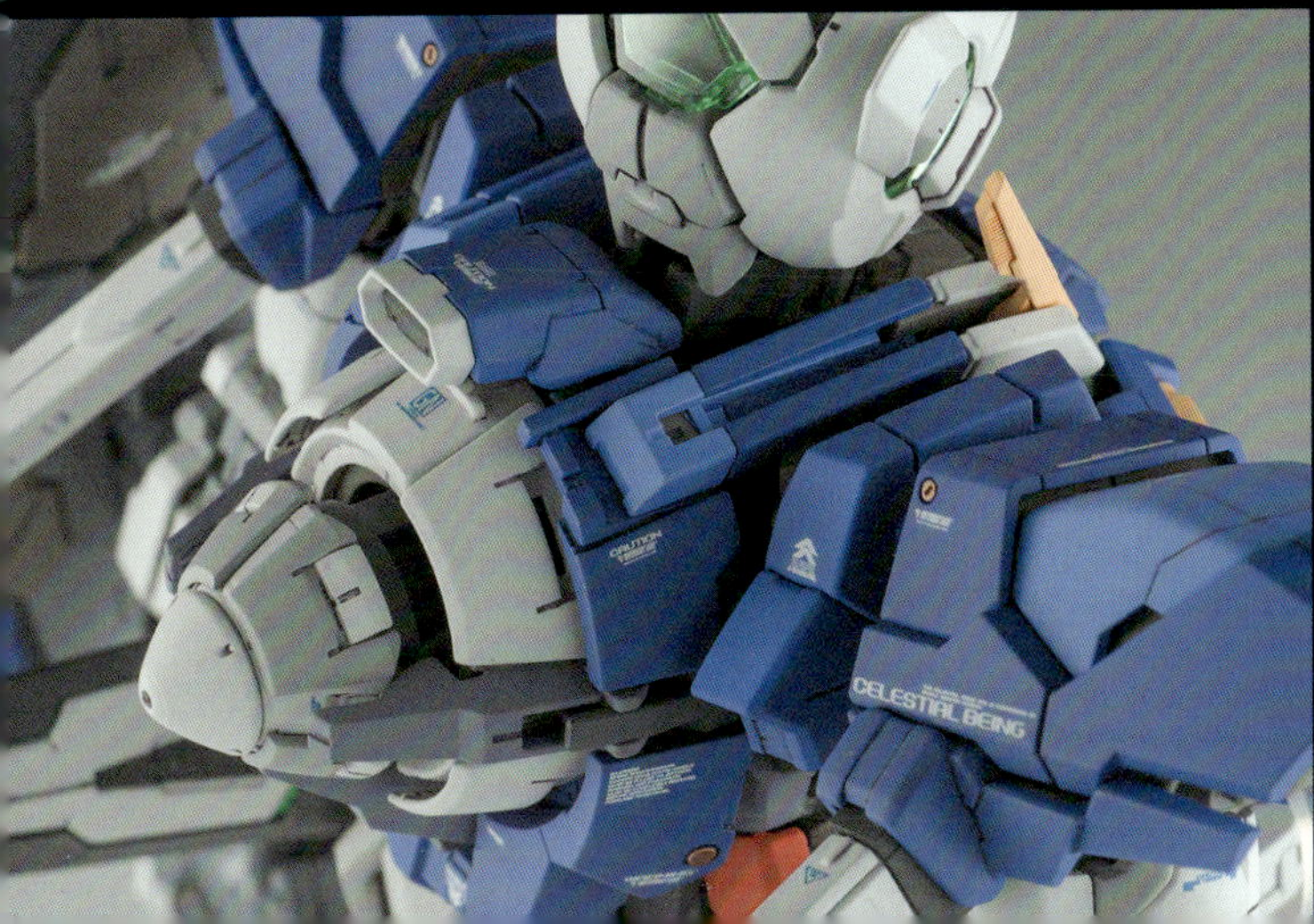

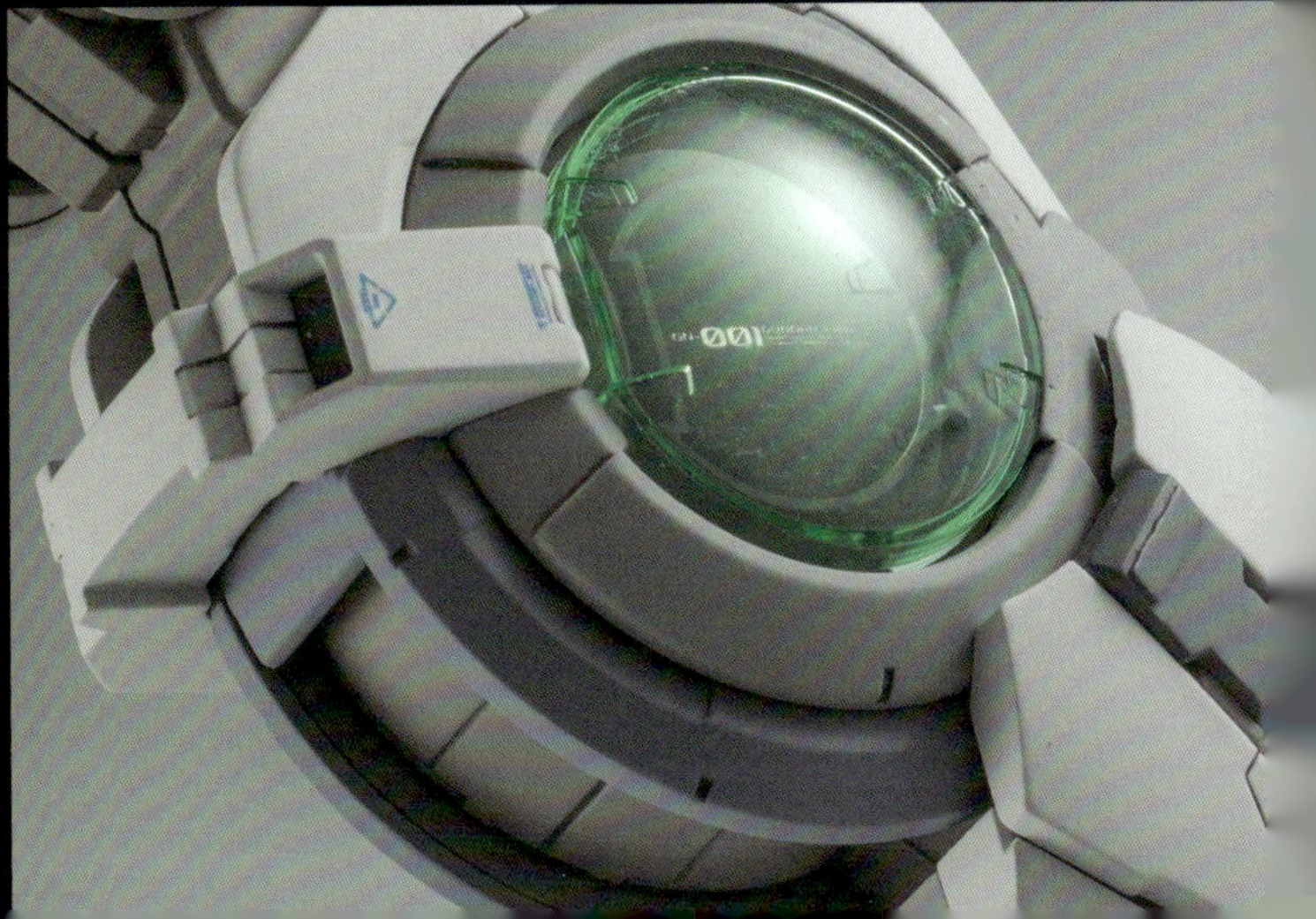

CELESTIAL BEING

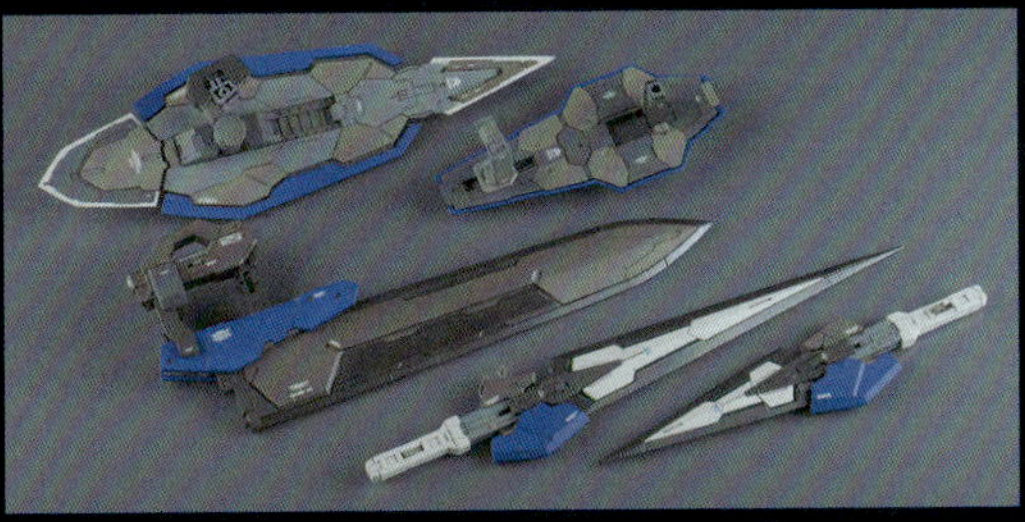

●胸や脚のGNコンデンサーはクリアーパーツやフィルムの多層構造とすることにより、発光時にはあたかもモニターに文字が浮かび上がっているかのような見え方を実現している。写真では伝わりにくいが目視すると、本当に光の文字が浮き上がってきているように見え、その雰囲気と質感に驚かされる
●作例では肩アーマーなどに部分的にスジ彫りを追加。どうしても加工しないといけないところではまったくないが、「模型誌のPGの作例がストレート組みではあまりに面白くない」ということでモデラーとして工夫を盛り込んだ数少ない箇所である
●フレームの塗り分けはモデラーによる塗装仕上げならではのところ。適度に塗り分けをするだけで、もともと出来が良いフレームが完成後にはさらに引き立って見えるようになる
●エクストラフィニッシュの武器の刃部分はいったんコーティングを剥がして塗装により狙った質感で仕上げた
●電飾ユニットを収めるベースは、裏側に使用しないパーツを収めておくことができるようになっている

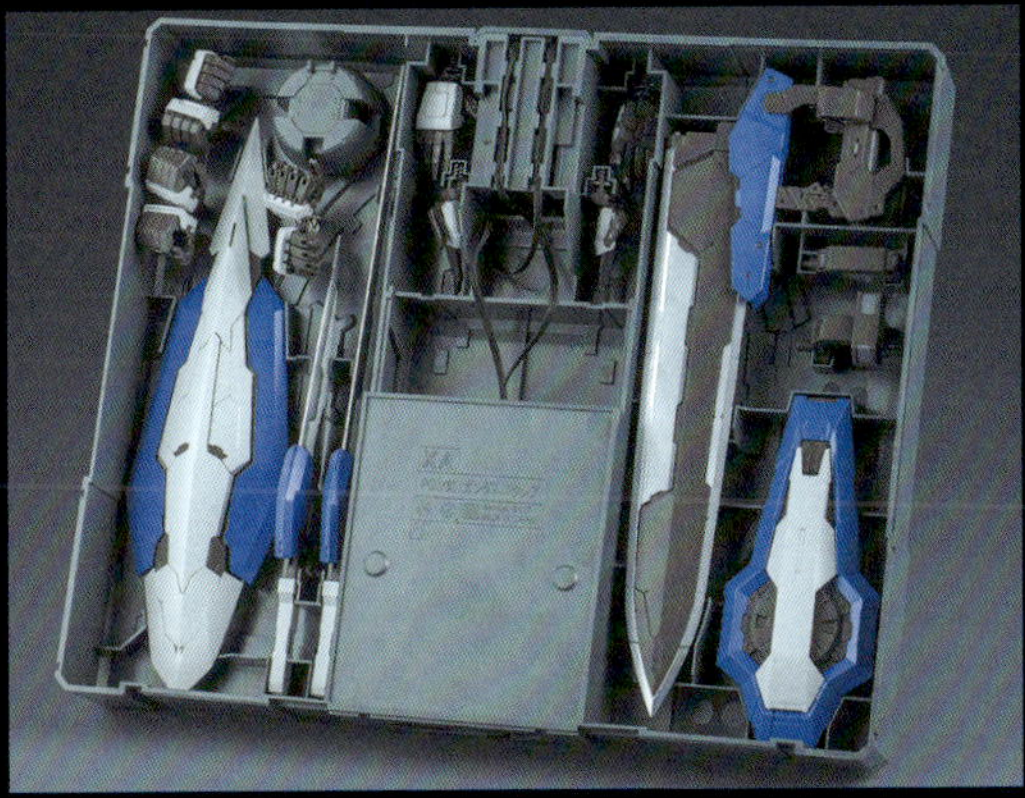

# 20th Evolution!!!
PG GUNDAM EXIA

## 『OO』ファンならずとも一度は作りたい、ガンプラ進化のカッティングエッジ。

『機動戦士ガンダムOO』10周年記念、「GUNPLA Evolution Project」第3弾として発表されたPGガンダムエクシア。海老川氏のデザインをまさしくパーフェクトに捉えたプロポーションで、緑色から赤色に発光する演出の新開発LEDユニットとしなやかに曲がる専用シリコーンゴム製導光材を採用することで、可動と発光を両立させたPGならではの贅沢装備な超大作キットです。無論、劇中で使用した装備やギミックも完全再現。もうモデラーが手を加える部分はないと断言できるくらいの理想のエクシアですが、このまま何もしないで完成……ともいかないので、ちょっと手を加えてさらなる完成度の高みを目指します。

◆工作

内部フレームから製作していきます。ていねいに各パーツを整形し、塗装してからLEDユニットを組み込みつつ内部フレームを組んでいきます。LEDユニットは内部フレームにピタリと収まります。Cランナーのクリアーブルーのパーツは傷がつかないようにランナーから切り離したらビニール袋に入れておきましょう。傷がついた場合は研磨材で磨くのではなくクリアー塗料を吹いたほうが簡単に傷を目立たなくできます。また遮光のためのシルバーのシールは忘れずに貼りましょう。腰パーツのJ10は少々外れやすかったので瞬間接着剤で接着しておきました。内部フレームは1色よりは3~4色で塗り分けたほうがより立体映えします。塗装後、ツヤ消しクリアーを吹いてから組み立てています。

外装パーツはディテールも程よく、とてもよくできていますが、大きなパーツが多いので、胸／肩／前腕／太ももなどにスジ彫りを追加しました。あとはきれいにゲート処理をして表面処理を施しただけです。グリーンとスモークのクリアーパーツは塗装をするとLEDの光量が落ちてクリアスモークに貼るシールの文字が見えなくなるので、今回は塗装せず磨いています。

武器のエクストラフィニッシュのパーツは、塗装仕上げにするためコーティングをうすめ液で落としました。浸けすぎるとパーツがもろくなるので注意が必要です。

◆塗装／マーキング

塗装ですが、内部フレームはサーフェイサーレスで塗装しました。その代わり、塗料にMr.サーフェイサー1500ホワイトを混ぜて食い付きをよくしています。外装パーツには普通の下地用のサーフェイサーを吹きました。以下色のレシピです。

ホワイト／GXクールホワイト+Mr.カラー13番ニュートラルグレー少量
青／タミヤラッカー系塗料LP6ピュアブルー+Mr.カラー色ノ源シアン少量+色ノ源マゼンタ少量
赤／Mr.カラー68番モンザレッド+171番蛍光レッド少量+色ノ源マゼンタ少量
黄色／GSIクレオス みるきぃぱすてるCP12ハニーオレンジ
フレーム色①／Mr.カラー40番ジャーマングレー+22番ダークアース
フレーム色②／Mr.カラー13番ニュートラルグレー+45番セールカラー
フレーム色③／Mr.カラー26番ダックエッググリーン+13番ニュートラルグレー少量
フレーム色④／タミヤラッカー系塗料LP14舞鶴海軍工廠グレイ
武器／Mr.カラー61番焼鉄色

スミ入れは、内部フレームにABSが採用されていますので、Mr.ウェザリングカラーのWC06マルチグレー+WC11レイヤーバイオレットで行ないました。

デカールはPGダブルオーガンダム用、MGガンダムエクシア用、RGガンダムエクシア用、モデルカステンのコーションデカールホワイト、ラインデカールホワイトなどを使用しています。

完成してみると、GNドライヴの発光演出が本当に美しいですね。エクシア特有の、頭が大きく足首が小さいプロポーションも完全に再現されていて、『OO』ファンなら見逃すことはできない究極のエクシアが目の前に現れます。ボリューム満点ですが、サクサク組み上がりますので一家に1台PGエクシア、ぜひ作ってみてください。■

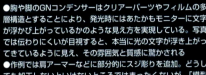

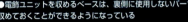

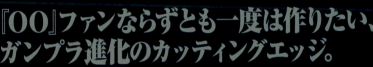

# Celestal Being
# GN-0000 00 GUNDAM

GN-0000+GNR-010
ダブルオーライザー
BANDAI SPIRITS
1/60　パーフェクトグレードシリーズ
インジェクションプラスチックキット
発売中　税込2万7000円
製作・文／竹本浩二

Model Graphix
2009年2月号
掲載

## 究極の姿勢保持性能を誇る最新PGを、ディテールを最大限に魅せる塗装法で

パーフェクトグレードシリーズ最新作であるダブルオーライザーは、全身のGNコンデンサー部に新設計のクラッチ機構を取り入れたことで従来のガンプラ以上の保持力を獲得し、GNドライブの発光や内部フライホイールの回転をも再現。もちろんスタイリングも抜群で、作るおもしろさと遊ぶ楽しさ、そして見る喜びを見事に融合した新たなフラグシップとなっている。質、量ともに最高峰のガンプラとなったこのダブルオーライザー、そのよさを最大限に活かすべく、塗装にこだわって製作してみることにした。

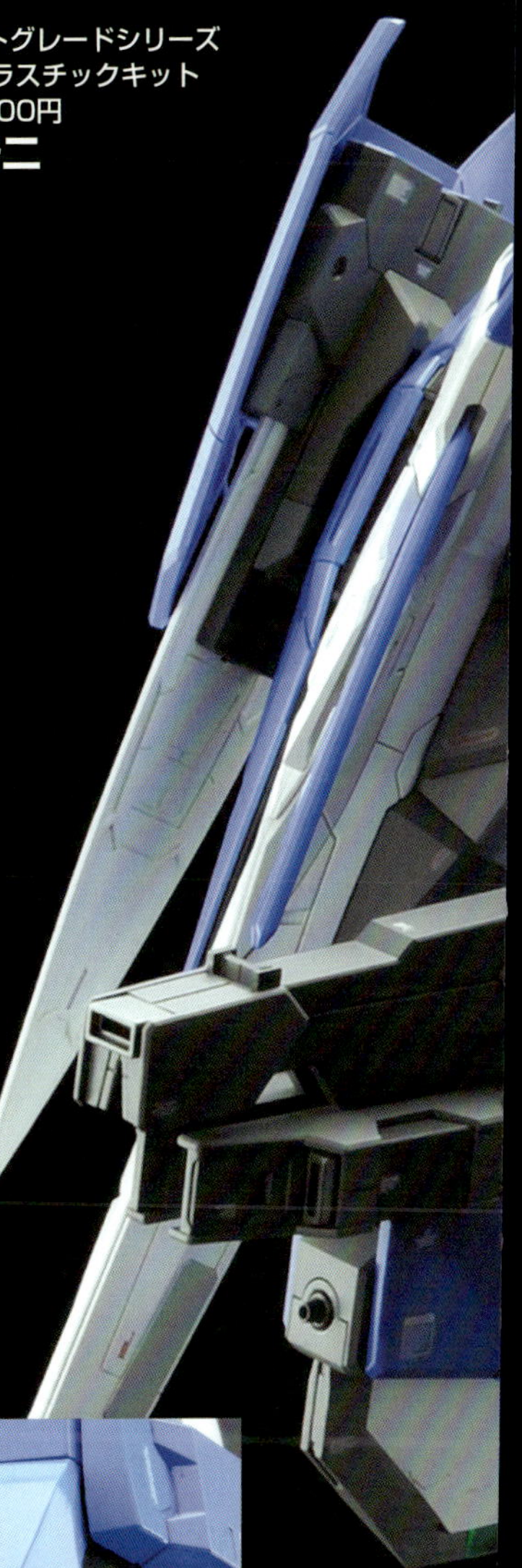

# BANDAI SPIRITS PG 1/60
# 00 GUNDAM＋O RAISER

●腕部には、肩／ヒジ／手首の３カ所にGNコンデンサーが内蔵されている。GNコンデンサーはスプリングとビスを内蔵し、ギザギザの板同士を押しつけるクラッチ機構によって関節が保持されるように設計されている。手の指はPGではおなじみになったシステムインジェクションによるもので組み立て済みになっている
●ヒザ関節を曲げると内部フレームが連動するようになっている。太もも側面のディテールにも注目してほしい
●コクピットハッチは設定どおり外装をスライドして開けられる
●胴体は各ブロックがねじれつつ可動。隙間に伝達ケーブルが覗く
●バックパックは緩やかな曲面を取り入れることで色気のある形状にアレンジ。中央上部の穴はオーライザーを接続するための穴

### ◆ダブルオーガンダムの工作

とてもよくできたキットなので、成型の都合で甘くなっているモールドの彫り直しなど、パーツのシャープさを向上させる工作を施していけば、難しい改造をしなくても非常に見映えがします。パーツを見ていくと、フレームや装甲パーツが強度を保てるギリギリのところまでこまかく分割されていることがわかりますが、作例ではさらに密度感を上げるためにスジ彫りを追加していくことにしました。フレームは、ABSパーツで硬く粘りがあるので、スジ彫りがしにくいです。一気に彫ろうとするとスジのエッジが凸凹してしまうので、軽く何度もなぞるようにして彫っていくとよいでしょう。少々慣れが必要かもしれませんが、デザインナイフの刃であたりをつけてから、チゼルやタガネなどのスジ彫り用工具で彫り直す方法がおすすめです。

側頭部のパーツは複雑な形状ですが、左右とも一体成型になっています。こうしたところは一体に成型されたパーツを「複数のユニットの集合体」のように見せることができればリアリティーと模型としての密度感が上げられます。ユニットの分割ラインにはスジ彫りが入っていますが、なかには途中で途切れているところもあります。そのスジ彫りをパーツの端やフチのところまで延ばすだけでも印象が変わってきます。また、スジ彫りを深くするとユニットごとの別体感を強調することもできます。

胴体内部フレームはとても複雑なので、キットのまま製作しています。胸の青い装甲パーツはミゾを彫り直しました。こういう幅広のミゾは、刃幅のバリエーションが豊富なタガネが便利です。いろいろなユニットの角にある面取りは、全体にメリハリが出るように幅や角度をコントロールしています。面の強調したいところを見極めて、ヤスリやデザインナイフをあてて整形していきます。腹の赤いパーツはスジ彫りの入れ方次第でユニットが複雑に組み合わさっているように見せることができます。

肩は、装甲パーツの合わせ目が目立ったので段落ちモールドにしました。また、ミ

# BANDAI SPIRITS PERFECT GRADE 1/60 00 GUNDAM＋0 RAISER

●オーライザーにたくさんの武装が付属するのが本製品のウリのひとつ。GNミサイルA/S（対艦用途）、粒子拡散ミサイル（一定エリアでビーム兵器などの使用を制限する）、ハンドミサイルユニット（キュリアオスが使用したものと同一規格）、GNコンデンサー（機体活動時間を延長）を選んで取り付けることができるようになっている

ゾが浅く途中で途切れているので、彫り直すのと同時にミゾをパーツのフチまで延長しました。ヒジの外装パーツは複雑な形状をしているので、同様にスジ彫りを施していくと効果的です。腕の内部フレームもスジ彫りの入れ方次第でパーツ数以上に複雑に組み合わさっているように見せられます。

腰部のポイントは、フロント／サイドアーマー。ここもスジ彫りでユニットの複合体のように見せていきます。脚部のフレーム構造は完成度が高く複雑なのでそのまま作りましたが、外装にはアレンジを加えてみました。とはいっても、ここまでと同様に、スジ彫りを追加して面を調整したくらい。ヒザ装甲やスネの装甲がポイントです。

### ◆オーライザーの工作

基本的にはダブルオーライザー本体と同じスタンスで、スジ彫りと面の調整を中心に工作しています。こちらはパーツ同士の合わせ目が目立つところがいくつかありますので、合わせ目消しをしたり段落ちディテールにしたりしています。

### ◆塗装と仕上げ

フレームはグリーン系のグレーを5色使って塗り分けています。階層ごとにバランスを見ながらパーツ単位で塗り分けます。スジ彫りで分割ラインを増やしたところはマスキングでさらに塗り分けます。装甲の基本的な配色は設定どおりですが、各色2～3のトーンを使い分け、それにプラスしてアクセントとして同系色のメタリック色で塗り分けていきます。なお、メタリック色は小さな面に塗った方が効果的です。バックパックは印象に変化をつけるためにメタリック色ベースでポイントに白を配色しています。武器類は本体に使用した色と武器用に調色した色から3～4色を選んで塗り分けます。ここでもアクセントとしてメタリック色を使っています。GNドライヴは分解できるところまで分解し、あとはマスキングで塗り分けています。メッキパーツはそのままだと輝きが強く目立ちすぎるので、クリアーカラーで色味を変え落ち着

## オーライザーだけでもめっちゃ楽しいのだ!

●サイドバインダーのクラビカルアンテナは上下に展開可能。機体下面もディテールがぎっしりつまっており、双発ジェット戦闘機のような機体形状になっている。3本のランディングギアが展開するギミックが採用され、駐機状態を再現することも可能。初回生産ぶんには特典としてディスプレイスタンドに取り付けるための専用パーツが付属し、飛行状態で飾ることができる

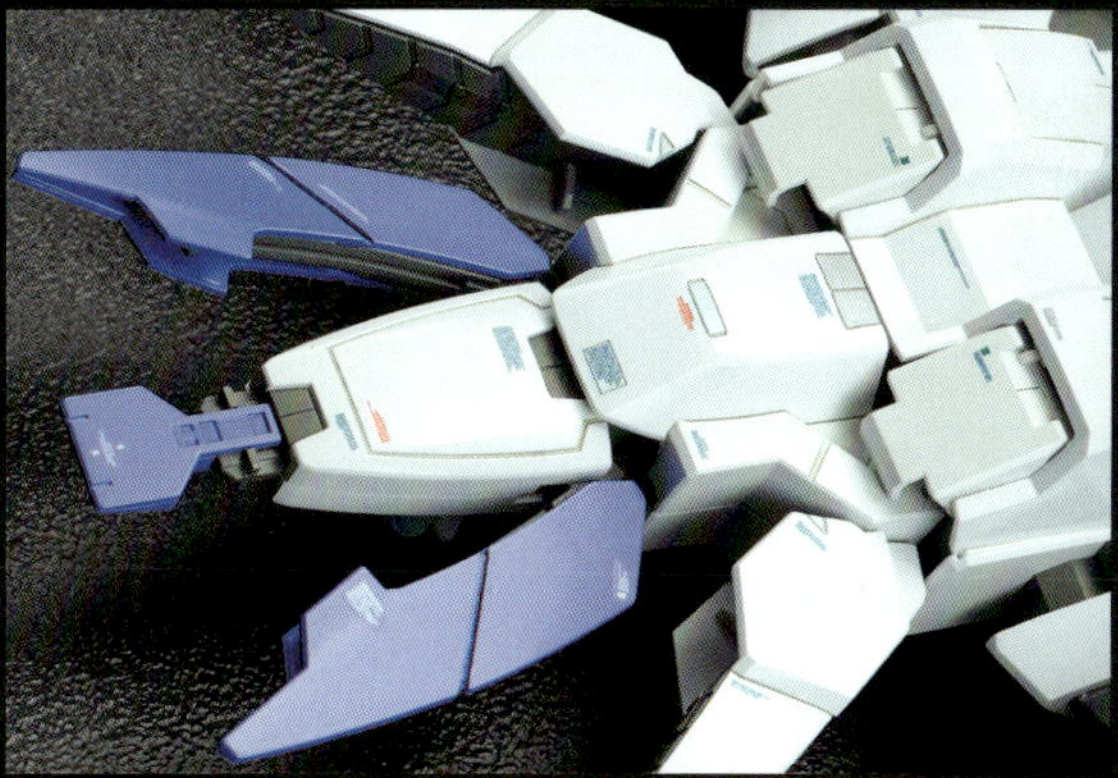

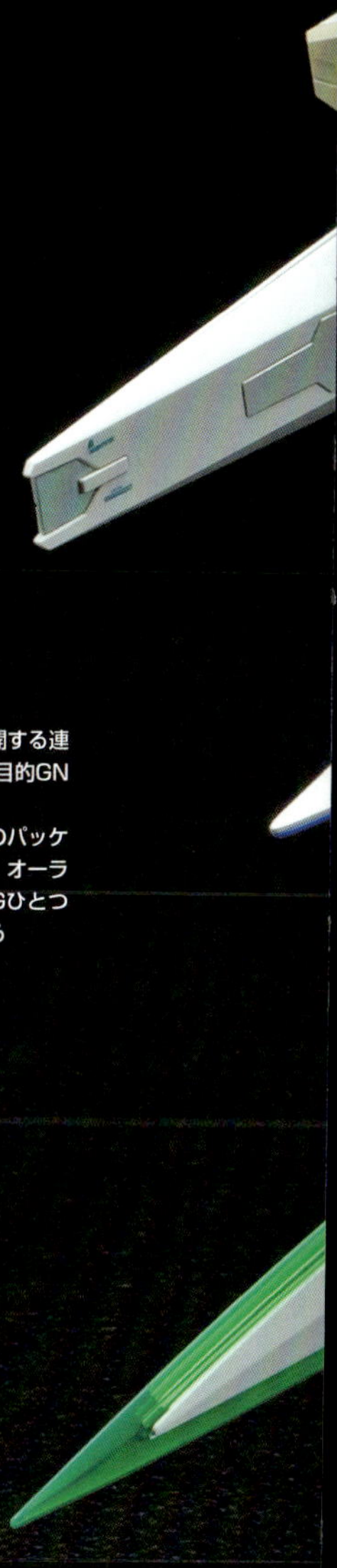

▲機体後部を引き出すとノズルが展開する連動ギミック。コクピットハッチと多目的GNコンデンサのハッチは開閉可能だ
▼武装をフル装備した状態。本製品のパッケージはなかでふたつに分けれており、オーライザーとその武装だけでひと箱、MGひとつぶんを超えるボリュームとなっている

いたトーンになるよう若干スモークを重ねています。基本はフィニッシャーズカラーを使って調色しましたが、今回活躍したのがGSIクレオスの「みるきぃぱすてる」と「色ノ源」でした。みるきぃぱすてるのやわらかく鮮やかな色調をベースに純色である色ノ源で彩度を調整しましたが、この組み合わせは応用範囲が広そうです。

オーライザーは、フレーム/装甲ともに塗り分け塗装をしましたが、統一感を持たせるためにダブルオーガンダム本体に準じた塗り分けにしました。また、ポリパーツがむき出しのところがあるのでそこも塗装しています。ポリパーツは通常のラッカー系塗料そのままでは食いつかないので、プライマーは必須です。今回使用したのはミッチャクロンマルチ。業務用ですが、軟質樹脂にも食いつくようになり、透明なところも使い勝手がよいです。

デカールですが、今回の作例ではフレームも見せ場のひとつになりますので、外装以外にもコーションマークを貼り込んでいます。ガンダムデカールやベルテクス製デカールから、あまりうるさくなりすぎないような小さめのものを選びました。赤白2色を使用することで変化をつけています。装甲はフレームと同色だと変化に乏しいので、グリーンのデカールを貼っています。グリーンのコーションは市販品では見あたらなかったので、MDプリンターで自作しています。MDプリンターはその特性上、特色以外は網点が目立ってしまいますので、インクが透けるのを活かした重ね刷りでグリーンのマーキングを刷りました。イエローにシアンを2回重ねています。

スミ入れは、装甲はグリーン系のグレー、フレームはブラウングレーで施し、最後にフレームはしっとりめのツヤ消し、外装はグロスでクリアーコーティングしました。

膨大なパーツ数ですので塗り分けには手間がかかりますが、やっただけの成果は絶対に出ます。ぜひとも全塗装での仕上げにチャレンジしてみてください。今年はガンプラ30周年、皆さんもこのすばらしいPGをカッコよく完成させてみてください。■

GN-0000 ダブルオークアンタ
BANDAI SPIRITS　1/100
マスターグレードシリーズ
インジェクションプラスチックキット
発売中　税込4860円
製作・文／**小林祐介**

**マスターグレードとなったことで表現の幅が拡がり、内部フレームが構築され関節構造の追求も行なわれたダブルオークアンタ。結果、当初から可動範囲が意識されたデザインであったことや「なぜこのようなカタチなのか」ということまで明確に理解できるようになっている。さらに、製品化に際してデザイナーの海老川氏が書き下ろしたイラストをもとにディテールが追加され、機体の特徴を高い解像度で把握することができるような決定版立体物となった。そんなMGダブルオークアンタを小林祐介が作り込んだのが本作である。**

2

1

# 究極の使命を背負った刹那の愛機をMGで作る

# 00 QAN[T] GN-0000

Model Graphix
2001年10月号
掲載

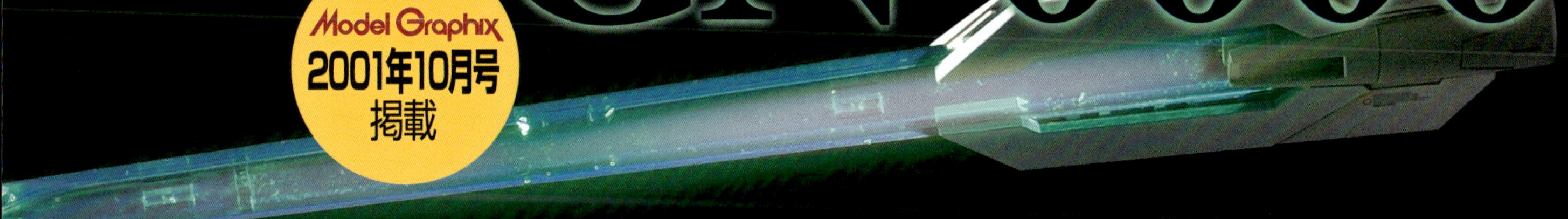

4

3

1頭部は小林氏の好みでフェイス周りを中心に手を入れ、小顔化というよりは「ぶかぶかのヘルメットをかぶっている」ようなイメージに仕上げている。全身各部のクリアーグリーンのレンズ状のコンデンサーのパーツには裏側から彫刻が施され、胸部のレンズ部にはモールド部分が抜かれている裏当てをはめ込むようになっていて、GNドライヴ内にLEDユニットを入れて発光させると全体ではなくディテールのみが発光するという凝った仕様だ
2シールドはアームを介して背面にまわすことができ、内部のGNドライヴを引き出して背中のGNドライブと直結させることもできる

3腕部は広い可動範囲を持ち、肩は胸部の青い装甲とともに上下前後にスイングする。ヒジはコンデンサーのある円形の部分と前腕中央の二重関節となっていて135°くらいまで曲げられる。また、手首のコンデンサー部にも可動軸があって青い装甲部分が前後に可動。特筆すべきは拳の手首軸、3軸可動でどの方向へも自在に向けることができる
4背中の青いブロックを取り外すことでGNドライヴの脱着が可能となる。 GNドライヴは前後にLEDユニットを内蔵して発光させることができる（LEDユニットは別売り）。シールド内部の太陽炉は前後にクリアーパーツを使用しているので光を透過する

## クアンタムバーストしたい！ でもどこをイジればいいの？

●本編中で衝撃的な登場をした“クアンタムバースト”。「模型で再現したい！」と思ったとき、改造なしでどこまで再現できるのか？　というのが上の写真。さすがマスターグレードなのでツインドライヴ直結や内部フレーム再現は問題なし。ではGNコンデンサーは……というと、胸部の展開はできないものの手足のコンデンサーは伸縮する設計になっているのだ。チャレンジするなら、胸部を中心にイメージに合わせてコンデンサーを加工しよう。弾けとんだ外装？　磁石を使えば……できるかも

●純粋種のイノベイターとして覚醒した刹那・F・セイエイ専用に作られた「対話のための機体」。作例ではカラーリングをアレンジしている。原色系の面積、とくに赤／黄の部分はできる限り減らし、残したところも彩度を落とすことで落ち着いた色調としている。また、内部フレームに暖色系グレーを使用し、メインカラーの白も赤系に振ることでカラーバランスを調整。全身のスミ入れをブラウン系で行なうことで統一感を出している。グレーを使い分けることで、設定との違和感を最小限に抑えてまとめている

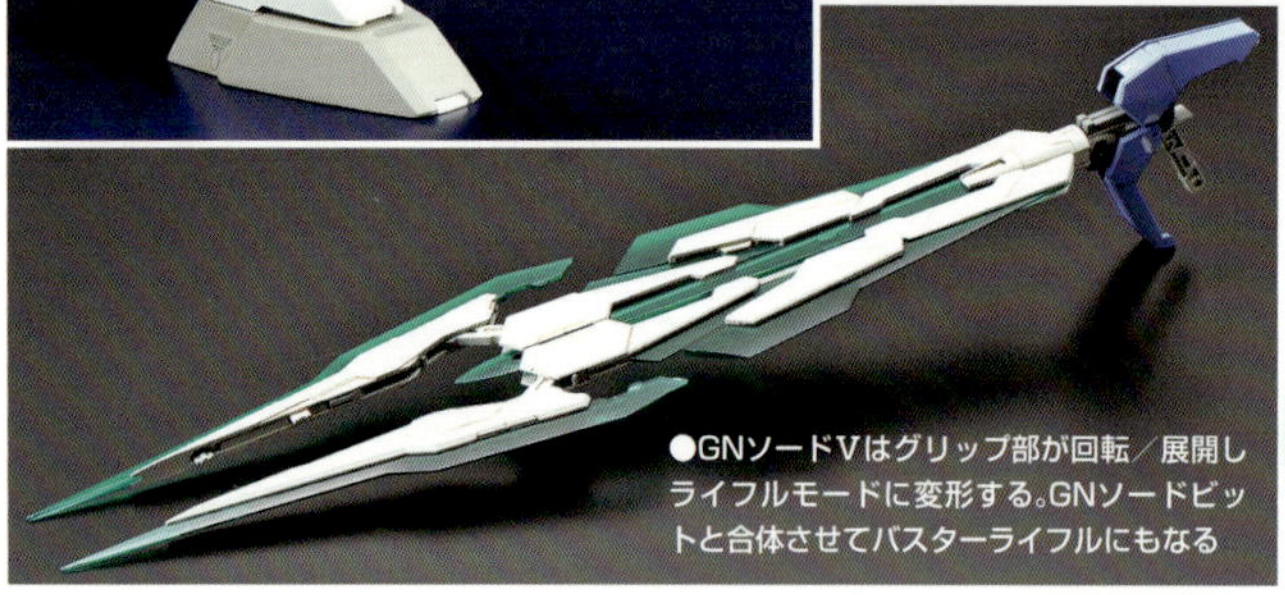

●GNソードVはグリップ部が回転／展開しライフルモードに変形する。GNソードビットと合体させてバスターライフルにもなる

# MASTER GRADE 00 QAN[T]

# GN-0000

### ◆ウルトラQ

劇場版から最速での製品化を果たしたMGダブルオークアンタ。巷では、ダブルオーライザーを初めとする他機体を差し置いた扱いに賛否の声が挙がってるとかいないとか。映画の内容や劇中の活躍はさておき、デザインの印象は、ダブルオーから進化したというよりはガンダムエクシアとダブルオーの中間という感じにも見えます。製品内容はMGエクシアの流れを汲みつつ新しい試みも見られるものとなりました。

### ◆Q連続体

エクシアに回帰するようなカンジでより柔和になった印象の頭部。MGエクシアはかなり野心的な設計でしたが、従来の作りに戻ったようで作りやすいです。個人的な好みで、目、マスクとアゴの境い目、マスク横の頬のライン、アゴの形状、顔の位置に手を入れましたが、もちろんそのまま作ってもカッコよくできあがります。

MGエクシアと同じくボディーには太陽炉を収めることができます。太陽炉の前側3パーツはエクシアとまったく同一ですので流用することもできます。胸～腹の可動はエクシアに準じていますが、より分割が増えた印象がありますので、こまかく塗り分けると密度感が上がるでしょう。　腰サイドアーマーの取り付けは、中央から伸びるフレームを介した方式を採用しており、従来のT字型股関節フレームから脱却していく流れもうかがえます。背中から左肩に伸びるフレームは最初から可動が意識されており、HGよりも畳んだ状態の位置が自然に見えるよう配慮されています。

ダブルオーに準じた形状の腕は、シールドの都合もあってか左右非対照のシルエットになっています。関節部のクリアーパーツはすべて二重構造になっていてエクシアよりも複雑化しました。手首フレームは驚きの3軸可動で、過去最高の可動範囲なのですが、部品がこまかいので破損や紛失には注意しましょう。脚のアウトラインもダブルオーに近く、装甲のスライド機構などMG定番の作りも盛り込まれています。こ

▲足首とヒザ裏装甲の前方から見える部分に原色ではない色を置くことで錯覚的に色数を減らす効果を出した
▲腹部コクピットも再現され内部にはパイロットスーツの刹那の姿が。胸のレンズ部のディテールにも注目だ

▼GNソードVとGNソードビットは差し替えなしで合体。バスターソード時の全長はクアンタ本体の約1.5倍にもなる。グリップのダボと前腕への接続ポイントで保持力は高い

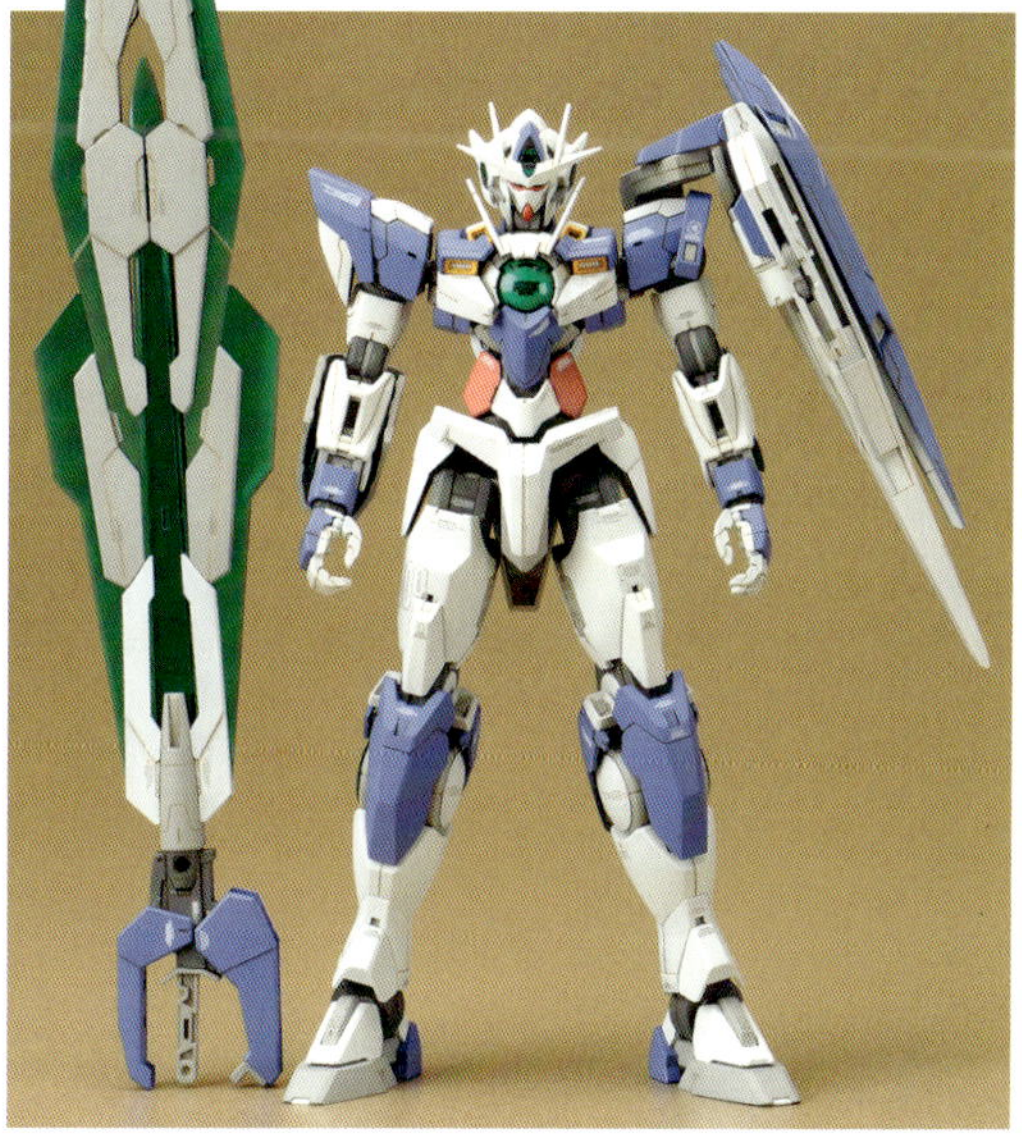

こでもクリアーパーツは腕と同じく二重構造となっていて、よりこまかく複雑になっています。MGエクシアでは足首の可動にもかなり野心的な試みが見られましたが、クアンタはスタンダードな作りへ戻ったカンジで確実な可動となっています。

シールドは内部の太陽炉にクリアーパーツを使い電飾時に効果を発揮。ソードビットはクリアーパーツが多いので、ランナーからの切り出しには気を使いたいところです。GNソードは銃口部分までしっかり抜けていて見た目の印象がとてもいいですね。

### ◆秘密組織Q

設定色はガンダムエクシアの配色を踏襲していますが、刹那も少しオトナになったので、「子供っぽい」ガンダム配色からは卒業して、少しシックな佇まいにしてみようと思い、多少ですがパターンを崩した色分けを試してみました。具体的には、赤と黄色の部分を減らしつつ、ライトエアクラフトグレーを用いることで落ち着いた色調をイメージしてみました。

コーションデカールは普通に貼っていますが、メンテナンスをハロが行なうと考えた場合、バーコードなどなにか違う表現方法を考えてもよいのかも知れませんね。■

### GNドライブを光らせたい！ そんなアナタに

▲MG ダブルオークアンタ、MG ガンダムエクシア、MG ダブルオーライザーなど、対応しているガンプラにこのガンプラLEDユニット2個セット 緑を組み込むことでギミックを発光させることができる（ダブルオークアンタの前後を光らせる場合は2セット必要）。ほかにMGジンクスやガンダムエクシア トランザムモードVer.、ギラ・ドーガほかで使える赤やピンクのLEDユニットも販売されている

Model Graphix
2009年9月号
掲載

# 完成度はピカイチ! 極上の素材で作る最高の主役機を手に入れよう——

**かつてのガンプラブームと同等もしくはそれを上回る商品化ペースでユーザーを盛り上げ新たなガンプラフィーバーを創出した『機動戦士ガンダム00』。TVアニメ放映終了後もガンプラ製品化は続き、OVAや劇場版の公開も予告され、その勢いは衰えを見せません。そして新たに生まれたマスターピースが、このMG最新作であるガンダムエクシア イグニッションモード。生粋の『00』ラヴァーである小林祐介氏が傑作キットを速攻レビューいたします!**

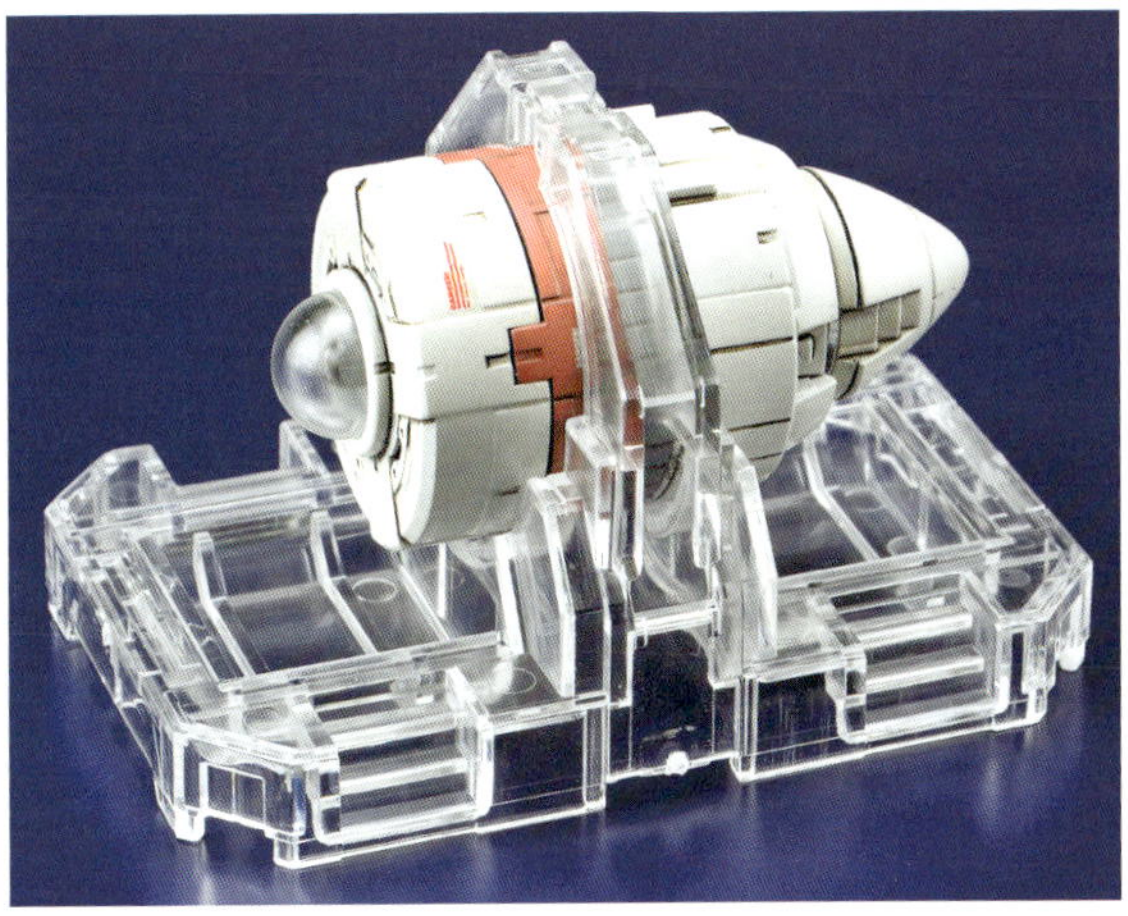

▶イグニッションモードに付属するGNドライヴには緑色LEDを使用したユニットがふたつ内蔵でき、GNドライブをひねることで点灯する。単体でも飾れるようクリアーパーツで成型されたスタンドが付属するが、これはMG化に際して新規にデザイン画が描かれたもの。塗装して仕上げるのもよいだろう

## BANDAI SPIRITS MASTER GRADE 1/100

GN-001 ガンダムエクシア イグニッションモード
BANDAI SPIRITS 1/100 マスターグレードシリーズ
インジェクションプラスチックキット
発売中 税込5400円
製作・文／**小林祐介**

# GN-001 GUNDAM EXIA

## スペシャルなイグニッションモード仕様

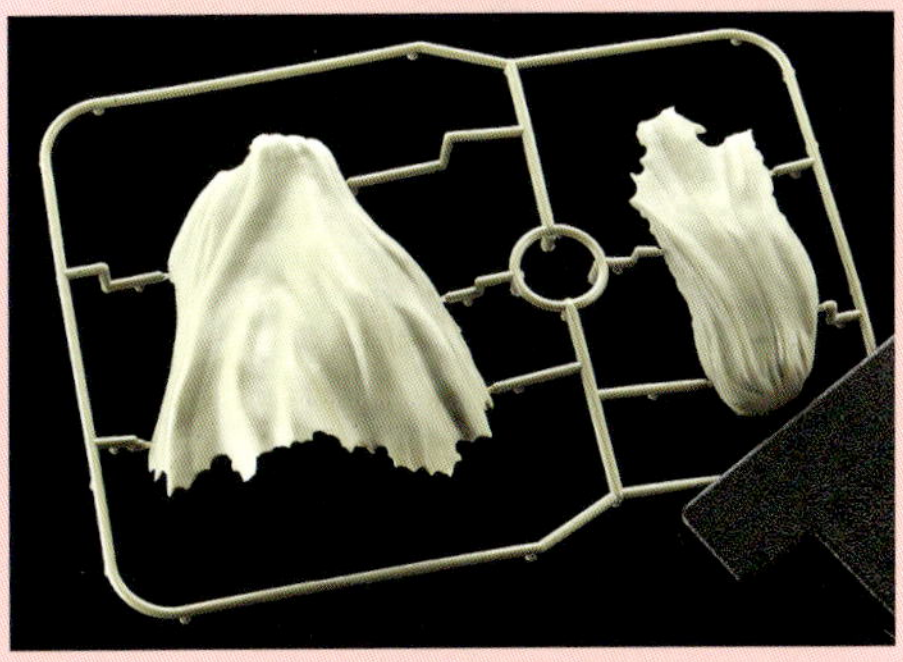

MGガンダムエクシアと同時発売のスペシャルバージョンが「イグニッションモード」だ。通常版には付属しない発光ギミックが付属するほか、GNソードやGNブレイドの刃がメッキパーツになっている。さらにうれしいのがセカンドシーズン第1話で登場したガンダムエクシアリペアを再現できるパーツの追加だ。劇中では俊敏な動きのせいでそのディテールの全貌を見ることは難しかったが、カメラアイが露出したフェイスやヒザ関節側面のレンズ状パーツの代わりに取り付けられたパーツなど「ああ、こうなってたのね!」と立体で確認できるのがうれしい。さらに折れてところどころが欠けたGNソードの刃や軟質素材でできたマントなど、「機械が壊れている状態」を再現するパーツが成型品として付属するのも新しい試みだ。『00』ファンならばぜひイグニッションモードを手に入れよう!

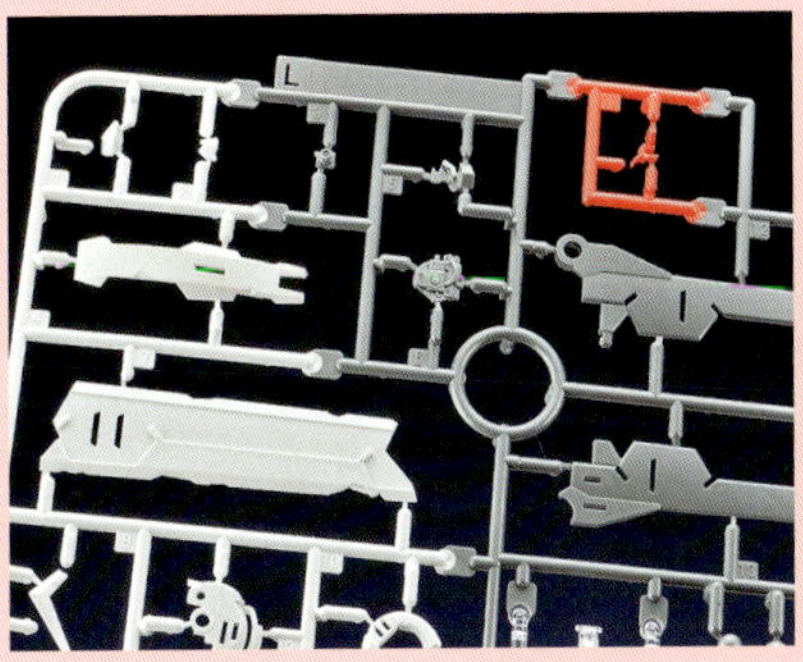

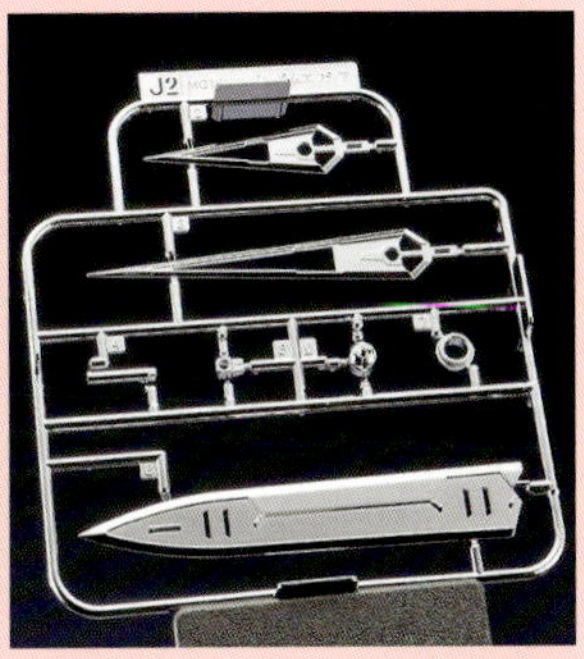

▶▼肩アーマーのうしろ側に位置するビーム・サーベルを反対側の手で抜刀するポーズをとれる。胸部のダクト状ユニットは独立して動くため、胸ブロックの可動を妨げない。腰アーマーのビームサーベルは横に展開して抜刀できる

▲胴体には微妙なひねりやズレを実現する可動ギミックが仕込まれており、ソールの独立可動や股関節の2軸可動により人間ぽいポージングが可能。GNロングブレイドとショートブレイドを二刀流で構えたポーズもこのとおりサマになる
◀肩の黄色いクラビカルアンテナは設定どおり起倒式。コクピットハッチも開閉する

# GN-001 GUNDAM EXIA

## 漢は黙って背中で語るべし!!

胴体内のGNドライヴが再現されたMGガンダムエクシア（じつはBB戦士シリーズのエクシアもGNドライブをズボッと取り外せるギミックを再現してたんですが、覚えてます？）。『機動戦士ガンダム00』を語るうえで避けて通れないこのガジェットがどんな構造になっているのか体感できるのが本キット最大の特徴と言っても過言ではない。

GNドライヴは背中に付いた三本のアームで固定され、アームを起こしてドライブ後端を引き出すことで最終話で見せた大出力状態を再現可能。さらにGNドライヴを引っ張り出せば取り外すこともでき、胴体内部にもメカニカルな雰囲気のディテールがしっかりと彫刻されている。胸部のレンズ状パーツはクリアーグリーンで成型されており、内部のメカパーツにはスリットが切ってあるため、LEDの光がクリアーパーツに刻まれた文字を照らし出す。

また、本キットには劇中に登場しなかったガンプラ独自のギミックとして、GNドライヴ非搭載時に装着する赤いカバーが用意されている。実在する戦闘機などを連想させるナイスな演出と言えるだろう。

### ◆再び舞い降りし天使

ついにマスターグレードでの発売を果たしました、ガンダムエクシア。しかもなんとMGのスペシャルバージョンである「イグニッションモード」仕様も同時発売というサプライズつき。なおかつ、最終話に登場したR2仕様も見越した設計がなされていることがパーツからは見てとれ、そちらの製品化にもついつい期待してしまいます。

実際に手にしてキット全体を見渡してみると、MGシリーズのキットらしい、こまやかな構造や可動への配慮、メカニックな表現がなされています。一般的なMGによくある「フレームの上に単純に装甲が被さる二重構造」というよりは、フレームと装甲が「相互に組み合わさることで独特のシルエット」を生む構造が随所に見てとれる、というのが大きな特徴と言えるでしょう。

### ◆着脱・電飾・可動

ボディーの作りにおける最大の目玉は、太陽炉の着脱が実現したこととコクピットの再現でしょう。太陽炉は単独での点灯ギミックも付属し、そのままディスプレイ可能なうえに本体背中側のロック用の爪も可動式で再現されているので、劇中最終話の再現以外に、メンテナンス風景などを演出したいときにも役立ちそうです。

肩や腹部の可動には下方向へのスライド機構があり、開脚や脚を振り上げたときなど、大きく動かせるようになっています。

### ◆密度・分割・差し換え

頭部は、上部のリボンケーブルがシート素材で再現され、頭頂部や側頭部が別パーツとなったり頬やチークガードの色分けまでキチンと分割されるなど、至れり尽くせりな構造です。目と額、後頭部センサーは一体のクリアーパーツを採用していますので、光の当て方次第で発光に近い効果を得られるようになっています。

### ◆多重・再現・配慮

腕部でまず目に付くのは肩アーマー。フレーム＋装甲の構造でありつつ小振りな仕

◀キットパーツには密度感あふれるディテールが入っているが、そのディテールは活かしつつ徹底的にスジ彫りを追加している。クリアーグリーンのパーツはやや色が濃い印象だが、塗装で印象を変えるのは難しいと判断。模型系表現の幅を考えると、ここは従来のキット同様無色透明のパーツもほしかったところだ

●頭部や肩、太もも前面にあるGN粒子伝達用ケーブルは半透明で虹色に光る素材が使われている。とくに太ももは内部メカの動きが見えるのが楽しい

# 小林流スジ彫りマジック炸裂

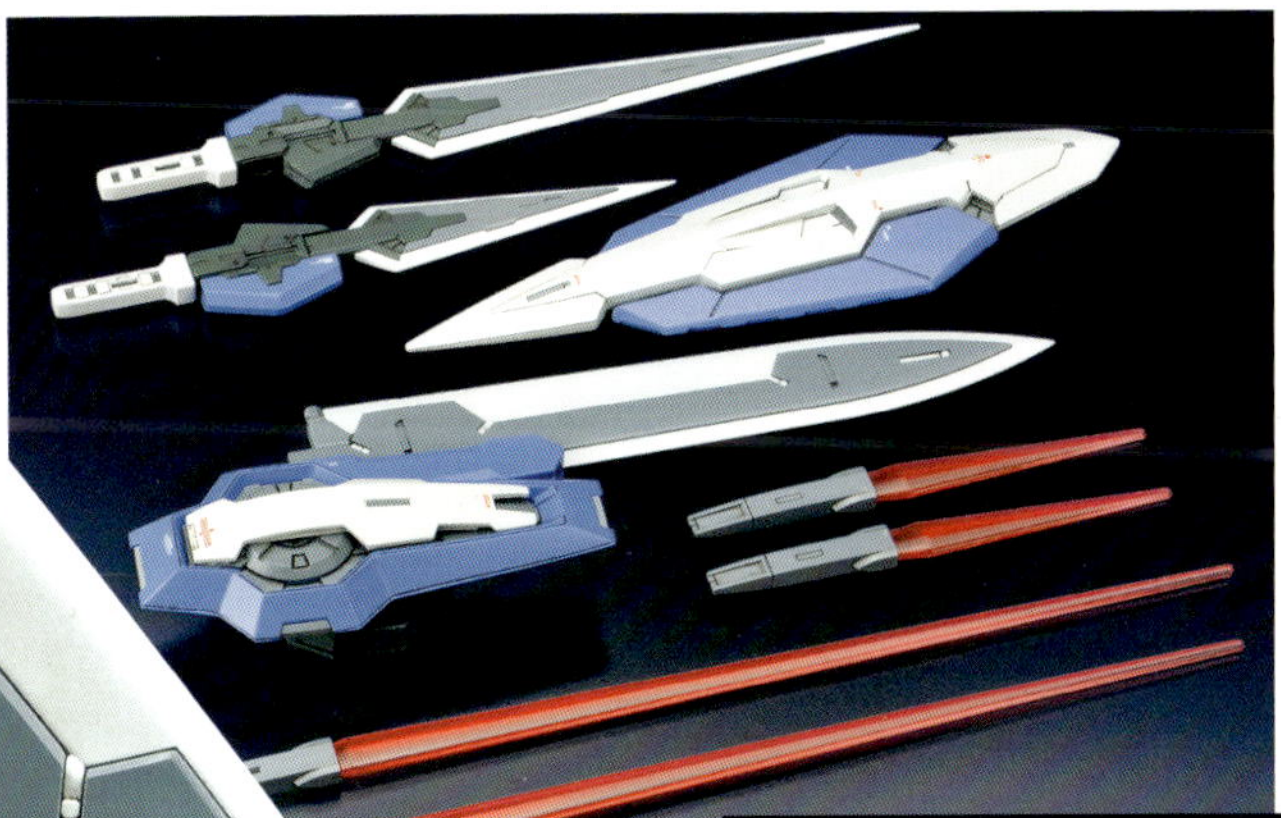

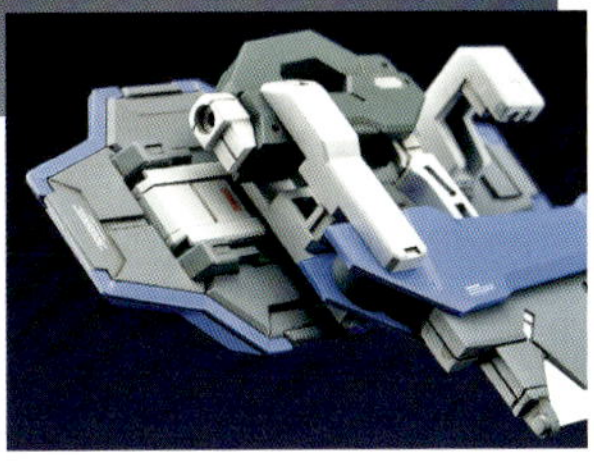

▲セブンソードの異名を持つガンダムエクシア。もちろん劇中（ファーストシーズン）で登場した武装はすべて付属する。GNソードは折り畳み機構を備えており、前腕との接続部も動くため、これを装備したまま手に他の武装を保持できる。こうなると、リペアⅡや同程度の密度感で立体化されたGNアームズもほしくなってくる

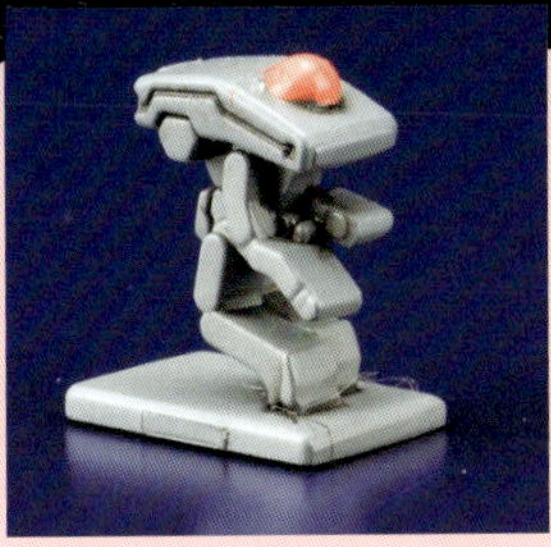

◀プトレマイオスの乗組員はとても少ない！ 少ないから人手が足りない!! というわけで、劇中いろんなところで活躍していたのがこのカレル。ハロを搭載した自律型の作業用マシンなのだが，1/100ともなると小指の爪ほどもない大きさ。これがワンパーツで成型されているのだがGOODな出来なのだ

**うれしいカレルのオマケ付き！**

上がりになっていて、さらに装甲は上下分割に改められています。リボンケーブルのシートは半透明素材を採用し、上腕の取付部分も不要な隙間が生じない形状になっています。ヒジ関節部分には、関節を曲げた際に不自然な空間が空いてしまうのを防ぐためのスライドパーツが内蔵され、腕を畳んだポーズのときの腕の流れがより自然に見える工夫がなされています。

**◆多層・増設・細分**

脚部は、過去発売されたエクシアのガンプラと較べて可動ポイントが一気に1・5倍くらいに増え、より多様なポージングが可能となりました。足首はくるぶしとソールが別パーツで、さらに足甲と爪先も分割されたことで、かかとを浮かせて爪先で踏んばるといったこれまでできなかった姿勢もこなせるようになりました。ヒザ関節にはヒジと同様に、関節を曲げた際に関節軸が丸見えになるのを防ぐパーツのスライド機構が追加されて、大きくヒザを曲げてもプラモデル的な軸が見えにくくなっています。大腿上部、股関節は二重の回転軸で確実に可動し、GNブレイドを取付けた際の脚の自由度を増すのにひと役買っています。

**◆確実・工夫・選択**

GNソードとGNブレイドは、いずれも多層構造で厚みと色分けを両立させています。GNソードの小型シールド取付フレームは可動軸が増え、ライフルの砲口がよりこまかく分割されて実感の高いものになっています。GNブレイドの懸架部分はボール接続で、脚の動きに干渉しにくくなっています。逆にシールドの接続は回転軸可動で、確実な接続と可動をもたらしています。

**◆動画・設定・解釈**

せっかく塗装して組み上げるのですから、アニメでは再現しきれないような部分までこまかく塗り分けたほうがおもしろ味が増すと思い、塗り分けを施すとともに基本パターンは守りつつ多少配色を入れ替えてみました。皆様の目にはどう映りますか？■

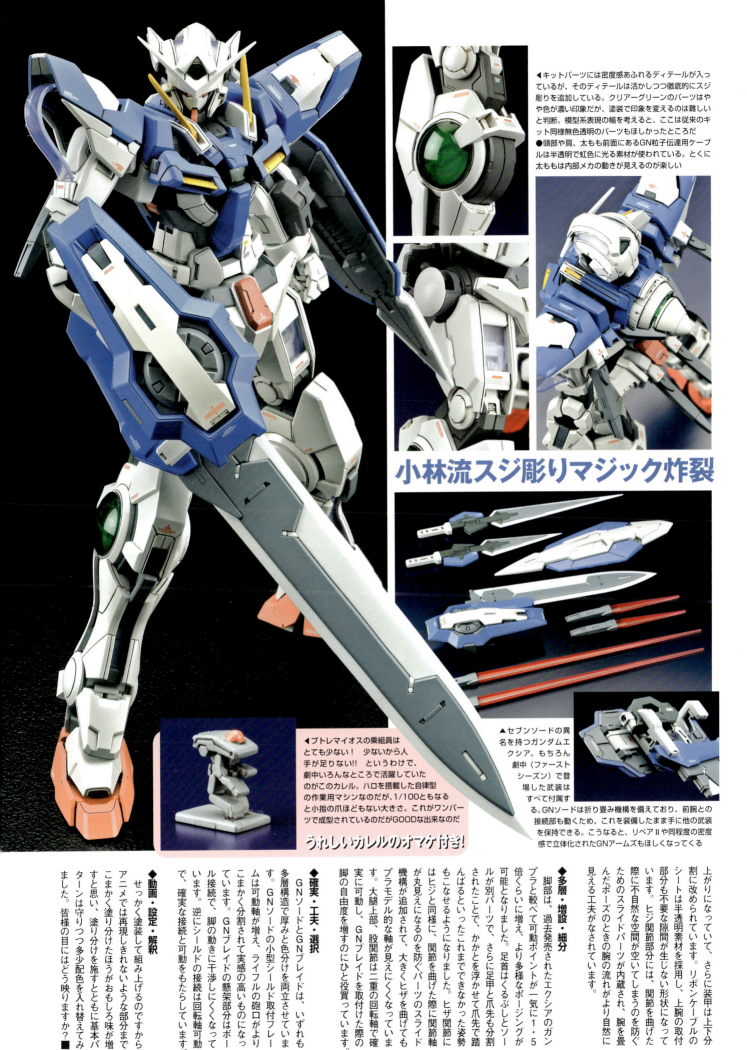

MASTER-GRADE 1/100 GN-002 GUNDAM DYNAMES

Model Graphix
2019年7月号
掲載

# 最新仕様の決定版ガンダムデュナメス
# マスターグレードを狙い撃て!!

『機動戦士ガンダムOO』ファンが長く待ち続けたMGガンダムデュナメスがこのたびついに発売！　アニメ放映当時はMG化を逃しその後本当に長く製品化を待ち続けることとなりましたが、そのかいあって、可動、プロポーション、ギミックのどれをとってもMG最高クラスの逸品となりました。さっそくキットレビュー作例をじっくりとご覧いただくことにしましょう。

GN-002 ガンダムデュナメス
BANDAISPIRITS　1/100
マスターグレードシリーズ
インジェクションプラスチックキット
発売中　税込4860円
製作・文／コウ

●アニメ放映から10年以上を経てついに完全新規造形でのMG化を果たしたガンダムデュナメス。多彩かつ印象的なアクションの数々を見せた機体だけに可動ギミックは非常に入念な設計となり、写真のようにサマになる立てヒザポーズはもちろん、地面に伏せた狙撃姿勢もビシッと決まる。GNスナイパーライフル、GNビームピストル×2、ホルスター×2、GNビームサーベル×2、GNシールド×2、GNフルシールド×2が付属しさまざまなシチュエーション再現に対応

## まだまだ続々とリリース中！『機動戦士ガンダムOO』関連ガンプラ

●今年に入っても続々とラインアップを拡充中の『OO』関連アイテム。6月にはRG 1/144 ガンダムエクシア リペアⅢ（写真右 税込3024円）、7月にはMG ダブルオークアンタ フルセイバーの[スペシャルコーティング]バージョン（写真左 税込1万1880円）がともにプレミアムバンダイ販売で発売予定となっている。MGデュナメスの発売でさらに期待が高まったのがMGでのガンダムキュリオスとガンダムヴァーチェの製品化。今後の展開に期待しつつ『OO』の新製品を楽しもう

●いまでは立てヒザポーズがとれるガンプラ自体はめずらしくないが、ここまできれいにビシッと立てヒザが決まるキットはなかなかない。設計陣による各部関節の可動範囲や位置バランスの精査の積み重ねが、自然かつ力感溢れる立てヒザ狙撃ポーズを可能にしている。自然にスコープにそわせることができる頭部の可動もすばらしい

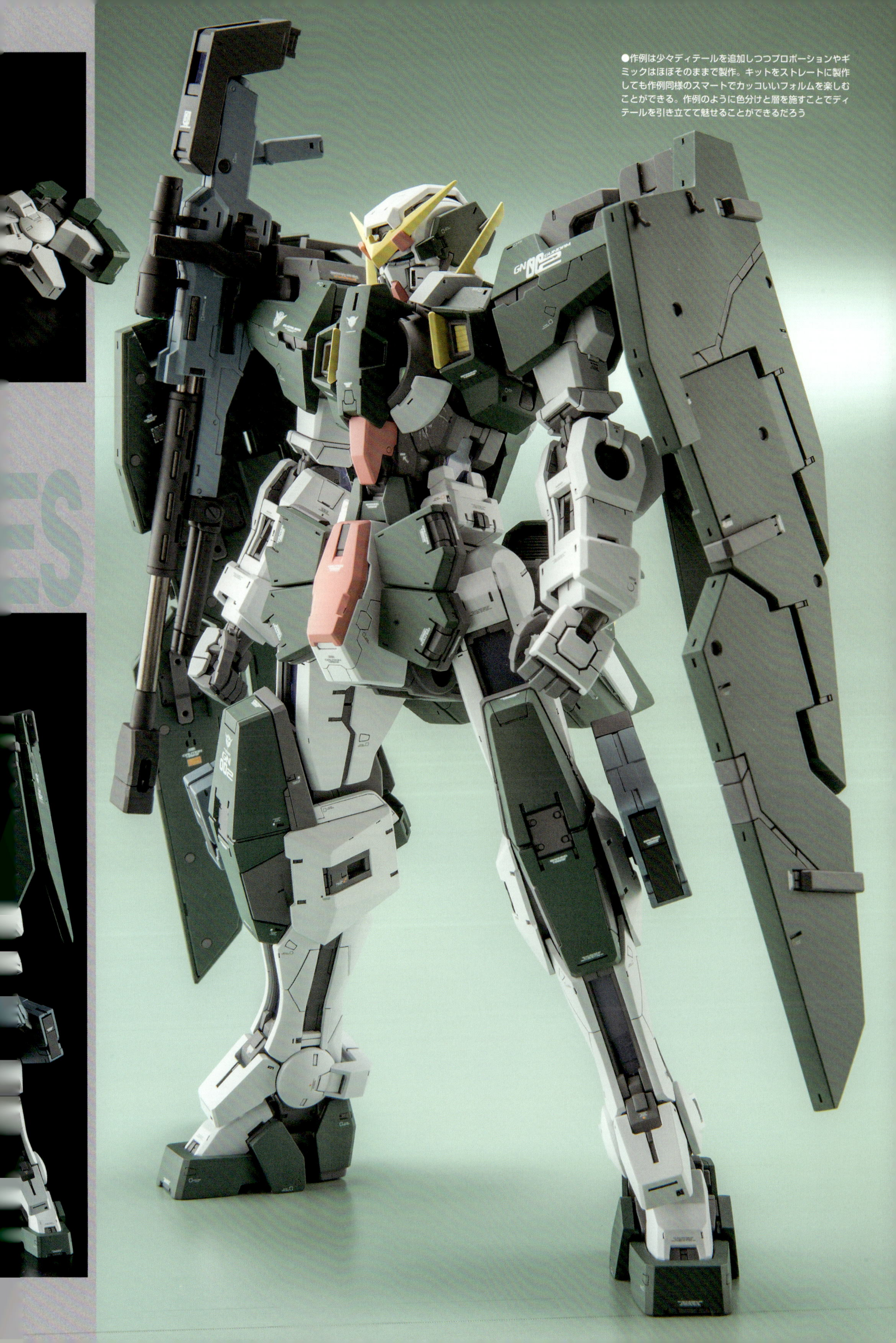

●作例は少々ディテールを追加しつつプロポーションやギミックはほぼそのままで製作。キットをストレートに製作しても作例同様のスマートでカッコいいフォルムを楽しむことができる。作例のように色分けと層を施すことでディテールを引き立てて魅せることができるだろう

●ライフルのバイポッドは可動し展開させることができる。先端部の伸縮は差し替えで再現する
●股関節には軸のスライド機構を搭載し、立てヒザや脚を大きく上げたポーズも自然に再現できるようになっている。太もも基部が回転するので写真のような伏せたポーズでも自然に脚を設地させることができる

**プロポーションとギミックが非常に高いレベルで融合されたMGガンダムデュナメス。今回は、キットのよいところはそのままにさらにディテールを追加し塗装にもこだわることで、PGレベルの情報密度と完成度を持つデュナメスの作例を製作。積年の想いを、待望の傑作MGキットに詰め込んでみたぞ!!**

●GNフル・シールドはフレームと併せて可動し、GNシールドとGNフル・シールドは完成後も差し替え可能。GNスナイパーライフルをフレームに装着することもできる

# ついに発売を果たした念願のマスターグレード版 これはもう、ビシッと作り込むしかないぜっ!!

## マスターグレード ガンダムデュナメス

GN
002
GN
002

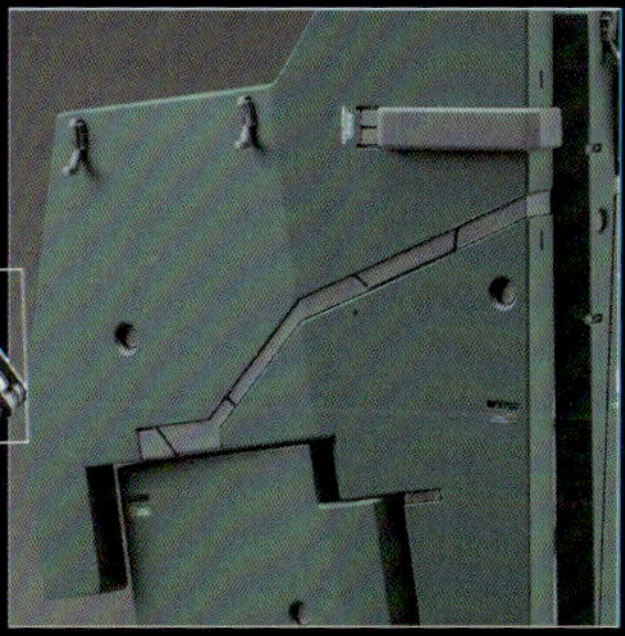

●ツノなどが可動することで、狙撃時の頭部ガンカメラ露出状態を再現できる
●GNフルシールドにフックを追加。出来が良いキットなので、こういった小ディテールをポイントに追加することでさらに全体の印象を引き締めることができる
●腰とヒザのGNミサイル部は可動展開可能。弾頭を塗り分けると見映えがする
●GNバーニアは装甲を拡げることで中心部が連動して展開するギミックを搭載
●GNビームピストルは開閉するヒザ横のホルスターに収納することができる

# 可動、ギミックともに最高レベル これは待っただけのかいがある!

**◆祝!! ついにMG発売です**

キットの出来がかなり良いので、プロポーション改修をしなくても満足できるすばらしい内容となりました。MGガンダムエクシアからのパーツ流用はない完全新規設計のキットですが、うまくMGガンダムエクシアのデザインラインを落とし込んだものになっていて、シリーズの繋がりを感じさせられるところもいいですね。

**◆作業の大きな流れとポイント**

作業の流れとしては、仮組み→プロポーションの微調整→大まかな表面処理→ディテール工作→表面処理→サーフェイサー吹き→塗装→スミ入れ→デカール貼り→クリアーコート→組み立て、という感じです。

組み立ての注意点を2点ほど。1点目は、塗装前提に仮組みする際、シールドのオモテ面と裏面のパーツをそのまま組んでしまうとかなり外れづらくなり、仮組み後に無理に外そうとすると破損に繋がることがあるます。ダボの受けを拡げるか、カットして新たにプラ棒などでダボを作ったほうが仮組みし易くなるかと思います。私は後者の方法で塗り分けをしました。

2点目は首のボールジョイントについて。頭部と首の接続部にボールジョイントが使用されていますが キットパーツのまま組むと、ボールジョイントで頭部フレームが拡がって少しですが隙間ができます。ひさし部分と側面の装甲に隙間ができやすいので調整しておくとよいでしょう。

**◆改修ポイント**

非常に良くできたキットですが、今回はこだわって細部を作り込むことにしました。

頭部はひさしの形状を変更し、マスク下側の形状にも手を入れ、アゴ部分は0・5㎜延長しています。頬ダクトの形状はアニメや設定画と少し違うアレンジなので形状変更しました。首はもう少し後方にあったほうが据わりがよいので、接触する後方のフレームを削って1・3㎜後方にオフセットするように加工しています。

肩は胴体側のフレームを改修して1㎜上方に移しました。胴体のクラビカルアンテナと胸のインテークはスクラッチビルドで作り直しています。胴体及び腰は、垂れ下がって見えないようにするために、腰フレームにフレームディテールを作ることで角度が変わって見えるようにしています。

肩外装は少し大きく感じたので、エッジ部分を起点に削り込んでひと回り小型化し、さらに側面下側を削り込んで段をつけることで小さく見えるような視覚的効果を盛り込みました。これだけだと肩を上げた影響で腕が短く見えるので、二の腕を1㎜延長しています。

脚はヒザ中央のフレーム部分の丸いモールドを作り直しています。後面のアンクルアーマーは1㎜幅増しし、つま先のC面が大きく感じたので1㎜プラ板を貼ってC面を小さくしました。スリッパ部は、側面を0・5㎜幅増しし、側面の装甲がフレームに沿った形状になっていたので、まっすぐな形状に修整しています。全体的にフチにエッジが緩い面が入っている箇所があるので、瞬間接着剤系パテなどを盛ってシャープなエッジになるように整形しました。

**◆ディテール追加のポイント**

ディテールの追加をしましたが、設定画や原作のイメージを壊さないように心がけ、キットのディテールに足したり引いたりすることで密度を上げます。各部のロック機構や台形のハッチ、シールドのフックディテールは個人的なお気に入りです。

**◆塗装**

カラーレシピです(すべてガイアノーツ)。グリーン/ダークグリーン+ビリジアングリーン+白ほか、イエロー/西武2000系イエロー+アルティメットホワイトほか少々、赤/名鉄スカーレット+西武2000系イエロー+白ほか、白/コールドホワイト+パールコールドホワイト+アルティメットホワイト+純色バイオレットほか。各部レンズパーツは下地にアルティメットブラックを吹き、プレミアムミラークロームの上にクリアーカラーを重ねました。■

MASTER GRADE
GN-002 GUNDAM DYN

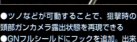

GN-005 ガンダムヴァーチェ
BANDAI SPIRITS
1/100
インジェクション
プラスチックキット
発売中　税込4320円
製作・文／**竹本浩二**

# ヴァーチェ、目標を破砕する。

プトレマイオス所属のガンダム4機が、ついに1/100でフルラインナップ！　そのトリを飾ったのがこのデカブツ、ガンダムヴァーチェです。装甲を外せばなかからガンダムナドレが出現するという超ボリュームのスペシャルキットを、『OO』系作例ではおなじみ竹本浩二氏が作例レビュー。見映えよくまとめるのが難しいヴァーチェの白黒カラーリングを攻略するヒントは……あの「野菜」にありました。

Model Graphix
2008年4月号
掲載

# BANDAI SPIRITS 1/100 GN-005 GUNDAM VIRTUE

●内蔵されるナドレと外装パーツでまるまるMS2体ぶんのボリューム。ひとまわり小さくなる頭部アンテナとピンクのケーブルは差し替え式で、それ以外は着脱できる
●各所のパーツ合わせ目は気になる箇所だけ段落ちモールドとした。太もも上部にできる合わせ目にはプラストライプを貼ることで腕とは違った処理にしている

## 着脱可能な外装でナドレに変わり身!!

●バックパックに取り付けられたGNキャノンは可動式アームに取り付けられていて、前方を射撃する体勢も再現可能。砲身の伸縮ギミックやGNフィールド展開ギミックも盛り込まれている。濃い色の部分が単色だとちょっとさびいしいので、一段凹んだところを明るめの色で塗り分けている
●ヴァーチェの巨大なスネパーツは、前後2分割構成で側面にGNフィールド展開用ユニットが装着されている

### ◆祝 1／100発売

ついに製品化された1／100ガンダムヴァーチェです。このキットは内部にガンダムナドレが入るようになっていますが、ヴァーチェの状態でもこれまでのシリーズ1／100と同様可動範囲が広く、プロポーションも抜群です。表面のディテールは小気味よく、色数が少ないデザインの機体ながら見映えがします。作例は合わせ目の処理を中心に工作し、ディテールの追加は最小限に留めて製作することにしました。

### ◆工作

全体的に別ユニット感を強調するスジ彫りとモールドの彫り直しをしています。ナドレの肩と胸側面、前腕は合わせ目のところが目立つので、段落ち処理や細切りプラ板を貼ることでディテールに見えるようにしました。太ももは上部の合わせ目に4㎜幅のプラストライプを貼ってモールドに変化をつけています。ヒザ関節には、ガンダムエクシア、ガンダムデュナメスとの共通性を意識したスジ彫りを追加します。

### ◆カラーリング

まずはイメージカラーをパープルに設定します。ティエリアのパイロットスーツも紫ですしね。白はMrカラー316番で、関節／フレームはブルー系のグレーとしました。各所のモールドのグレーはMrカラー37番グレーバイオレットにコピックインクのパープルを少量足して調色。黒はいちばんの問題です。そのままブラックを塗ると色味がないので陰影も感じられなくなってしまいます。そこででたアイディアが茄子の色！　パープルが濃くなって黒に見えるギリギリの色味を出せばいいというのは思いついたのですが、実際の調色は困難を極めました。ブラックにソリッドカラーの赤や青を混ぜるとグレーっぽくなってしまいます。赤と青の色味を変えてみたり紫を加えてみたりもしましたがダメ。そこで、クリアーカラーの赤と青を混ぜてみましたが、かなりマシにはなるもののイメージとはちょっと違う。最後にブラックにソリッドカラーの赤を混ぜてブラウン系の色を作り、そこにコピックインクのブルー系を何色か混ぜて調整したところようやくイメージに近い色が出せました。ちなみに、調色のたびにテストピースに実際に吹きつけてみて色を確認しないと塗ったときの印象はわかりません。それにしてもつくづく自然の色はすごいと思いました。スミ入れはパープル系のグレーを使っています。

### ◆マーキングと仕上げ

ナドレは赤系のデカールを主体に、ヴァーチェはグレーと白系のデカールを主体に貼っています。新製品が続々発売されているHiQパーツのデカールを使いましたが良好な使用感でした。最後にガイアノーツのExフラットクリアーとMrカラーのツヤ消しクリアーを混ぜたものを吹きつけています。この組み合わせはよいカンジでフラットになると思います

### ◆最後に

プトレマイオス所属の4機の1／100を続けて製作しましたが、4機について共通性を持たせることができる部分、たとえばフレーム色やレンズ部の処理などはできるだけそろえるようにしました。どのキットも合わせ目が目立たないように意識された設計で好感が持てます。可動範囲はどれも広いですが、反面塗装で仕上げる場合はクリアランスがややシビアです。完成後も動かして遊びたい派は、干渉する部分を削るなどの調整をしておくことをすすめます。

このシリーズの特徴であるガンプラならではの表面ディテールアレンジはセンスよくまとめられています。1／100がまだ続くのであればこの路線はぜひ続けてほしいですね。これらのアレンジされたディテールを見映えよくするにはモールドをきちんと彫り直してスミ入れをきれいにするとよいでしょう。MGではないので各アーマーの裏打ちをしたほうがよいところもあってそれなりに手間がかかりますが、こまかな工作の積み重ねで大きく印象が変わります。ぜひチャレンジしてみてください。■

# 世界に向けた七つの刃――

# BANDAI SPIRITS 1/100 GN-001 GUNDAM EXIA

Model Graphix
2008年1月号
掲載

GN-001 ガンダムエクシア
BANDAI SPIRITS　1/100
インジェクション
プラスチックキット
発売中　税込2484円
製作・文　**竹本浩二**

**各スケール、各グレードで展開され怒濤のリリースラッシュが続く『機動戦士ガンダム00』関連ガンプラ。主役機のガンダムエクシアが1/100第１弾として待望の登場だ。各部の可動ギミックや色分け、こまかなディテーリングもばっちりで豊富な武装も付属するこのキットを竹本浩二氏が速攻レビュー！ストレートにハチ組むだけでも充実した内容を楽しめる本キットを全塗装して仕上げる際のポイントを紹介していこう。**

■凹モールドやスジ彫りはスミ入れのしやすさを考慮してすべて彫りなおしている。複数ユニットが一体化していると思えた部分はスジ彫りを追加して別パーツに見えるように加工した
■頭部は頬やダクトをタガネで彫り込み立体感を強調。両耳にあたる部分の裏が気になったのでスリット入りプラバンを貼り込んだ。前後のカメラ部にはクリアーのプラ板を貼っている
■胴体まわりはアンテナをシャープにし、胸のダクトを0.2㎜のタガネで掘り込んだのみ
■脚部の接合線はすべて段落ちモールドとして処理。ヒザ裏の関節パーツにスジボリを追加し密度感を上げた。かかとアーマー部も別パーツに見えるようスジボリを追加。足甲アーマーのヒンジは角度によって見えてしまうので、スリット入りプラ板でカバーを製作し貼り付けた
■GNソードの刃の部分は高周波で振動するセラミック状の素材と解釈してホワイト系で塗装した。それぞれの刀身はヤスリがけをしてエッジをきちんと出してやると印象がよくなる

### ◆はじめに

このガンダムエクシアは、1／100だけあって色分けもこまかく、そのまま組んでもほぼ設定どおりの色分けになります。部分的に合わせ目が露出するところがありますが、部品構成が巧妙なのでほとんど気になりません。またこのキット独自に施されたディテールが密度感を出します。今回はキットレビューということで、大改造はせずにポイントのみ手を入れていきます。

### ◆頭部

頬のパーツの厚みが気になったので薄く削り込んでいます。V字アンテナの上部と後頭部のシールで再現されているカメラ部を透明プラ板に置き換えました。

### ◆腕部

肩アーマーはそれぞれのユニットが独立して見えるようにスジ彫りを追加しました。肩上部の一段低くなっているところは開口してモールド入りプラ板をはめ込み、上面の情報量を足しています。肩から上腕に伸びる軟質素材のケーブルは、上腕部の接続部のストッパーを片方切り取ることで後ハメが可能となります。最後に接着するようにしましょう。前腕はヒジ関節を挟み込む構造になっており、外側のパーツには肉抜き穴があります。今回はパテで埋めるのではなく、モールド入りプラ板をはめ込んでアクセントとしています。また、手首の軸が目立つので丸ノズルに穴を開けてカバーを作り腕と手首の間に挟んでいます。

### ◆胴体部

色分け、パーツ割りともに良好なので大きく加工する部分はありませんが、いくつか気になる点にこまごまと手を入れます。ほとんど見えませんが、わきの下のグレーのパーツに合わせ目があるので段落ちモールドを入れました。胸のダクトはもっと立体的に見せたかったので0・2㎜のタガネで彫り込んでいます。首の左右の黄色いブレードは断面の厚みが気になったので薄く削り込み、先端を鋭角に処理しています。

■1ヒジは二重関節となっており、およそ60度ほどのところまで曲げることができる。肩アーマーと上腕をつなぐ扁平な動力ケーブルは軟質素材で成型され、可動を妨げない
■2前腕の裏側にも軟質の動力ケーブルが配されている（薄紫色の部分）。使用時に展開するGNビームダガーの基部はキット状態だと左右が連動するが、左右をつなぐパーツを真ん中で切断することで、ご覧のとおり左右独立に動かすことができる
■3■4関節や太もも側面のこまかな塗り分けに注目。ヒザ側面のレンズ状の部分は外装をメタリックカラーで塗装し、裏にスモークを吹いたクリアーパーツをかぶせて再現した

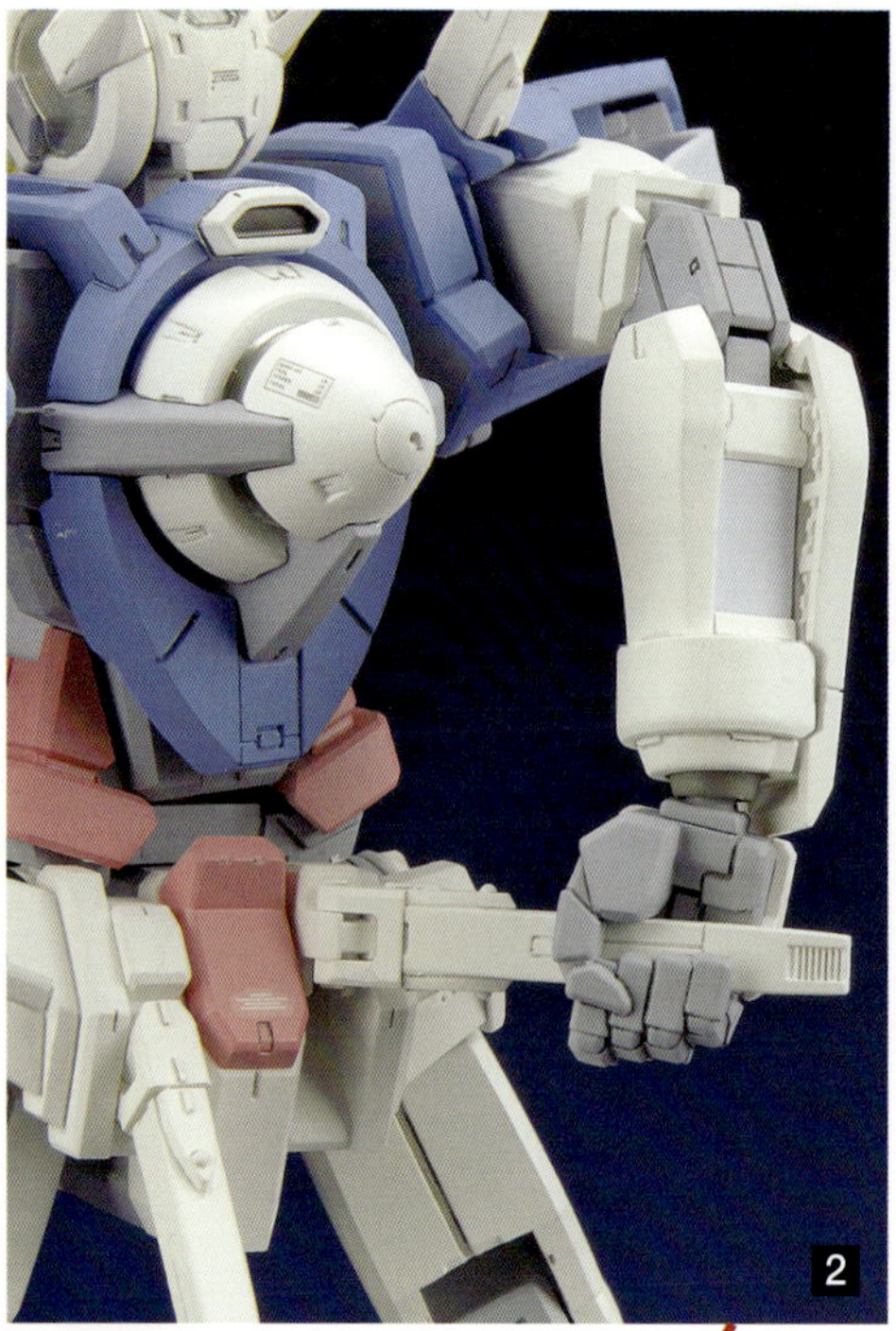

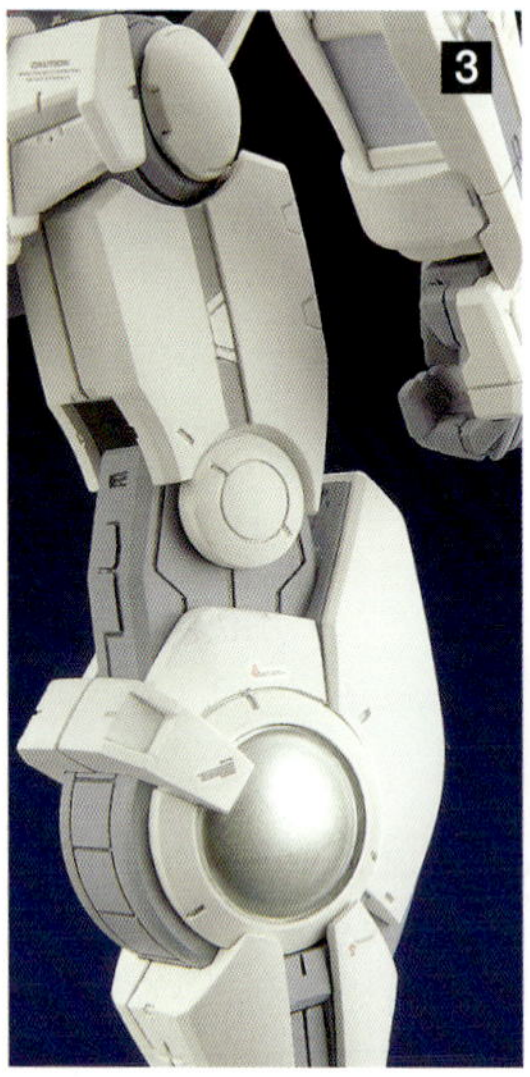


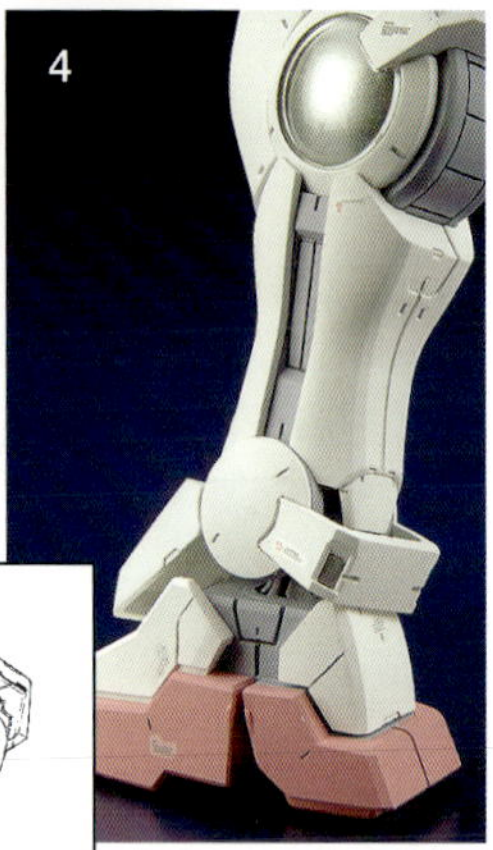


# 1/144 GN-001 GUNDAM EXIA

■5GNソードのシールド状の部分は裏側に肉抜き穴が開いている。今回はこれを埋めてしまうのではなく、スノコ状のディテールが入ったプラ板を肉抜き穴の側壁に貼付けることでディテール風に処理。シールドとの違いが表現されている
■6射撃形態であるライフルモードで露出する銃口は、プラパイプと真ちゅうパイプを組み合わせて再現
■7GNシールド裏面の肉抜き穴には斜めにプラ板をはめ込んで接着し、トラス状のディテール表現とした。手間はかかるが効果的な手法だ

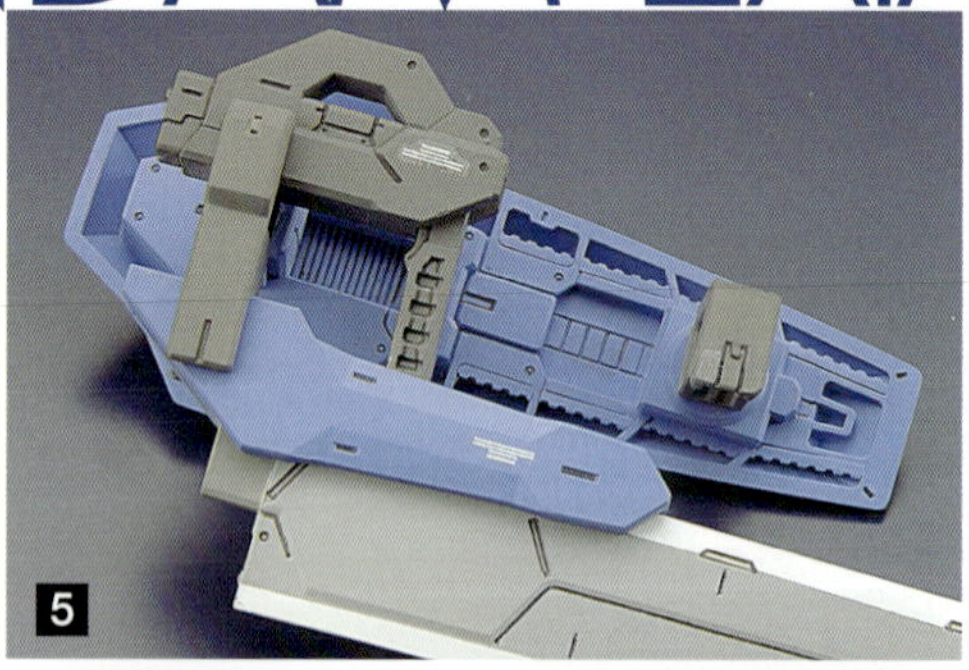


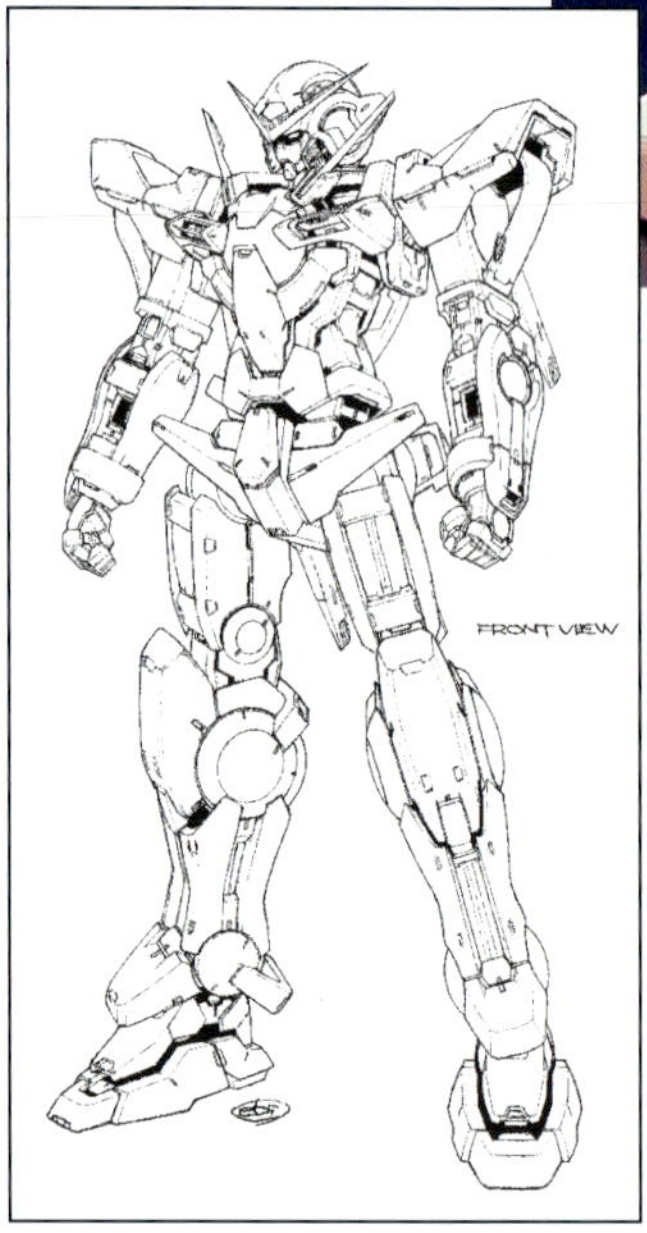


◀1/100キットの開発にあたり、ガンダムエクシアのデザイナーである海老川兼武氏本人がディテール案を提供。全身のこまかな凹モールドが小気味よい密度感を出している

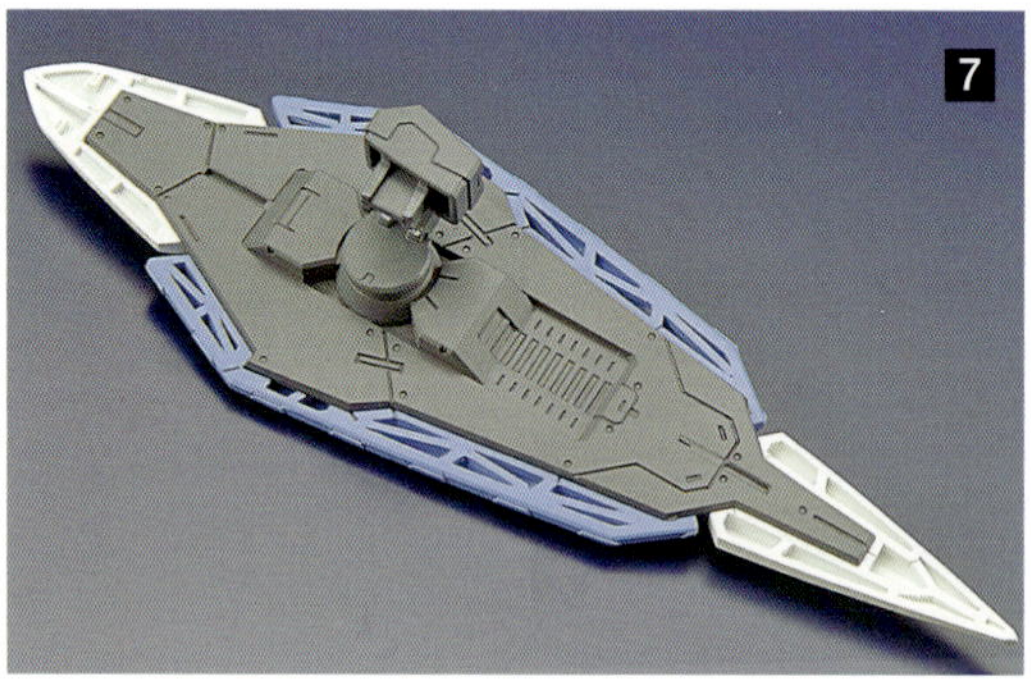


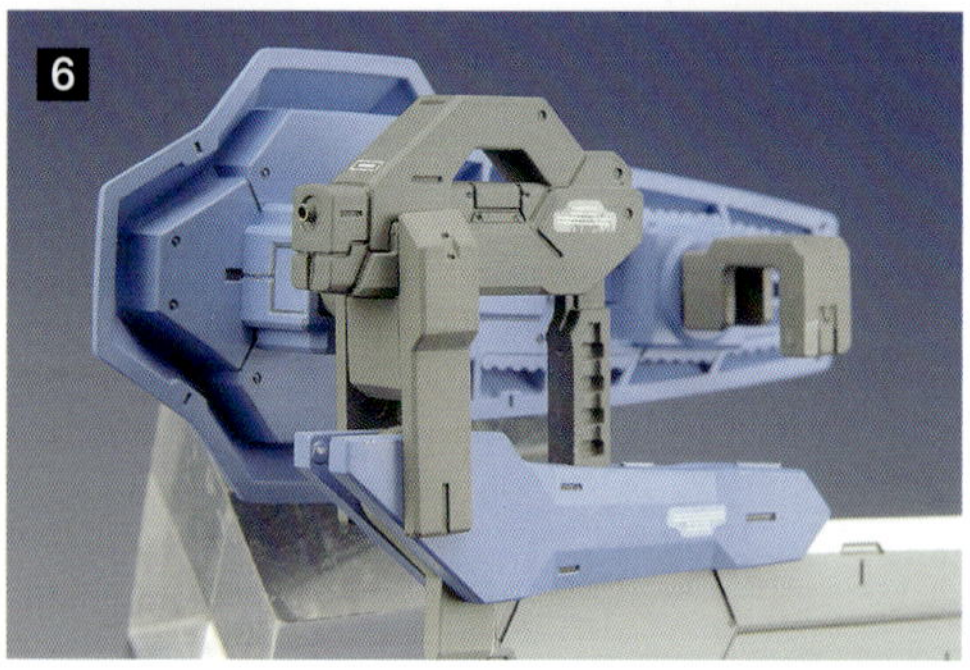


### ◆腰部

フロントアーマーのエッジを出すと印象がよくなります。後部アーマーもパーツが一体なので別パーツに見えるようにスジ彫りを追加しました。アーマー裏が見えるのでプラ板にディテールを入れてはめ込みます。ＧＮビームダガーのマウントはパーツの真ん中で切断すると左右が独立して可動します。簡単ですがオススメの工作です。

### ◆脚部

太ももは裏に合わせ目があるので段落ちモールドに変更。ヒザ横のクリアーパーツのある丸い部分はユニットが独立して見えるようスジ彫りを入れました。外装の中央にも合わせ目があるのでここも段落ちモールドとします。ヒザ裏関節の円形のグレーのパーツの表面にモールドが入っていないため、１／60ガンダムエクシアの試作写真を参考にスジ彫りを追加しています。

### ◆武装

ソード類は先端を尖らせたのみです。ＧＮシールドには裏に肉抜き穴があります。今回は穴に細切りプラ板を斜めに入れてトラス状のディテールとして処理しています。ＧＮソードのシールド部にも肉抜き穴があるのですが、こちらはギザギザのモールドを入れた細切りプラ板を周囲に貼ってディテール風に加工してみました。

### ◆塗装

今回いちばん悩んだのがクリアーパーツのレンズ部の塗装でした。劇中ではダークグリーンのような印象。起動時に文字が表示されていますので、液晶画面をイメージして塗装しました。エナメル系塗料のチタンシルバーにコピックインクのグリーンを混ぜたメタリックグリーンでクリアーパーツの下に位置するパーツを塗ります。エナメル系ならば拭き取りも簡単なので複雑な形状の部分にも安心して塗れます。

クリアーパーツは裏からスモークをクリアーでほとんど色がつかない程度に薄め、エアブラシで吹きつけています。■

# キュリオス、目標を爆撃する——

アレルヤ・ハプティズムの搭乗する可変モビルスーツ、ガンダムキュリオスが1/100スケールでガンプラ化！　エッジの立った上半身とグラマラスな下半身のコントラストが織りなす独特のスタイルはもちろん、オレンジ色という、これまであまりなかったカラーリングが魅力的な機体です。こまかなブラッシュアップを施して作例レビューしていきましょう！

# BANDAI SPIRITS 1/100 GN-003 GUNDAM KYRIOS

Model Graphix
2008年3月号
掲載

GN-003 ガンダムキュリオス
BANDAI SPIRITS　1/100
インジェクションプラスチックキット
発売中　税込2808円
製作・文／竹本浩二

▲頬を薄く、各エッジをシャープに削り、精悍な表情を強調した頭部。額と後頭部のカメラには液晶モニター風の塗装をしてから透明プラ板でカバーを製作。胸部アーマーの前端を鋭角にそろえたエッジの処理にも注目してほしい
▼後部のオレンジ色のアーマーはディテール入りプラ板で裏打ち。肩アーマーには合わせ目が出るので、ディテール入りのプラ板でメカモールドを切り出し貼り込むことで対処。少しの手間で大きな効果を得られるおすすめ工作だ

# GN-003 GUNDAM KYRIOS

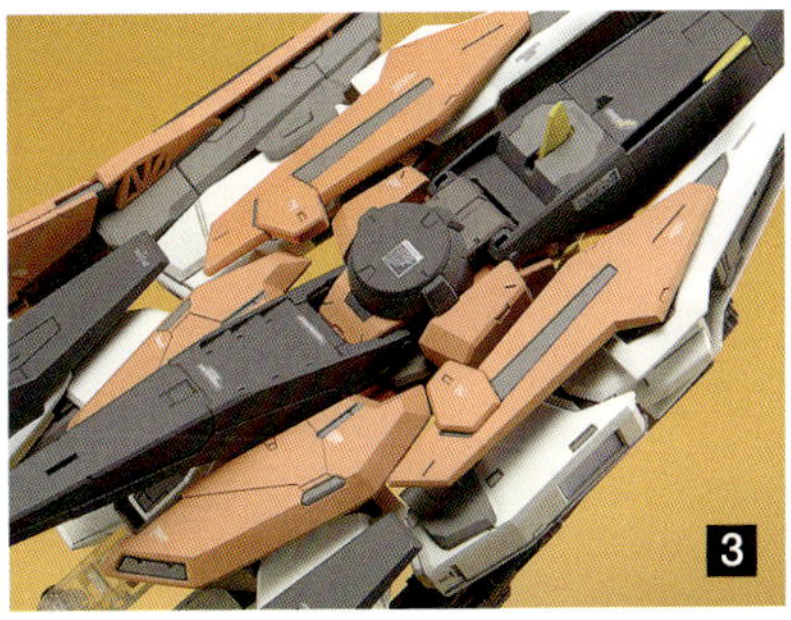

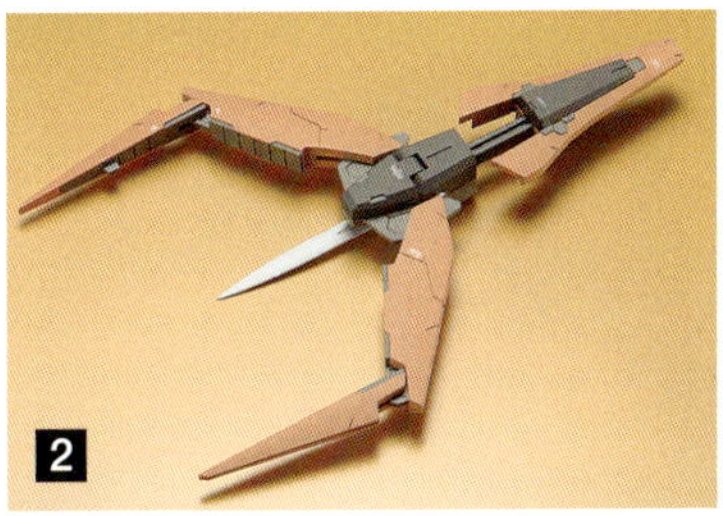

❶こまかな塗り分けとスジ彫りが映えるリアアーマー。塗り分ける部分には必ずスジ彫りを入れるようにするとマスキングテープが貼りやすくなり、塗装後のはみ出しもかなり軽減される。マスキングと塗り分けを繰り返すのには根気がいるが、作品の情報量を格段に上げる近道だといえるだろう
❷シールドは後端部が伸び、前端部がクロー状に展開するギミックが仕込まれている。クローを開いてディスプレイするならば、内側のディテールや塗り分けにこだわりたい
❸各部装甲が複雑に重なり合い、それでいてカラーリングがピタッとまとまるのが気持ちいい飛行形態時の背面。 MS形態時には見えにくいスタビライザー内側や肩アーマー後方の板などは、パーツ分割よりもこまかい単位で塗り分けておくと、両形態の見映えをしっかりと両立させることができる
❹太ももは合わせ目を段落ちモールド状に加工。スネに合わせ目があるので、4㎜幅の細切りプラ板を貼ることで一段厚みを増やし、合わせ目を目立たなくしている。スネアーマーの合わせ目には0.5㎜幅のプラ板を両サイドに貼ることで処理。飛行形態時に翼になる部分には先端にウェーブのHアイズを加工した翼端灯を追加し、翼の前端部にはセンサー状の突起を追加してより航空機らしさを演出している
❺オレンジ&ホワイトの外装、ウォームグレーのフレームと、複雑な塗り分けの腹部〜腰部。塗ってから組むか、マスキングで対応するかしっかり手順を確かめてから作業したい。フロント、リアアーマーともにディテールを入れたプラ板で裏面を塞いでいる。フロントアーマー可動用のポリキャップが目立つので、プラ板で可動を妨げないようカバーを自作した

## アクションベースはもはや必携アイテムです!

▶今回撮影に使用したのはアクションベース1 クリア(発売中 税込594円)。台が小型の2、台が大きくイラストや写真などを入れられる3、支柱が目立ちにくい4、4の台が小型になった5などが販売されているので飾る機体や好みで選ぼう

●今回製作したガンダムキュリオスはモビルスーツ形態から飛行形態へと変形する。劇中でも地面に立っているより空間戦、空中戦での活躍が多く、ぜひともそれを意識したディスプレイをしたいところ。そんなとき重宝するのはBANDAI SPIRITSより発売されている『アクションベース』シリーズ。成型色やサイズを選べ、アクションベース同士をジョイントでつないで拡張することで複数のMSを絡めたディスプレイも可能となっている。ちなみに1/100ガンダムキュリオスには変形時に脚部の角度を固定すると同時にアクションベースと接続するフレーム状のジョイントパーツが付属する

### ◆はじめに

キットのプロポーションはMS形態、飛行形態ともにとても良好でした。今回の作例レビューでは、とくに飛行形態でのカッコよさの向上を目標に製作しています。

### ◆全体の加工

スジ彫りの彫り直しと別パーツ感の強調で立体感を向上させました。今回はとくにエッジのシャープさにこだわります。

胸部装甲の前端を鋭角に削り込むと格段にシャープさがアップします。ツノと肩アーマーは先端にランナーのタグを切り出したものを貼り付けたあと削り込みました。

肩アーマーの裏側が機首の側面にきて目立ちます。ここには合わせ目があるので、さまざまなモールド入りプラ板や細切りプラ棒を使用してディテールを入れました。

足のつま先部分は精密感アップのためプラ板でディテールを入れています。足の甲のパーツはスリット入りプラ板を裏面に貼り付けてアーマーに厚みを持たせました。足裏にもスリット入りプラ板を貼り付けています。そのほか、各所にスリット入りプラ板を多用しています。スネ側面の黄色い円形パーツは立体感に欠ける印象なので市販パーツを使用して作り直しました。

### ◆塗装

本体色がオレンジということでフレームをブラウン系にし、機首などの濃いグレーや肩等の薄いグレー部もブラウン系グレーになるように調色しました。オレンジや濃淡のグレーは普通に調色したあとでコピックインクのブラウンを少量混ぜています。コピックインクは透明度が高く、元の色をあまり変化させずに微妙な色が付けやすいので便利です。マーキングにはガンダムデカールを主体に部分的にハイキューパーツのデカールも使用しています。HiQパーツのデカールは文字が判読できるのでマーキングに説得力があります。使用感も上々ですのでオススメです。スミ入れはパーツの色によって色を変え、クドい印象になってしまうのを避けました。■

# デュナメス、目標を狙い撃つ——

Model Graphix 2008年2月号 掲載

GN-002 ガンダムデュナメス
BANDAI SPIRITS　1/100
インジェクションプラスチックキット
発売中　税込2484円
製作・文／**竹本浩二**

**ガンダムエクシアに続き、『機動戦士ガンダム00』より1/100スケールでのキット化を果たしたガンダムデュナメス。長大なライフルやボリューム感あふれるシールドといった見せ場の多いキットとなっている。本キットの開発にあたって、デュナメスのデザイナーである柳瀬敬之氏がこまかなディテールを描き起こしているが、今回はこれらのディテールを活かしつつ、各所の合わせ目の処理やパーツ精度の向上を主眼に、竹本浩二氏によるキットレビューをお届けする。**

# GN-002 BANDAI 1/100 GUNDAM DYNAMES

1本作例に限らず、竹本氏の作例では合わせ目の処理に段落ちモールドとスジ彫りを多用している。段落ちモールドを彫る際には、まず彫りたい幅に開いたノギスでパーツ表面をケガき、この線に沿ってデザインナイフで切り込みを入れていき、パーツ断面にも同じように彫りたい深さをノギスでケガいてから切り込みを入れていく。切り込みと切り込みが合わさると、シャープな段落ちモールドができる。スジ彫りはBMC製の超硬タガネを使用している。きれいにスジ彫りを入れるためのガイドとしては、モデラーズ製のハイテクマスキングテープが入手しやすく、おすすめだ

# 1/100 GN-002 GUNDAM DYNAMES

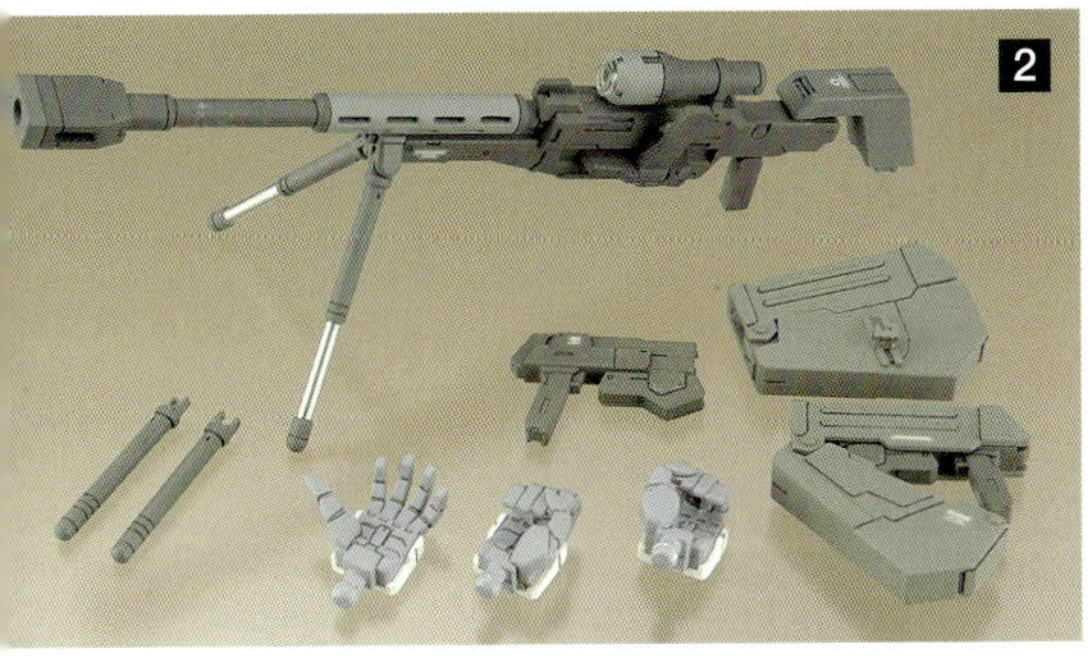

2武装はGNスナイパーライフルのほかにGNビームピストルが2挺用意される。GNスナイパーライフルのバイポッドは展開状態のものと収納状態のものを差し替えで再現。センサー部分をクリアーパーツに替えてやると実感が出るだろう。GNビームピストルを収めるホルスターは開閉可能で、左右膝側面のダボに取り付けることができる。手は左手用の平手を含む3種類が付属する

### ◆はじめに

キットの出来はすばらしく、ギミック、プロポーション、細部ディテールともにとても完成度が高い印象です。さらに合わせ目も極力目立たないように配慮されています。全体的に、可動部のクリアランスがタイトなため、塗装の際には注意が必要になります。とくに肩のマウントラッチはスライド構造なので、調整は必須です。

### ◆頭部

フェイス部を切り離し、後ハメ加工。頬のダクトを深く彫り直したほか、頭部全体のエッジを出し、スジ彫りを彫り直しています。デュナメスの特徴であるアンテナは可動部を削ってクリアランスを確保しましょう。赤で塗り分ける部分は独立して見えるようにスジ彫りを追加しました。後部カメラは透明プラ板で再現しています。

### ◆胸部

エリの白いパーツはC面をなくし、鋭角的に加工。可動アンテナはシャープに削りこみました。ダクトは開口し、ハセガワのエッチングメッシュでディテールアップ。側面のモールドは彫り直しをオススメします。GNドライブ周囲にあるグレーのパーツは削ってやや厚みをおさえました。

### ◆腕部

関節パーツの肉抜き穴をエポパテで埋めています。肩のパーツ割りは、合わせ目が片側に寄っているので、段落ちモールドとして処理し、もう片側に同じ幅のスジ彫りを追加しています。二の腕も同じく段落ちモールドとスジ彫りを加えました。前腕はヒジに合わせ目があるので、1・5㎜幅のミゾを彫り、細切りプラ板でラインを作る構成にしました。前側にある合わせ目もディテール処理し、段になっている部分にはスジ彫りを入れて別パーツ感を強調、合わせ目には細切りプラ板を貼って処理しています。手首にはウェーブのU・バーニアフラット［正方形］のサイズ10・0を開口するとちょうどよいカバーになります。

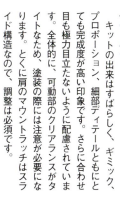

3 特徴的な形状の腰アーマーはモールドを深く彫り直し、さらに断面にスジ彫りを追加して複合装甲風に処理。腹部や腰後方のユニットの塗り分けも情報量の付加に一役買っている

4 GNフルシールドを装備した状態。肩のマウントラッチにはアタッチメント取り付け用の溝とダボを差し込む穴が左右あわせて10カ所も用意され、4枚のシールドとGNスナイパーライフルを取り付けできる。それぞれのシールドはかなりの面積を持っているため、塗装と取り付け位置、角度によってさまざまな演出が可能だ

5 GNコアを中心に装甲が立体的に重なり合う胸部。薄い部分、厚い部分の変化をつけたり、隙間を意識的にあけたりすることでぐっと情報量が増す。左右のダクト内部は開口してエッチングメッシュを貼り込んでいる

6 どことなくRX-78ライクな形状の脚部。ヒザ裏のモールドはスジ彫りの追加やプラ板を貼ることでメカニカルな印象にした。外装の段差はスジ彫りを入れて別パーツ風にしている

7 肩のマウントラッチは前後にスイング可動。GNフルシールドの可動範囲も広く、さまざまなポージングに対応したディスプレイができる

**◆腰部**

腰アーマーはスジ彫りを追加してモールドを彫り直しました。後部ユニットの合わせ目が片方だけというのも気になるので、反対側にも同パターンのスジ彫りを入れています。凸モールドはすべて削り落とし、プラ板で元と同じように作り直しています。ビームサーベルの収納部はそのままですが、引き抜くときに可動するであろう部分はパーツの周囲に深めのスジ彫りを入れて別パーツであることを強調しています。

**◆脚部**

太もも横の円形部にスジ彫りを入れて別パーツ風に加工。裏に合わせ目が来るので、モールド処理します。関節は合わせ目消しの障害になる凸モールドを削り落とし、プラ板で再生。円形状のところには前号に掲載されたエクシアの作例と同じスジボリを入れて、共通性を演出しています。

**◆武器**

GNスナイパーライフルは銃身にある長円モールドをすべて開口。GNビームピストルの収納ケースは全体的に凸モールドのメリハリをつけるようプラ板で作り直しました。シールド類はミゾの彫り直しと段差にスジ彫りを入れて強調しています。

**◆塗装とマーキング**

今回のテーマであるスプリンター迷彩風塗装ですが、まず、設定画に鉛筆で線を入れてイメージを固めていきます。線をひく際に、直角や平行な線を避けるのがコツなのですが、ちょうどいい具合にランダムな線を入れるのはかなり意識していないと難しいです。本来ならば色味の似ているものを何色か使用するのですが、今回の作例ではグリーン部の色をかなり大胆に変えてみました。ホワイト系の部分にはMrカラー316番と311番を使用しています。

マーキングはガンダムデカールを使用。最後にガイアノーツのExフラットクリアーとGSークレオスのツヤ消しクリアーを1：1で混ぜたものを吹きました。■

●キットの両肩のGNドライヴには配線などの工作が不要なライトユニットを組み込むことで発光させることが可能。スタイルとアクションを両立させつつ、組み立てやすさが向上している

●1/100のダブルオーガンダムとオーライザーはそれぞれ単品でも販売されているが、2機セットのダブルオーライザーにはスペシャルカラー（クリアーグリーン）のアクションベースが付属する
●作例は、キットパーツのエッジや面を徹底的にシャープに整えることで、模型としてより見映えがするようにブラッシュアップしている

# 徹底的なエッジワークでキットをブラッシュアップする!!

ツインドライヴシステムにより強大な力を得たダブルオーガンダムだったが、敵陣営からはそれに比肩する新鋭機が送り込まれるようになった。そこで、それらに対抗するためダブルオーガンダムの持つポテンシャルを最大限に引き出すべく支援機オーライザーが実戦投入されることとなった――というわけでついに1/100でガンプラ化されたダブルオーガンダムとオーライザーの最強タッグ、ダブルオーライザーを岡プロが製作。もともと完成度が高いこのキットをさらにブラッシュアップすべく工作を施し、その魅力を存分に味わうのだ！

GN-0000+GNR-010
ダブルオーライザー
BANDAI SPIRITS
1/100　インジェクションプラスチックキット
発売中　税込5400円
製作・文／**岡 正信**

Model Graphix
2009年2月号
掲載

# BANDAI SPIRITS 1/100
# OO GUNDAM＋O RAISER

ANDAI SPIRITS 1/1
GUNDAM+O RAISER

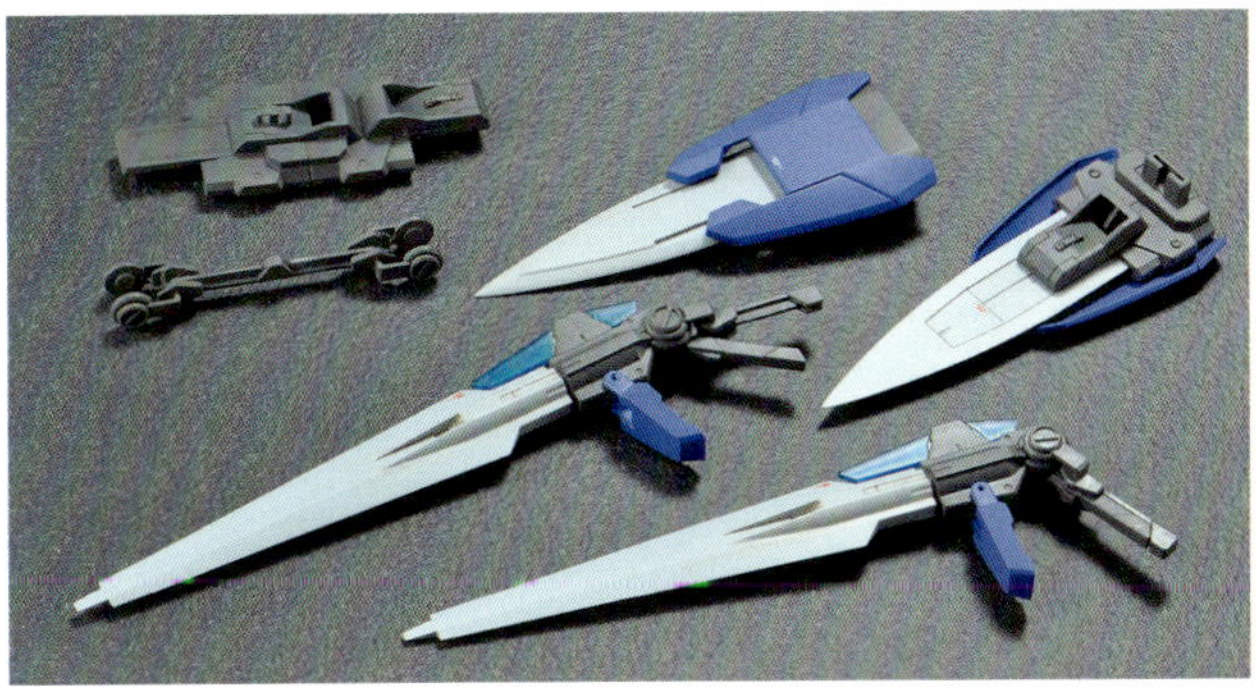

## シャープなメリハリで素材を活かすモデリング

●全体にエッジと面をシャープになるよう整形しているが、とくにアンテナなどはシャープに整えたときの効果が大きい
●胸部中央のコクピットハッチと黄色い襟は小型化。この工作により正面から見たときにフェイスが隠れにくくなる
●胴体の可動は、胸部と股間ブロックの接合部にひねりを、腹部中央には前後左右のスイングを追加している
●GNソードⅡは、刃の部分にプラスチック材を貼ってからシャープに削り直している
●股関節にはイエローサブマリン製の「関節技」を使用。この方法だとメス側が関節カバーに見えて一石二鳥なのだ

**◆パワーアップでんがな、おやっさん**

ＨＧダブルオーガンダムの作例に引き続き、今回は１／１００ダブルオーガンダムの作例を担当させていただくことになりました。しかもオーライザー付きです。

で、キットの印象なのですが、かなり等身が高くスマート、モデル体型といった感じでカッコよくまとまっています。ただ、私の個人的な好みで言わせていただくと、海老川兼武さんの画稿に描かれているような、「一見スマートに思えるけれど、骨格はしっかり太く筋肉は引き締まっていて、けっして細いわけではない」っていうようなカンジも捨てがたいのです。

また、可動や関節の構造に関して言うと、背中に巨大なオーライザーを背負うことを想定しているからか、腰の可動などはいたってオーソドックスでそれほど動きません。劇中で見られた躍動感溢れる動きも再現したいので、ちょっと頑張って関節にも手を入れてみることにします。

**◆腰をクネクネ**

キットそのままの状態でも胸が左右にロールしますが、可動範囲はそれほど広くありません。さらに上体がロールするようにしたいので、腰ブロックと股間ブロックをノコギリなどで切り分けて、股間ブロック側に可動ギミックを仕込みます。ここのように重量がかかるところには、内径４㎜以上のポリキャップを使うとよいでしょう。なお、もしオーライザーを背負わせるならば、可動する方向を欲張ってボールジョイントを追加することはおすすめできません。ボールジョイントにすることによる剛性や保持力の低下、という要素もありますが、忘れてはいけないのがヘタリにくさ。同じスペースだと軸／ポリキャップのほうが耐久力がある関節にできます。

前後の屈伸や左右の傾きも追加したいという場合は、作例のように股間ブロックのロールとは別に腹部中央に２軸ロール機構を追加するのがおすすめです。そのおかげで、作例の胴体はかなり複雑な表情をつけられるようになりました。

これで胴体と四肢はかなり表情豊かに動くようになりましたが、忘れてはいけないのが首。首がそのままだとちぐはぐなポーズになりやすいです。ちょっと工夫して２重関節にすると全身で流れるような力強いポーズをつけられるようになります。

**◆エッジワークでメリハリ強化**

このキットは全体に面取り（Ｃ面／面と面の角に設けられた細い面）が多いアレンジとなっています。もちろんそこには立体としての情報量を上げるという役割があるのでしょうが、本来のデザインラインとは異なった印象になる場合も多々あります。

そこで、今回の作例では海老川氏のデザイン画稿を参考に、面取りを一回なくしてエッジを立てたり丸めたり、という工作を徹底的に施してみることにしました。目立ったボリュームアップやシェイプアップをしたり、部分的に長くすることで全体のスタイルを変えたりというような改造はしていませんが、このようにエッジに手を加えていくと全体の印象が大きく違って見えてきます。このエッジへの工作はとくに脚部を中心に施していますが、それ以外のところや各種兵装、オーライザーにも同様の考え方に基づいてエッジ工作をしました。

**◆ピカーン！**

「オモチャっぽいから」という理由で好まない方もいるようですが、本物（劇中や設定）で機体が光るのですから、それを再現した模型が光って何がいけない⁉ そんなことを言ったら鉄道模型などははるか昔からピカピカ光っていますよ！ というわけで、ピカピカ模型肯定派の私としては、もともと発光ギミックが内臓されるＧＮドライヴ以外も全部光らせてしまうのでした。……といっても、電飾を仕込むのではなく発光ギミック風の処理です。ＰＣでこさえた自作デカールと蛍光デカールシートを組み合わせることで、光が当たったときに光って見えるようになります。もちろん配線は不要、改造もなしでできていいカンジに光っているように見せることができます。■

# 闘いにつぐ闘いの果てに
# 世界は変わるのか、それとも──

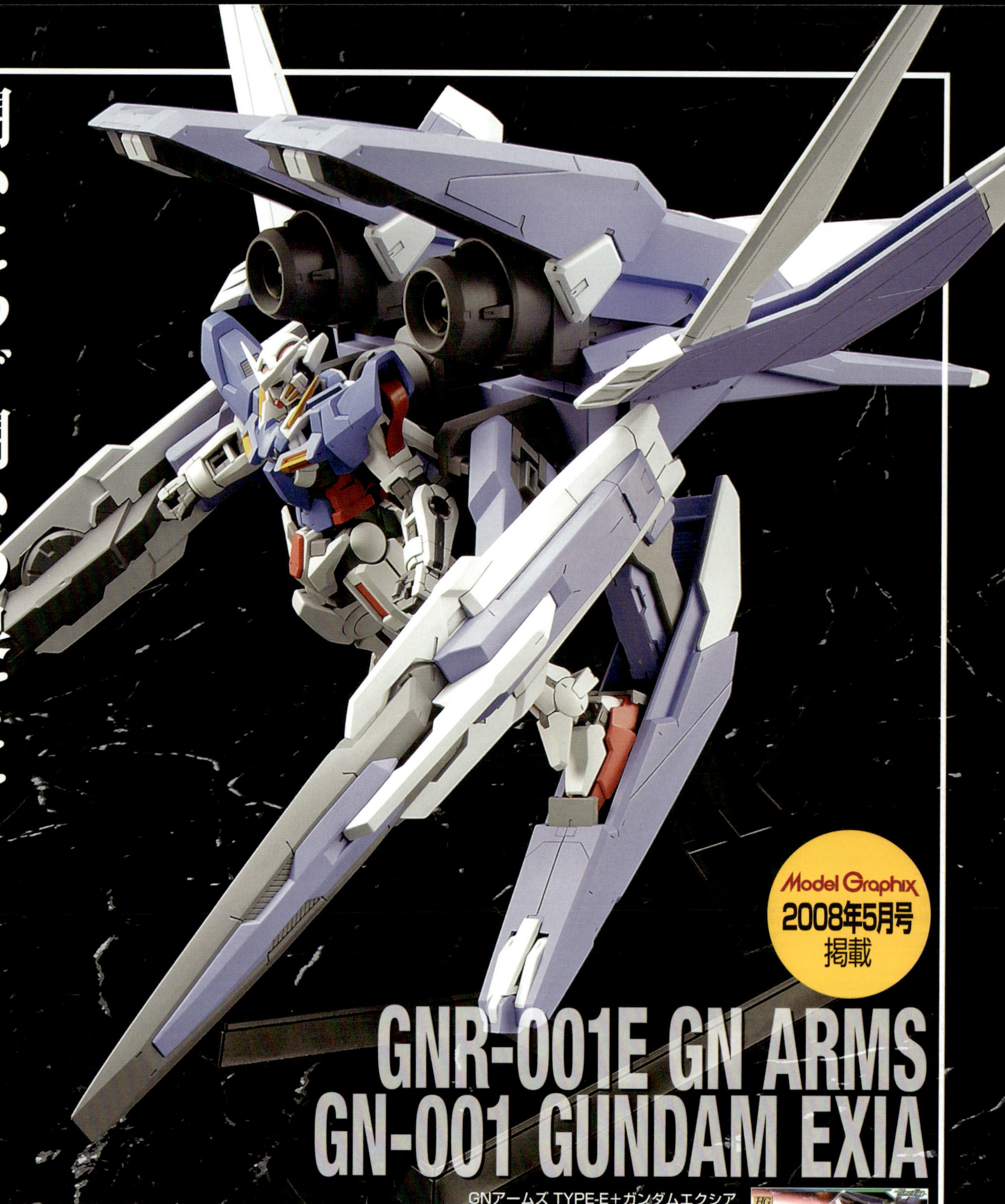

Model Graphix
2008年5月号
掲載

# GNR-001E GN ARMS
# GN-001 GUNDAM EXIA

GNアームズ TYPE-E+ガンダムエクシア
（トランザムモード）
BANDAI SPIRITS
1/144 HGシリーズ
インジェクションプラスチックキット
発売中　税込5940円
製作・文 **POOH**

**ガンダムエクシアの強化支援メカ、GNアームズがHGシリーズでガンプラ化！　トランザムモードのエクシアも同梱され、ドッキングや変形も楽しめる大ボリュームの構成となっている。今回は超速攻キットレビューということで、ストレートに製作した状態をご紹介しよう。**

ソレスタルビーイングの新兵器、GNアームズ。ガンダムエクシアの支援メカが最高のタイミングで発売されたことに正直驚きました。過去にもデンドロビウムやミーティアユニットなど、「ガンダムの乗り物」的なメカが発売されることはありましたが、「本編登場と同時に発売」というところがいままでとはひと味違います。

考えてみれば、『機動戦士ガンダム00』のガンプラは本編での活躍とほぼ同タイミングでキットが店頭に並んできました。劇中で派手な活躍をしたMSのキットが直後に飛ぶように売れていくという状態は、キャラクターモデルらしいムーヴメントを見ているカンジがして痛快ですね。

さて、肝心のキットはというと、とにかく大きい！　バレーボールよりひと回り小さいくらいの大きさで迫力満点です。しかもただ大きいだけでなく、HGの名に恥じない再現度と可動範囲でギミックも満載。強度も充分に高く、各可動部もかっちりと保持されるよう配慮されていますから、飾ってよし、遊んでよしの好キットです。同梱されるエクシアもトランザムモードで、従来品では水色だったGN粒子伝達コードが赤に変更されています。

最近のガンプラに共通して言えるのはスタンドの重要性。GNアームズの場合は自立できないということもありますが、MG、HGに限らず専用スタンド付属のキットも多く発売されていますし、アクションベースに代表される別売りスタンドも売れ行きは好調のようです。完成したガンプラをただ並べるのではなく、空中戦を意識したポージングで格好よく飾ることのできるスタンドは、この『OO』シリーズで必要不可欠なアイテムになったと言えるでしょう。

今回のレビューでは、アーム部と後方上部のバーニア周りの肉抜きをエポキシパテで埋めました。このキットは強度保持のため挟み込みが多いのですが、脚部にある合わせ目を段落ち処理したほかはほぼそのままです。GNアームズのカラーリングはプトレマイオスに準拠した感じにして明度を上げ、巨大感を演出しています。■

●トランザムモードは、ソレスタルビーイングを創設したイオリア・シュヘンベルグが、計画を歪められたときに発動するように太陽炉のブラックボックス内に隠していたシステム。オリジナルの太陽炉を持つガンダム（＝劇中ではプトレマイオス所属の4機）で発動する。システムが発動するとGN粒子を伝達するコードが赤く発光し、一定時間、スペックの3倍に相当する出力を得ることができる。いっぽうでシステムの運用時間が終わると機体性能が極端に落ちてしまうほか、連続して使用することもできないなど、運用に対しては難しい面も併せ持つ
▼▶ガンダムエクシア本体は基本的に既発のHGキットと同様の内容だが、トランザムモード再現のために軟質素材で用意されたケーブルの成形色が赤に変更され、マーキングシールも赤い文字が浮かび上がったものとなっている。武装やシールドも従来どおり付属するのでエクシア単体でのディスプレイももちろん可能だ

# GN-001 GUNDAM EXIA TRANSAM MODE

1

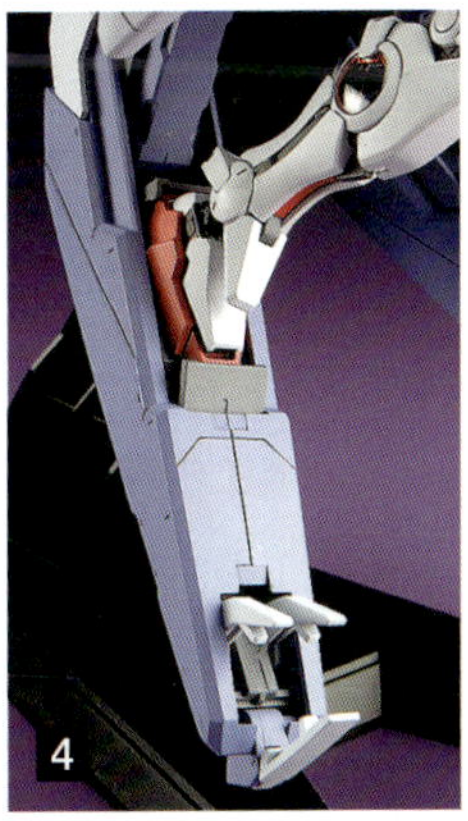

4

2

3

1エクシアの股間に位置する穴にGNアームズ中央部から伸びるアームを取り付けることでエクシアとGNアームズの接合を再現。エクシアのGNドライブをGNアームズに接続するコネクター状のパーツは固定機能こそ持たないものの、合体の雰囲気を盛り上げてくれる
2エクシアの両肩に位置する大型GNキャノンはプトレマイオスの主砲としても使用可能。キットでは伸縮機構が再現されている。内部メカを金属色に塗るなどして密度感を演出したい
3GNアームズの左右側面ユニットを展開すると大型GNソードとなる。多重関節を採用しているため上下左右に大きく可動し、ブレード部分はやや内側に折り曲げることができる。
4下方に伸びるアームは基部から左右にスライドし、幅が変化するギミックを内蔵。上面にはエクシアの足を固定するラッチが設けられている。前端のクローは開閉可能。中央の合わせ目や内部メカをディテール処理するなど、モデラーが腕を奮うべき部分も散見される

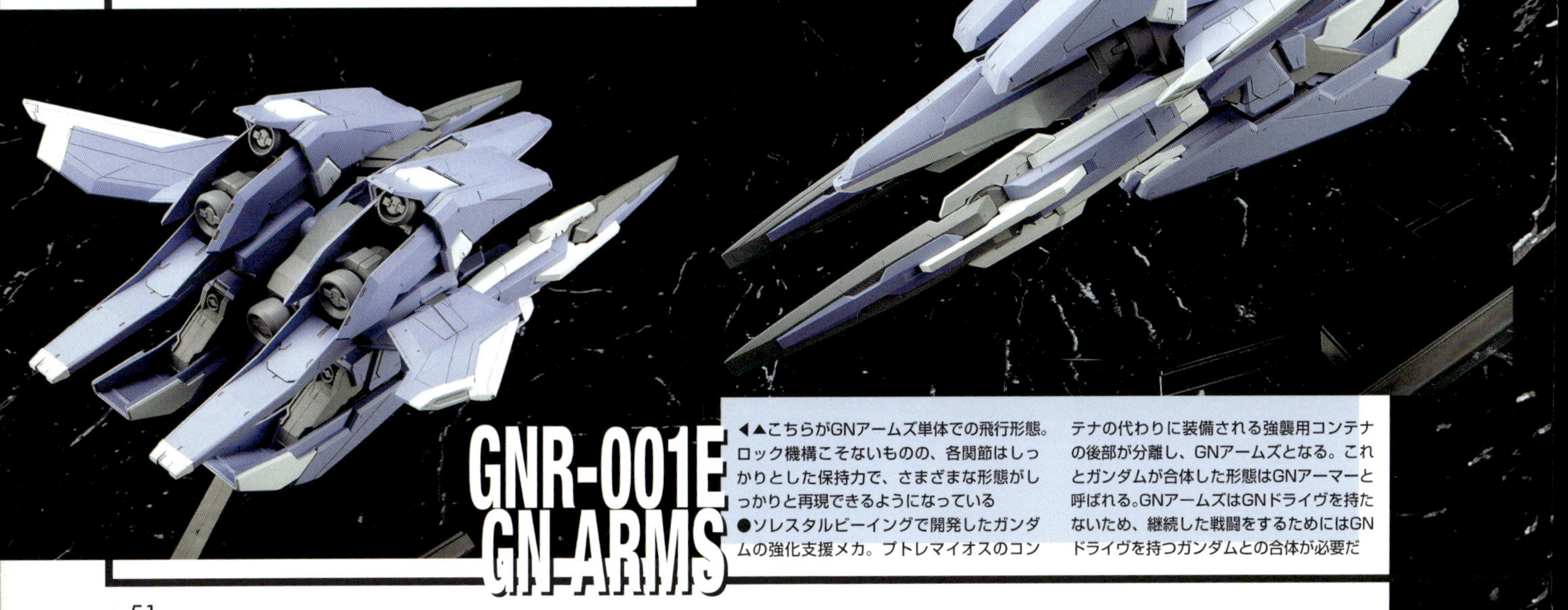

# GNR-001E GN-ARMS

◀▲こちらがGNアームズ単体での飛行形態。ロック機構こそないものの、各関節はしっかりとした保持力で、さまざまな形態がしっかりと再現できるようになっている
●ソレスタルビーイングで開発したガンダムの強化支援メカ。プトレマイオスのコンテナの代わりに装備される強襲用コンテナの後部が分離し、GNアームズとなる。これとガンダムが合体した形態はGNアーマーと呼ばれる。GNアームズはGNドライヴを持たないため、継続した戦闘をするためにはGNドライヴを持つガンダムとの合体が必要だ

1 額のブレードアンテナや胸のダクトに配されたイエローは「ほとんどオレンジやん、くらいの気分」(岡プロ談) で塗装するのが吉
2 バックパックとGNランチャーをつなぐアームの可動範囲は広いが、GNビームライフルと結合させるとほぼ固定されてしまう。思いどおりのポージングをさせるために、アーム延長などの工作にチャレンジするのもいいだろう
3 キットの完成度はかなり高く、ご覧のとおりプロポーションを変更することなく、各部のエッジ出しや塗装で印象を変えている
4 腹部がとんでもなく細いデザインだが、前方に張り出した胸や大きなGNドライブといったデザインが見事にバランスを保っている。肩に入ったピンクのラインは付属のシールの色味を調整して使用
5 GNランチャーをはずした状態。肩アーマー上部やGNビームライフル上部についたブレードはギリギリまで薄く整形している

Model Graphix
2008年5月号
掲載

**謎だらけの存在であるソレスタルビーイングに加わった謎だらけのガンダム3機ですが、まずはヨハン・トリニティが搭乗するガンダムスローネアインを熱烈な『00』フリークである岡プロが速攻レビュー！　明度差の激しいカラーリングの機体を魅せる秘訣とは!?**

# GNW-001 GUNDAM THRONE EINS

## この世界を変えるために!

### ◆岡プロ的ストレート組みのススメ

過去、現在、未来とクロスオーバーしていく物語、きめこまかい人物・メカ描写や演出など実に凝った作りが楽しい『OO』。キットの方もシリーズ全体をとおしてなんらかのこまかな気配り(例えば、ティエレン宇宙型の脚部タンク内部につけられたタンク非装備状態を再現できるモールドなど)がされていて、作り手が手を加えたければそれに応えてくれる非常に平均点の高いシリーズといえます。

もちろんこのガンダムスローネアインもそういった気配りがされており、上腕を上から差し込むタイプの肘関節ながら、肘を曲げてもポリキャップが露出しないようになっていたり、膝関節と大腿部の後ハメを容易にするガイドが設けられたりと、ちょっとした仕掛けがされているのがうれしいです。また、プロポーションもスローネの怪しくも危うく、そして儚げなイメージを非常によくとらえています。そんなスローネアイン、今作例では各パーツをシャープにしたりディテールをほんの少し手を加えるにとどめ、基本的にはほぼキットのまま製作しました。ビームサーベルは同スケールのガンダムヴァーチェからそのまま流用するのがおすすめです。

### ◆塗装はちょっと考えよう

劇中ではかなり黒っぽく見えますが、ガンプラで黒に近い色を塗るときは、気をつけないとすぐに真っ黒くなってしまい、スケール感を損なってしまいます。かといって単に色の明度を上げると、同時に彩度が落ちて全体がモノトーンのぼやっとした物になってしまいます。これを防ぐためにいつもやっているのが「差し色」です。このガンダムスローネアインでいうと、差し色はエメラルドグリーン、ピンク、イエローの3色で、全体の色の明度を上げて彩度が落ちてしまっても、この差し色の部分は明度を上げずに彩度を優先して置いていきます。それでも色味が少なく感じたら、スミ入れや赤いデカール等で色味を増やすようにするとよいでしょう。■

GNW-001ガンダムスローネアイン
BANDAI SPIRITS
1/144 HGシリーズ
インジェクションプラスチックキット
発売中　税込1728円
製作・文／**岡 正信**

Model Graphix
2001年10月号
掲載

# GN-004 GUNDAM NADLEEH

GN-004 ガンダムナドレ
BANDAI SPIRITS　1/144
HGシリーズ
インジェクション
プラスチックキット
発売中　税込1296円
製作・文／**岡 正信**

# GNW-003 GUNDAM THRONE DREI

GNW-003 ガンダムスローネドライ
BANDAI SPIRITS
1/144 HGシリーズ
インジェクション
プラスチックキット
発売中　税込1728円
製作・文／**岡 正信**

## 『機動戦士ガンダム00』放映終了記念
## 続々出る**おニュー**な**ガンプラ**を
## とにかく**作りたい**じゃない!!
## ……ということで
## 岡プロ的新提案
## 『**メッチャ速いで塗り**』で
## HGシリーズ**最新作**を魅せる!!

**TVシリーズ放映終了後もリリースラッシュが止まらない『機動戦士ガンダム00』関連ガンプラ。番組を録画して繰り返し見続けているほどの『00』ファンである本誌モデラー、岡プロがプライベートのガンプラ製作で培った「素早く、かつカッコよく」ガンプラを仕上げる方法を伝授っ！**

**みるみる積みプラが減っていく!?**

### ◆まずは基礎講習や！

あれやこれやという間に謎と熱い余韻を残したまま第一部が終了した『OO』。テレビ画面にかじりついてから興奮冷めやらぬまま模型店に行ってどんどんキットを買うのはいいのですが、気付けば自分も立派な積んどくモデラーやん！　こうなるといつものようにパテやサーフェイサーを使ったり、エアブラシで完全塗装する作り方をしてたら、いつまでも発売ペースに追いつきません。かといって、キットをパチ組みしてマーカーでスミ入れするだけのいわゆる「簡単フィニッシュ」ではなんだか物足らへんし……ということで、今回は、製作速度を飛躍的に上げつつも塗装でカッコよく仕上げる方法を紹介しまっせ！

最初の教材、ガンダムナドレはほぼ完全新金型で、同スケールのバーチェとの互換性をあえて排したプロポーションはかなりええ感じ。専用のライフルやシールドも付いているし、本体はセミヌードのくせに抜かりなしの完成度なので、大きく改造するようなところはなさそうです。

と言うても各パーツをシャープにしたり、パーツの合わせ目を接着してヤスリをかけたりと、最低限やるべきことはやって、少しでもオモチャっぽさを消しておきます。

しかし、ヤスっただけでは完全に合わせ目は消えません。目立つところのみをエアブラシでピンポイントに塗装、このときGSIクレオスのガンダムエクシアカラーを1セット持っておくと便利やでぇ。

太もものケーブルやシールドなど面積の広い部分はエアブラシで、頭部や外装のメカ色など狭い部分は筆塗りで塗り分け。もし塗料がはみ出ても下地は成型色なので、うすめ液で拭き取るかカッターで削ればリカバリーもラクちんでんがな。

このガンダムナドレ、外装はほぼ真っ白で、ほかのガンダムと比較すると極端に色が少なくモノトーンな印象。そこで黄色をより鮮やかなオレンジで、赤は黄色味がかったピンクでオーバースプレーします。単に「色数」を増やすのではなく黄色を赤に振ったり赤を黄色に振ったりすることで「色味」を増やすとええ感じ！　全体のスミ入れに黒ではなくハルレッドを使用したのも同じ理由です。ちなみに別売りデカールを買うなら小さいコーションデータがたくさん入ったガンダムデカールのMG クロスボーンガンダム用がおススメですわ。■

# Step 1: ガンダムナドレを密度感たっぷりに仕上げますわ!!

装甲のほとんどが真っ白なガンダムナドレ。HGシリーズということもあって細部のカラーリングは再現されておらず、パチ組みではどうもメカニカルな印象に欠けます。そこで、フレーム色などを塗り分けデカールを貼ることでユニットの存在感をハッキリさせる塗装法を実践！

●頭部から伸びた伝達ケーブルが特徴的なガンダムナドレはガンダムヴァーチェの装甲がパージされた状態。1/100キットではその両者を再現できるよう、装甲の着脱を考慮した関節のクリアランスやプロポーションの調整が行なわれているが、HGガンダムナドレはあくまでも単体での見映えを優先したプロポーションで立体化されている

●髪の毛のようなケーブルはスミ入れをするだけでも軟質樹脂の生っぽい質感が消える。デザインナイフで切れ込みを入れるなどして表情をつけるのもオススメだ

●胸部やヒジのクリアーパーツは、裏側からスモークやクリアーグリーンを塗ると厚みを感じさせなくなる。パーツ下にマーキングを入れるのも効果的

## マーキングがキモです!

ジェット戦闘機などに見られるこまかなコーションマーク。機能的には単なる注意書きなのですが、機体の各所に色とりどりのレタリングが入ることで機体のディテールや色彩が補強されたように見える効果を狙ってガンプラにも転用できます。あくまでデザインとして色と大きさをチョイスし、「貼り過ぎ？」と思うくらいに貼るのがオススメ。ただし、禁則事項がいくつかありますぞ！

◀「たくさん貼る」のと「むやみに貼る」のは違います！「等間隔にしない&完全に左右対称にしない」というルールを守り、全体のバランスを見ながら貼りましょう。むやみにでたらめに貼るとカッコ悪くなるぞ！

●ガンダムスローネシリーズはアイン、ツヴァイ、ドライの3機を再現するため共通パーツを多用しているが、設定上こまかな色分けが随所に見られるので、これを再現するだけでぐっと完成度が上がる
●岡プロ式「めっちゃ速いで塗り」は「塗り方」というよりはありとあらゆる手段で色味を増やす手法。もちろんマスキング＆エアブラシで塗り分けた部分もあるが、小面積の塗り分けには筆を使用したり、さらに直線的なこまかい塗り分けにはキット付属のシールも仕様。ツヤ消しスプレーによるオーバーコートと赤や青に振った茶色でのスミ入れによって成形色やシールの色がなじんでいるのがわかるだろうか。シールド裏のマーキングなども効果的！

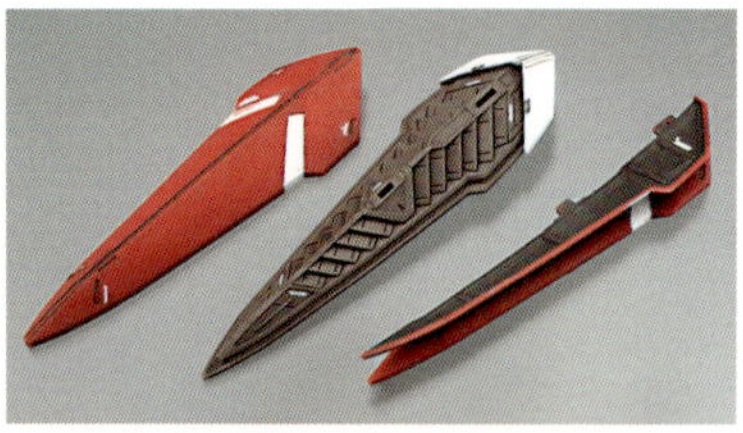

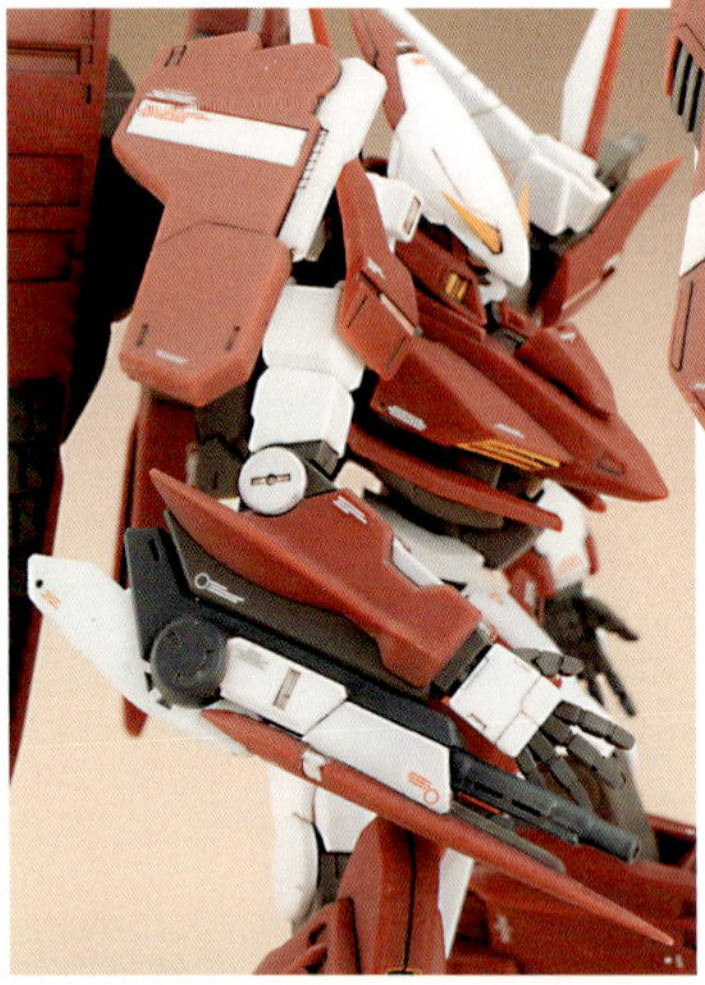

# Step 2: ガンダムスローネドライで設定色を完全再現ですわ!!

## ランナーを使うのが吉！

パーツの一部を塗装して塗り分けたいんだけど、塗料を別のパーツの成形色に合わせて調色するのはたいへん……。そんなときは塗りたい色で成型されたランナーを利用しよう。塗りわけたい部分を切り取ってランナーをプラスチック用接着剤で貼り付けて整形するだけ。思ったよりも簡単なのでぜひチャレンジしてみよう！

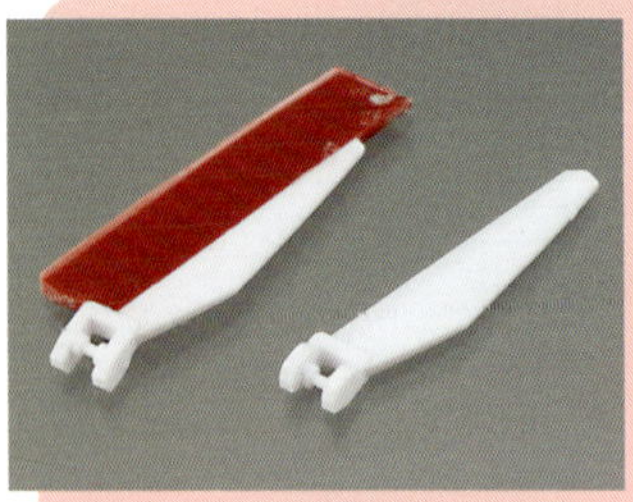

▲こういった平面状の部分はランナーのタグ部分（キット名などが彫ってあるところ）を使う。もちろん同じ色のランナーを使って形状変更もできるぞ

**◆続いてステップアップ講習や！**

次の教材はガンダムスローネドライ。スローネシリーズはプロポーションやギミックなんかは申しぶんなしなので、各部のエッジをシャープにしたり合わせ目を消したりといった基本的な工作は先のナドレと同じ。塗装に時間をかけずに速く作れるぶん、工作に余力を使ってみるのもオススメ。といっても、今回は股関節の軸を市販のボールジョイントパーツに交換しつつ外側に広げ、特徴的なO脚を強調したぐらい。このへんはあくまで個人的な好みやね。

このキット、成型色自体はよいカンジなんだけれど、アインやツヴァイとの共有パーツも多いせいか全体として色分けが物足りない感じ。これもさっきのナドレと同じように足りない色を足していくだけ。ただし、肩のアンテナのところの赤はほかの成形色とそろえたいのでキットのランナーを利用して再現しとる。ふくらはぎや右肩バインダー裏側のメカ色も同じ方法で再現。

この色つきランナーを利用する方法を覚えておくと塗り分けだけじゃなくて形状変更（例えばザクの肩にあるスパイクを尖らせたりやな）にも応用がきくので便利でっせ。

次は差し色の塗装。じつは肩と腰のピンク色はキットに付属するシールをそのまま使用。「えー、シール使うとオモチャっぽくならへん……？」と感じる方もいるだろうけど、使う場所を考えたり事後処理をちゃんとするようにすれば大丈夫。広い面や複雑な面構成には不向きやけど、今回のように小さくて単純な面で、なおかつ少し凹んだところはむしろシールが調子いい。貼ったあとスミ入すればかなり馴染むで。

さていよいよ最後にデカール貼り。この作例ではいつも以上にたくさん貼ってみたけど、ここで注意しないといけないのは空いてる面のど真ん中に貼ったり同じ大きさのものをまんべんなく貼ったりしないこと。固めて貼るところとバラして貼るところのメリハリをマスターするとおしゃれでっせ。……って、え？　なになに、『OO』の新製品ってまだそんなに出るん？　うーん、なかなか追いつかんがな……。■

"Reproduction will be destroyed!!"
BANDAI SPIRITS
HG 1/144
GN-0000
HG OO GUNDAM
Model Graphix
2008年11月号
掲載
GN-0000 STAND BY!

透明デカールに黒を刷って隙間から下の蛍光色が透けて見えるようにしよう！

# HGダブルオーガンダム
## あんなところやこんなところを光らせてみよう！

HGシリーズのレベルを超えてめっちゃ動きまくりプロポーションもバツグンな1/144ダブルオーガンダムのキットが発売となりました。そこで早速キットを作例レビューするのですが、完全にストレートに作っては芸がないので、蛍光塗料を使って各部を発光させる方法を解説してみましょう。ポイントはクリアデカールの使い方にあり。

GN-0000 ダブルオーガンダム
BANDAI SPIRITS
1/144 HGシリーズ
インジェクションプラスチックキット
発売中 税込1080円
製作・文/岡 正信

●クリアーデカールに、文字とラインの部分が透明に抜けるように黒地をプリンターで印刷（版下はパソコンで自作）。そして、下地に蛍光色を塗ったうえに自作デカールを貼れば、デカールの黒地の隙間の文字とラインが光って見えるという寸法だ。蛍光色はキットパーツに直接塗布せずに一度ウェーブの「クリアデカール」に塗布してから貼り込んでいる。これは失敗してもテープで剥がすなどリカバリーがしやすいということとマスキングの手間も省けるから

●キットにはGNブレード×2が付属。グリップが可動し、腰に取り付けることもできる
●腕、脚の関節部、頭の額部分はクリアーパーツが付属。今回は、内部を自作デカール+蛍光塗料で仕上げることで発光ギミックを再現
●小さな胴体内には鉄アレイ状のダブルボールジョイントがふたつも仕込まれており、下の写真のように自然かつ大きなひねりを加えたポーズが取れるようになっている
●肩アーマーはバックパック側に取り付けられていて肩関節の可動範囲も広いので、大きな肩アーマーの機体ながら腕の可動範囲も驚くほど広い。1/144としてはいままでにない広範囲な可動ギミックは、新規開発された関節用ポリパーツによるところが大きいだろう

◆よ〜できてますがな

このキット、端的に言ってめちゃめちゃよくできています。

まずは可動に関してですが、すでに発売されているHGガンダムエクシアもかなりよく可動すると感心しましたが、このHGダブルオーガンダムはそれ以上です。ヒザの二重関節や腹部の可動など、少ないパーツでフォルムを崩すことなく幅広い可動範囲を実現しています。必要かどうかは別としても、自然な立てヒザがとれるなど、HGでここまでの可動範囲を実現したキットはそうないと思います。

水島精二監督曰く「このダブルオーガンダムは『OO』ファーストシーズンのガンダム以上により派手でカッコよく動くようにデザインされています」とのこと。なるほど、元のデザインにある「カッコよく動くために余分なディテールも減らしてシンプルにしている」さがガンプラでもバッチリ再現されているということですな。そして、肩にGNドライヴが！ しかもふたつ!! 見た目のインパクト大です。監督そしてデザイナーの海老川兼武さんによると「各ガンダムには前回以上にGNドライヴのさまざまな運用法や隠しギミックが仕込まれていて、どういった使われ方をするかは本編でのお楽しみ」だって。ん〜もー、やっぱり本編の活躍が待たれません！ たしかにキットをよく見るとほかにも何かを差し込むためのアタッチメントらしきディテールも……。これはあとで何かエエことが起こるかも。考えなしに下手にこの穴を埋めてガンプラを作ってしまったりすると、あとでギミックとして大活躍することになって後悔するかも……ね。

◆工作

頭部はアンテナをシャープにするなど、少々整えるだけでご覧のとおり。目は、蛍光色を塗ることでブラックライトをあてるときに光るようにしました。胴体部は、腹部2カ所に設けられた球体関節のおかげで、ひねりこみもできてとても

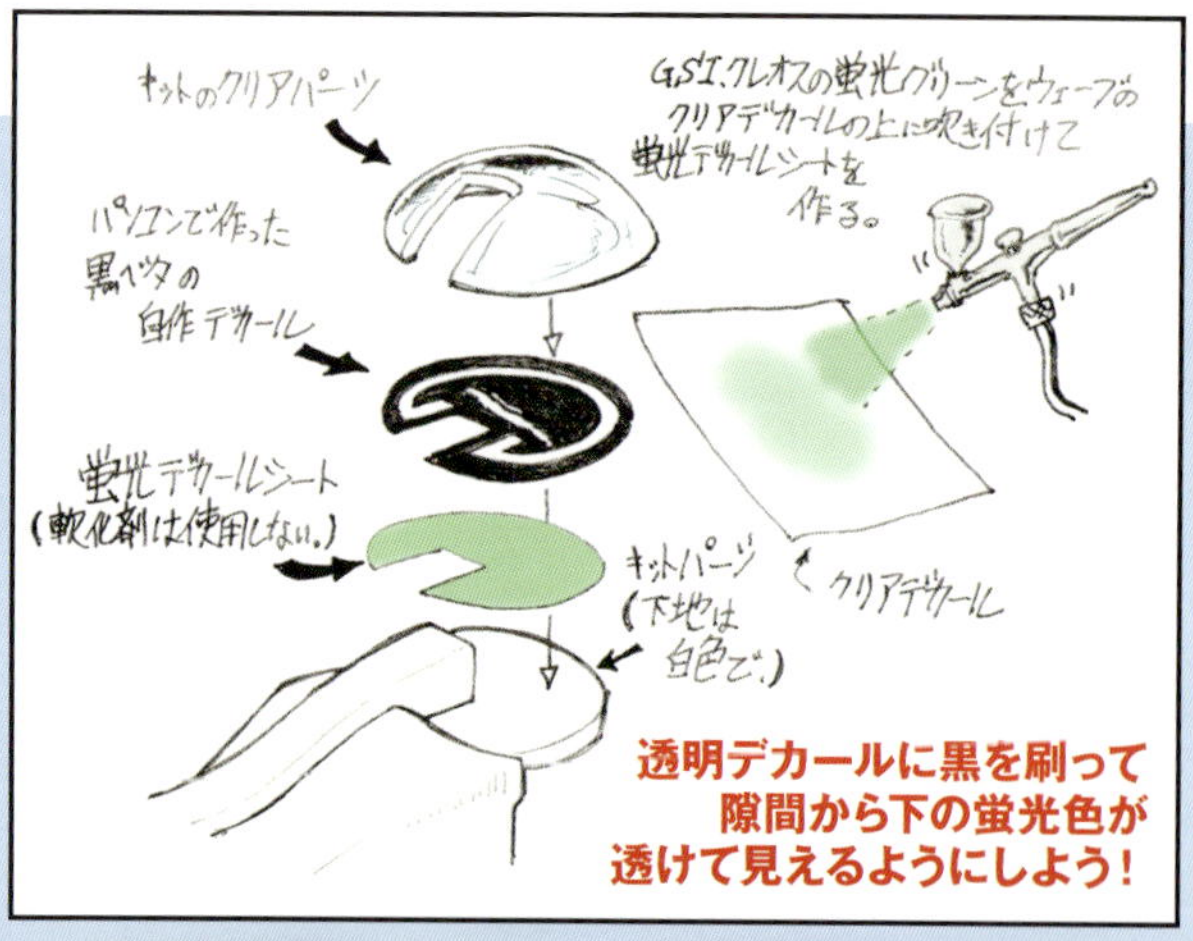

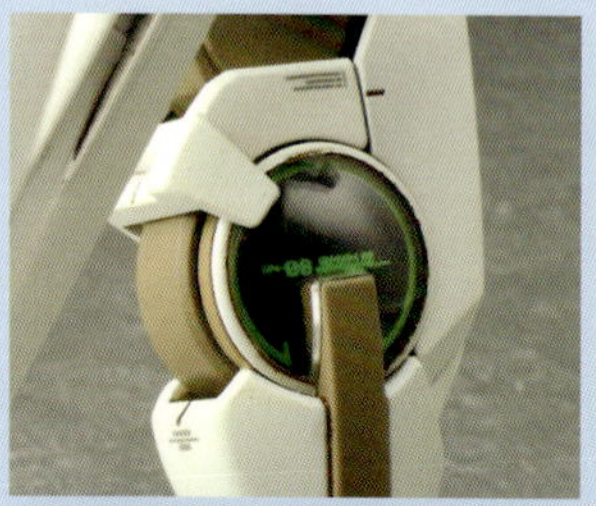

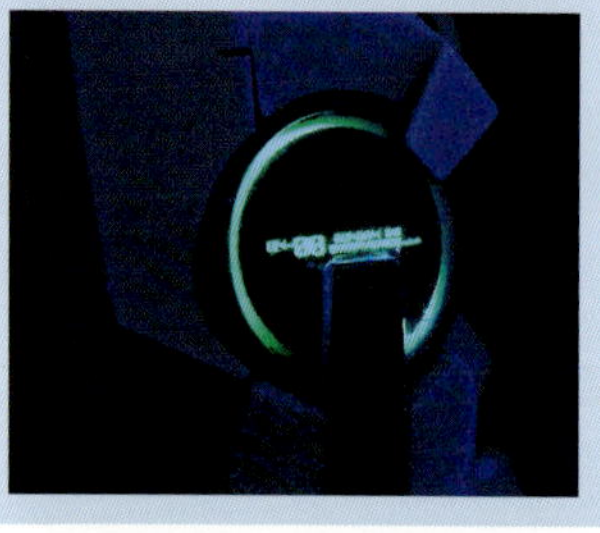

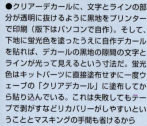

●エッジをシャープに整形した以外プロポーションはいっさい改造していない。また、追加されたスジ彫りなどのディテールはダブルオーガンダムのデザインをされた海老川兼武氏のイラストを参考に工作している
●銃器にも変形する新型武器、キットもきっちり再現されているが、作例ではグリップの回転軸が緩くなるのを防ぐためにA-19と銃本体とのあいだに小さく切ったビニールを挟んでいる(このテクニックはガンプラではけっこう重宝する)。ちなみに、臀部に装備されたGNビームサーベルは基部のみだが刃の部分は同シリーズのジンクス用のもので流用できるようだ

もしなやか動きを見せます。可動軸に1・2㎜の真ちゅう線を通しておくと遠慮なく遊べて安心。なお、股関節はさらなる保持力向上のためボールジョイントから軸によるロールの組み合わせ構造になっています。
腕部ですが、肩内部フレームと上腕部との接続が横からではなく独立して吊り下げ式に接続され、脇を大きく上げても胴体から生える肩軸が見えないのがとてもおもしろい。少ないパーツ数ながらもヒジは二重関節で、かなり広い可動範囲を確保。手首はキットのパーツをベースに指のみ部分的にエポキシパテで作成しました。GNドライヴ及びバックパックは、大きく肉を抜かれた基部の肉埋めとコーンに設けられた3つのセンサーらしきものはエポキシパテで工作。バックパックの中央部には何かをさすための穴が開けられていますが、ここは完全に埋めてしまわずにあとで取り外せるようにプラ材でカバーをしておきました。ノズル部は成型の都合により真円を描いていないので市販のアフターパーツに置き換えています。ちなみにノズル内部もリング状に光るように蛍光色を塗っています。

**◆光りますがな!**

そしてダブルオーガンダムといえば特徴的なのが、機体各所に見られるレンズ状のディテール。キットはせっかくクリアーパーツになってますので今回の作例では光るように蛍光塗料を使ってみました。デカールの自作さえできればそれ以外がけっこう簡単なので、詳しいやり方はイラストを見てちょーだい。作業にあたってはブラックライトでの確認作業が必須となるけど、暗いところでの作業は、まだ老眼ではないものの目が疲れますね。でも工作の効果は絶大! レンズのほかにも目やコーンのところも光らせてみましたが、緑の光がボワーっと浮かび上がる姿はめっちゃカッコイイ! っておっと、そうなったら片手にガンプラ、もう片手にブラックライトもってテレビにかじりつきか!? デカールを自作しなくてすむように、純正で光るデカール出してくれへんかなぁ? ■

Model Graphix
2009年1月号
掲載

# 天使再臨! セカンドシーズン第1話のエクシアが作りたいじゃない!!

**「エクシア、壊れてましたね……」「それ、作ろう！」ということで、HGガンダムエクシアをベースに劇中の"半壊状態"を製作。皆さんもチャレンジしてみてね！**

GN-001 ガンダムエクシア
バンダイ 1/144 HGシリーズ
インジェクションプラスチックキット改造
発売中 税込1296円
製作・文／**小林祐介**

●右ヒザフレームは設定画でもディテールが描かれているのに注目。左腕にかぶせられたマント状の布は見所のひとつで、素材探しに難儀したが、表現の自由度とスケール感を考えて、PVC製極薄手袋を切断して使用した

『ガンダム00』セカンドシーズン第1話は、ダブルオーガンダムではなくガンダムエクシアの登場からはじまったことで、「ファーストシーズンの流れが完全には切れていなかったんだ！」とよろこぶとともに、あの赤い瞳がガンプラにおける表現の限界をも如実に暴き出す魔力だったのだと、途端に思い知らされることになるのでした。

そもそも傷だらけのエクシアを作るにあたり、「Eカーボンとはいったいどのような物質で、素材の色は何色なのか？」「ビームを受けると、Eカーボンはどのように壊れていくのか？」「エクシアの装甲はどのような構造になっていて、フレームにどう接続されているのか？」「表面塗装に使われる塗料はどのようなものなのか？」「宇宙空間に置かれ続けると、表面や塗膜はどのように変化していくのか？」「GN粒子は塗膜や装甲材にどのような影響をあたえるのか？」と、疑問が大連発なのですが、これらはエクシアのダメージ表現の再現には不可欠であると同時に、劇中からは知り得ない情報ばかり。このあたりはガンダムをスケールモデル的に作る、ダメージ表現の難しさの源ですね。

しかし悩んでいても時間だけは過ぎてしまうので、「ダメージ表現の設定的な根拠」の追求にはある程度目をつぶり、設定イラストと第1話をコマ送りして得られた画像から可能な限りの情報を見つけ出して反映させる工作をしていきます。

・右目（赤いカメラアイ）にはこれを懸垂するアームとケーブル類がある。
・額のセンサーにはフタをしてある。
・マスク右側は完全に欠落している。
・右頬の装甲および右耳のコンデンサーカバー（クリアー部分）が外れている。
・左腕は付け根から外れてしまっている。
・左足のコンデンサにはフタがしてある。

こんなところですが、作例製作にあたっては、模型的見映えも考慮して、多少のアレンジを加えた表現にしています。

塗装に関しては映像ではわりときれいなままのようにも見えましたが、グラデーションとウォッシングを加えて4年という年月が経過したことの記号としています。■

郵 便 は が き

おそれいりますが切手をお貼りください

101-0054

東京都千代田区神田錦町
1丁目7番地　㈱大日本絵画
読者サービス係行

アンケートにご協力ください

| | |
|---|---|
| フリガナ | 年齢 |
| お名前 | （男・女） |
| 〒<br>ご住所 | |
| | TEL　（　　）<br>FAX　（　　） |
| e-mailアドレス（メールにてご案内を差し上げてよい場合にご記入下さい） | |
| ご職業　1 学生　2 会社員　3 公務員　4 自営業<br>5 自由業　6 主婦　7 無職　8 その他 | |
| 愛読雑誌 | |

このはがきを愛読者名簿に登録された読者様には新刊案内等お役にたつご案内を差し上げることがあります。愛読者名簿に登録してよろしいでしょうか。

□はい　　□いいえ

**ガンダム アーカイヴス**
『機動戦士ガンダム00』編

9784499232715

# 「ガンダム アーカイヴス『機動戦士ガンダム00』編」アンケート

お買い上げいただき、ありがとうございました。今後の編集資料にさせていただきますので、下記の設問にお答えいただければ幸いです。ご協力をお願いいたします。なお、ご記入いただいたデータは編集の資料以外には使用いたしません。

①この本をお買い求めになったのはいつ頃ですか？

年　　月　　日頃(通学・通勤の途中・お昼休み・休日）に

②この本をお求めになった書店は？

(市・町・区)　　書店

③購入方法は？

1書店にて(平積・棚差し)　2書店で注文　3直接(通信販売)

注文でお買い上げのお客様へ　入手までの日数(　　日)

④この本をお知りになったきっかけは？

1書店店頭で　2新聞雑誌広告で（新聞雑誌名　　）

3モデルグラフィックスを見て　4アーマーモデリングを見て

5スケール アヴィエーションを見て

6記事・書評で（　　）

7その他（　　）

⑤この本をお求めになった動機は？

1テーマに興味があったので　2タイトルにひかれて

3装丁にひかれて　4著者にひかれて　5帯にひかれて

6内容紹介にひかれて　7広告・書評にひかれて

8その他（　　）

この本をお読みになった感想や著者・訳者へのご意見をどうぞ！

●ご記入の感想等を、書籍のPR等につかわせていただいてもよろしいですか？

□ 実名で可　□ 匿名で可　□ 許可しない

ご協力ありがとうございました。抽選で図書カードを毎月20名様に贈呈いたします。なお、当選者の発表は賞品の発送をもってかえさせていただきます。

# FACE BURST MODE STARTUP!!

## 1/144 HG GN-008 GN-008 SERAVEE GUNDAM

ティエリア・アーデの乗機はガンダムヴァーチェに続きまたもやマッチョなスタイルでした！　宇宙世紀MSのHGとは一線を画すパーツ分割や可動ギミックで新鮮な驚きを与えてくれるHG『00』シリーズ、その最新作であるセラヴィーガンダムを重MS大好きな田中冬志が速攻レビュー！　太い四肢と大面積の外装、多彩なギミックを活かしきります。

Model Graphix
2009年1月号
掲載

GN-008 セラヴィーガンダム
BANDAI SPIRITS
1/144 HGシリーズ
インジェクションプラスチックキット
発売中　税込1728円

製作・文／田中冬志

●その圧倒的な大火力とGNフィールド展開機能により拠点防衛用の砲台的な役割を果たしつつ、その機動性と出力を活かした肉弾戦もやってのけてしまうセラヴィーガンダム。「テコでも動かん！」の台詞とは対照的に、HG『00』シリーズで新規開発されたポリパーツの採用によって、そのスタイルからは想像できないほどの可動範囲を見せる。ひとつひとつのパーツが大柄なだけに、単調さを感じさせない工作と塗装を効果的に施してみたい

# 1/144 HG GN-008 SERAVEE GUNDAM

## 注目のギミック搭載のニューキットをレビュー！

▲もはや戦闘シーンの定番演出として『水戸黄門』の印籠のような安心感さえ感じさせるセラヴィーの"必殺技"、フェイスバーストモード。キットでもこのギミックはもちろん再現されている。田中氏はツノの展開ギミックをボールジョイントからヒンジ式にしたことで、メカニカルな印象とシャープさを両立

### ◆祝、セラヴィーガンダムHG化！

どうも、田中冬志です。前回（ファーストシーズン）に続いて太いのを担当しました。「今期（セカンドシーズン）でもFGの作例があったら一枚噛ませて」とお願いしたところ、今回はいきなりHGだそうで、可動化の手間が省けていいな、と。

劇中のセラヴィーは、まだ序盤ということもあり、毎回変わった武器の使い方をするのでワクワクしますナ。うしろの顔がいきなり展開するし、サーベルで接近戦だし、とイイ登場の仕方。以前のような撃ちまくりだけでなく「トリロバイトをわし掴み」みたいな力押しもありで、体格に合ったパワーバトルも描いてくれるとおもしろくなるなぁ。ソレスタルビーイングのMSは四機ともまだ隠しネタがたくさんあるそうで、「日曜ゴゴゴ」は目が離せません。

HGはダブルオーガンダム、ケルディムガンダムとかなりいい内容だったため、自分のなかのハードルが上がった状態で評価をすることになりやや気になる部分もあったので、その工作に重点を置きました。

まあ端的に言うと、広い面が多いゆえに間延びして見えやすいです。その理由のひとつとして、黒いパーツにファーストシーズンの1／100キットを思い出させるようなこまかいディティールが施されていることで、逆に白／青緑のパーツが相対的に簡素に見えてしまうようです。なので、作例では、まあ要するに「スジ彫り入れまくり!!」なわけです。あとは、ダボがあることでできてしまう目隠し用（？）の板状の部分に手を加えたり、よりヴァーチェ感を強調してみたりしました。キットレビューの目的とキャラクター性を逸脱しないギリギリをすり抜けられたのではないかと。

### ◆工作はこんな感じで

プロポーション的な変更点は、腹を分割部分でそれぞれ1㎜延長、伴って胸ブロックと赤い腹ブロックも大型化。フトモモを2㎜延長。末端肥大な雰囲気を少し軽減してマッチョな感じに。後方顔のアンテナは劇中の「バキンっ！」って感じがカッコ良

◀作例（写真左）とキットをパチ組みしたもの（写真右）の比較。胴体部が小さくやや末端肥大な印象のキットだが、胸部、腹部を少しだけ大型化することで四肢とのバランスを整え、筋肉質なキャラクターになった。このほか、各部へのディテール追加とスミ入れ、段落ちモールドの塗装でかなり引き締まった印象になっているのがわかる。黒いパーツもややグレーに振った色味で塗装することで、部分的に重く沈んだ雰囲気になるのを避けられる

かったので、大型化しつつヒンジでの可動に変更しました。平手はダブルオーガンダムから流用。一話の印象が強いのでサーベルも付けようかとも思いましたが、どうも今回は4機共通のサーベルではないように見えるのでなしにしました。

**◆塗装はこんな感じで**

カラーリングは色のついた柳瀬イラストを編集部から見せてもらいまして、PCで開いてそれを元に調色しましたので、PCのモニターのクセによって色味が変わってしまったかもしれません。青緑はちょっとビビットに。濃いグレーはファントムグレーにパープルを。関節はニュートラルグレーに白少々。白は塗料箱にFGヴァーチェの作例で使った白が残っていたので、それに白とパープルを継ぎ足して（うなぎのタレのように）使いました。デカールはMGユニコーンガンダム用とMG武者ガンダム用を使いましたが、どうもちょっと線が太い感じですね。MGクロスボーンガンダム用が同じ形状のデカールでも印刷の線が細いようなので、1／144には合うかも。

**◆広がる妄想……**

後継機ということで、HGケルディムガンダムの作例と同様に、ヴァーチェと並べると結構な違いがおもしろかったりして。デザインとしては2体の開発コンセプトの違いなんだろうな〜、とか。模型として見るとヴァーチェには面にハリがあって色気があったり、同じデザイナーのロボなのに捉え方の違いが大きかったり。そのあたりを充分に堪能させていただきました。

そういえば、今回も「中にもう一人いる」のかな？　HGヴァーチェのような「中がありそうなフレーム」みたいなのはなかったので、今回のキモはうしろの顔だけ？あと、両肩両ヒザのキャノン砲口がクリアパーツで塞がっているけどGN粒子の兵器ってどういう仕組？　純粋な「光」？　HGを見ているといろいろ想像が膨らみますが、まだまだ序盤、オンエアを楽しみに模型を作ることにしましょう。それでは。■

●MSのバックパックが変形してもう一体のMSになるというドラスティックな演出でファンの度胆を抜いたセラヴィーガンダム&セラフィムガンダム。今回発売されたHGセラフィムガンダムは単体のMSとしてはもちろん、変形合体機構によってセラヴィーと組み合わせることもできる一粒で二度おいしいアイテムとなっている
●セラフィムガンダムの腕は折り畳まれて機体後方に振り上げることでセラヴィーガンダムのGNキャノンとして機能する。頭部の収納や砲口のクリアーパーツが手の甲になるあたりはさすがに差し替え式だが、脚部の折り畳み構造などはほぼ劇中のアクションを再現している
●黒一色のボディーは、濃いめのグレーを数色使って塗りわけるようにすると模型的なメリハリをつけることができる
●ガンダムエクシアなどのクラビカルアンテナを思わせる胸部の黄色いアンテナはセラフィムガンダム単体の状態と、ケルディムガンダムと合体した状態、そしてフェイスバーストモード時でそれぞれ位置が異なる。キットではボールジョイントで接続されているが、作例ではより着実な可動を求めて根元を二軸関節に改造した

# MS形態のカッコよさをとことん追求してみる!

**装甲をパージするとなかから細いガンダムが出てくる……『機動戦士ガンダム00』ファーストシーズンでガンダムヴァーチェが見せた演出だが、それを上回るオドロキのギミックがセラヴィーガンダムに隠されていた!! ってなわけで、そのギミックが再現されたHGセラフィムガンダムを作ってあの驚きを立体で体感してみよう。**

# BANDAI SPIRITS HG 1/144 GN-009 SERAPHIM GUNDAM

変形するとは聞いていたんですが背中に背負うとは。そして背負ってもちゃんとガンダムです。しかも9番の機体番号まで振られて。そして贅沢にも単品でキット化です。

### ◆キットについて

全高11㎝ほどですが、『OO』セカンドシリーズHGのクオリティーで、可動/ディティールともによくできてます。ポリキャップ満載、クリアーパーツてんこもりの小粒ながら豪華なキットです。とはいえ、変形前後の両立は難しかったのかイロイロ突っ込みどころのあるキットでもありました。

### ◆ガッツリいきましょう

「セラフィムガンダム」と名が付いてる以上、ガンダムとしていじっていきます。まず仮組みしての印象は、素立ちが決まりにくい。なんかいろんなところが影響しているので、いきなりあっちこっち延ばします。

肩幅はこれ以上縮ませにくいのでここに合わせます。二の腕が短いカンジなのでいきなり4㎜延長です。サンプルとして三体ぶん貰ったので差し替え前提で贅沢に使っちゃいます。そして頭がめり込みぎみなので、首は2㎜延長したものを新造。セラフィム時のボディーはそのままでよいカンジです。胸のフェイスは、セラヴィー付属のものと似ていますが新設計です。腰周りも立体的に強調され、彫りが深かったり別パーツだったりとなかなか凝ってます。

いちばん違うのは足です(変形するので当然か)。太ももは張りのある表現がされ、太め。ふくらはぎはスラスターのぶんだけ張り出して、やっぱり太め。つま先は延ばすとかなり長くなって、非変形時のパーツからは想像できないくらい違います。それだけ雰囲気が変わった足ですが、肩幅基準で考えると足が短いかな~ということで、太ももで2㎜、スネで3㎜延長します。これでかなりカッコいいヒトガタになったと思うのですがいかがでしょうか?

次は「バックパック」として。個人的にいちばん残念だったところ、それは肩の伸縮ギミックがなかったことです。なぜ!?

GN-009 セラフィムガンダム
BANDAI SPIRITS　1/144　HGシリーズ
インジェクションプラスチックキット
発売中　税込1080円
製作・文／**田中冬志**

Model Graphix
2009年4月号
掲載

# THE BURNING ONES
# GN-009
# SERAPHIM GUNDAM

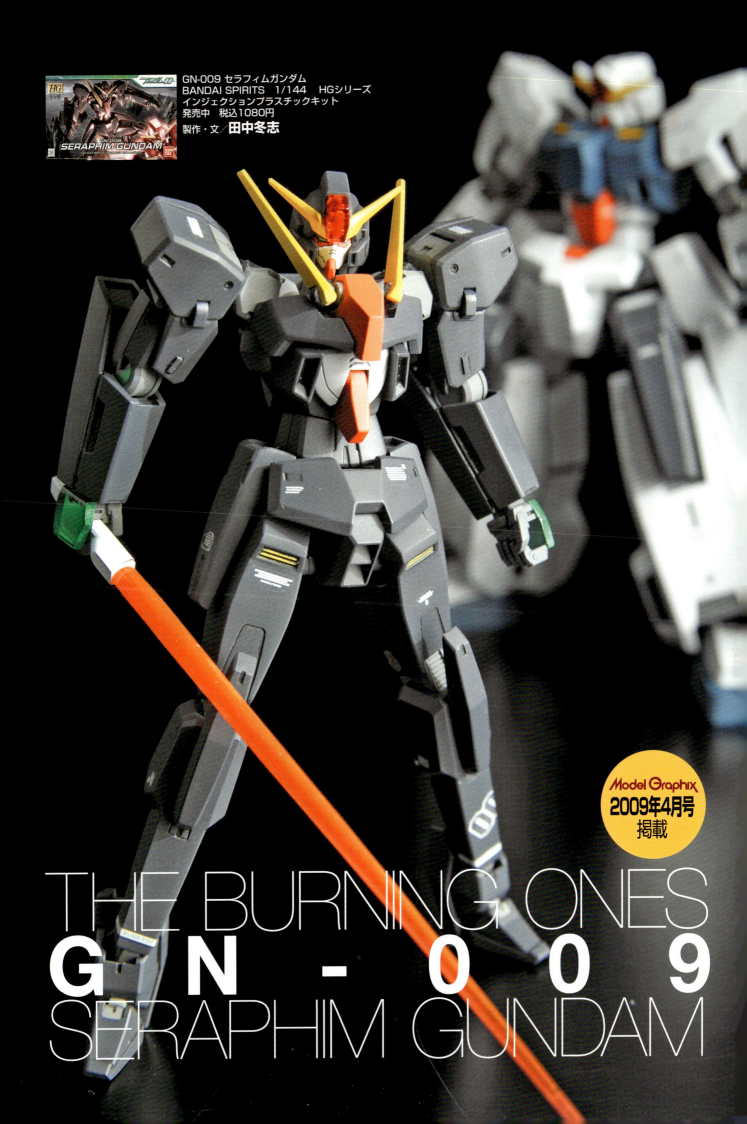

◀HGセラヴィーガンダムに付属するバックパックとHGセラフィムガンダムは一体成型の都合や内部構造の違いなどからユニットごとのプロポーションどりや膝関節のディテールなどに差がみられる。本キットをセラヴィーガンダムのディテールアップパーツととらえてもいいかも知れない

# セラヴィーと組み合わせてさらに楽しむ!

▶HGセラヴィーガンダム（1/144 発売中 税込1728円）。マッシヴな体躯ながらよく動き、GNキャノンとGNバズーカを多彩な組み合わせで構えられる。HGセラフィムとの互換性もあるぞ

▲HGセラフィムガンダムを手に入れてみたらとりあえずやりたくなるのが「隠し腕」の再現だろう。HGセラヴィーガンダムのヒザに位置するGNキャノンの砲口部分はセラヴィーガンダムの手首部分と互換性があるため簡単に差し替えて遊ぶことが可能。しかし、キットにはふたつの手首しか用意されていない……となれば、セラフィムガンダムをもう一体購入するのが真のティエリアファンなんじゃないのか!? ということで、作例ではセラフィムガンダム2体ぶん（サーベルはもう1体分！）を用意して展開状態のキャノンも製作。かくして6本の腕がビームサーベルを操る"阿修羅状態"の完全再現が可能になった。セラヴィーガンダムの可動範囲は見た目以上に大きいため、かなり大胆なポーズをつけてもきちんと接地し、倒れることもない。うむ、やはりセラフィムは複数買いせざるを得ませんな

◀変形機構のおかげでかなりの可動範囲を有するセラフィムガンダムだが、作例では肩まわりの関節の構成を変更しているためより躍動的なポージングが可能になっている。別売りのアクションベースを用いたディスプレイも楽しい

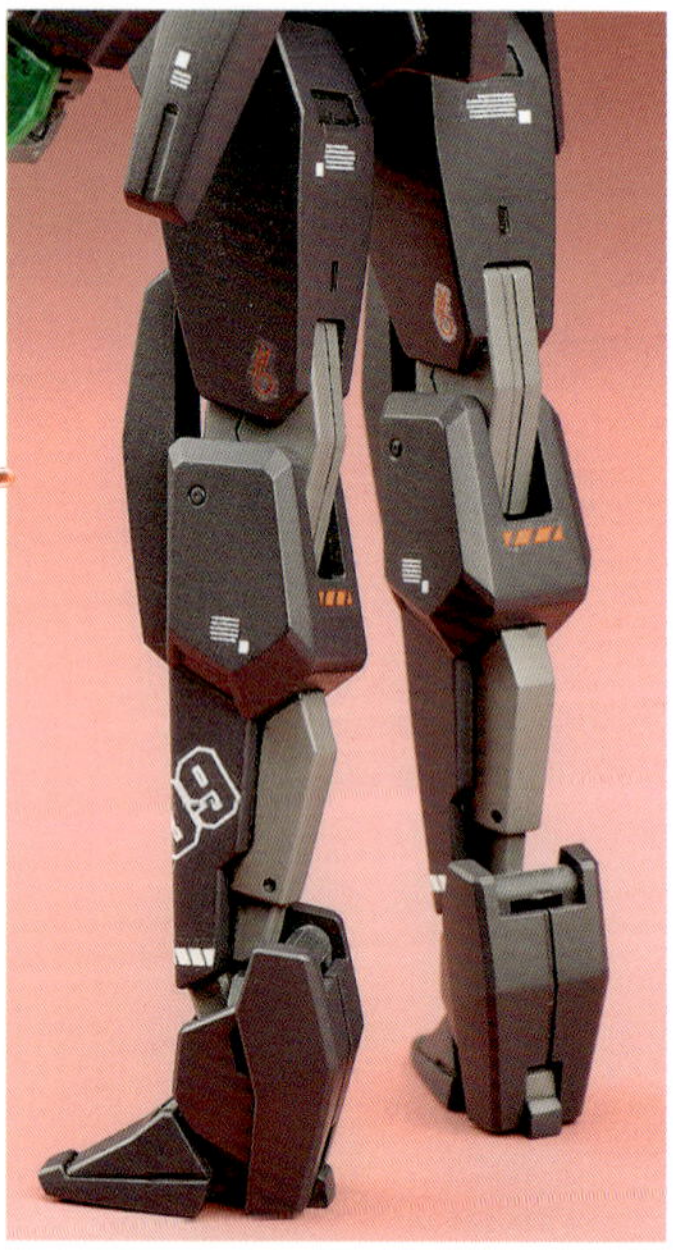

▲MS形態時のスマートさを強調しつつ、セラヴィーとの合体時に破綻をきたさない範囲でスネと太ももを延長している。また、かかとの処理にも注目。フレーム状のパーツに入れたディテールがリアリティを高めているのがわかるだろうか

◀右がパチ組み状態のセラフィムガンダム。左は作例。肩関節改修によりキャノンに動きが出た

あんな印象的なトコロが再現されていないなんて……。頭の収納はHGでは難しいとしても、このギミックはセラフィムガンダムとしてどうしても必要でしょう！ ということで作ります。エバーグリーンの角パイプの組み合わせでギミックを作り胴体内部に組み込みました。左右にそれぞれ2㎜ずつですが伸縮します。じつはこのギミックがないと、セラヴィーの肩キャノン時にセラヴィーの頭のアンテナにキャノンが干渉してまっすぐ収まらないんです。変形しないセラフィムと比べるとキャノン接続部分の幅がかなり狭くなってるので、この仕掛けはとても重要なわけです。

そして肩周りでもうひとつ。GNキャノン（腕状態）の接続がボールジョイントなのでセラヴィー時にはキャノンがほとんど上下に動かないです。ココもどうにかしたいとイロイロ悩みました。このスペースに可動を仕込むのは強度的につらいのですが、分割してみたところ、切ったパーツの内側にはいい位置にダボがあったのでここを利用してポリ軸を仕込みます。2㎜の軸なので扱いに慎重さが要求されますが、キャノン砲が上下していい感じです。

いわゆる「阿修羅セラヴィー」時について。ヒザのGNキャノンは、アルケーガンダムとの戦闘時の映像を見ると肩キャノンと同じ関節や二の腕もあるみたいなので、キットが複数あるのをいいことに差し替え腕を作りました。スネの溝の幅や可動方法の違いにより、可動基部はセラヴィーのパーツから腕部分はセラフィムからのミックスです。上下可動用のポリキャップを重視し、二の腕基部は固定で作りました。これでアルケー戦でのヒザ蹴りとみせての隠し腕～も再現。サーベルもサンプルキット全部使って6本用意しOPの「阿修羅」も完璧です。

### ◆やっぱり残っていた塗料

全身のグレーはセラヴィーの作例で使ったものの残りです。足の「009」はアルプス電子のMDプリンタで自作。秘匿機体に番号ペイントなんて……ですが、模型的な見映え優先の遊びということで。■

# 表裏一体

# CB-0000C REBORNS CANNON

## かくも奇想天外な変形を具現化した『00』HGシリーズ期待の最新作を堪能すべし!

CB-0000G/C リボーンズガンダム
BANDAI SPIRITS
1/144　HGシリーズ
インジェクション
プラスチックキット
発売中　税込1944円
製作・文／有澤浩道

『機動戦士ガンダム00』セカンドシーズン終盤、ダブルオーライザーと最後の死闘を繰り広げたリボンズ・アルマークの乗機がHGで発売に。これまで慣れ親しんできたゼータガンダム的な変形やウイングガンダム的な変形も魅力的ではありますが、このリボーンズガンダムは前後でふたつの顔を持つという新たな変形パターンを見せてくれました。ガンキャノンを思わせる赤いキャノン形態からガンダムらしさあふれる白いガンダム形態へ変形するという、想像の斜め上を行くドラスティックな変化はとても印象的。前後どちらにも曲がる膝関節や幅と長さの変わる脚部、そしてシーソー式に展開する頭部など見どころたくさんの本キット、いわば「背に腹は替えられる！」のだ!!

# CB-0000C REBORNS GUNDAM

Model Graphix
2009年11月号
掲載

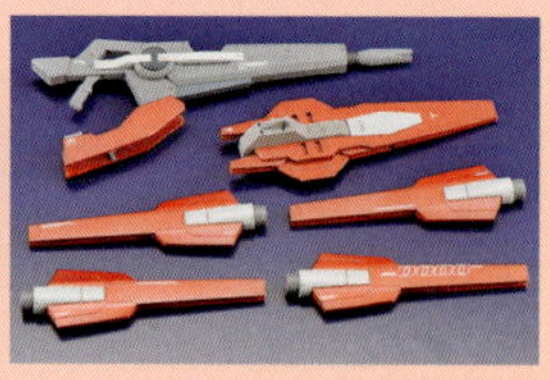

▲GNフィンファングは取り外し可能となっており、GNシールドは両サイドの小型GNフィンファングが展開するギミックも再現されている

▼キャノン形態では沈み込んでいる頭部が上方に移動し、ビームサーベルが展開してガンダム形態になる

## 最終決戦へと連なる死闘を再現せよ!

▶別売りのHGダブルオーライザーとアクションベース2を組み合わせればご覧のとおり対決シーンを再現可能。戦闘終了後に「ついにオリジナルの太陽炉を手に入れたぞ!」と喜び勇んでオーガンダムを見つけちゃうシーンも再現したいところ

◀ちなみにダブルオーガンダムと比べると、リボーンズガンダムの状態ではかなりデカい(写真右側は岡プロによる作例)。赤くて背が低いMSと闘っているつもりだったのに、いきなりこんな白いスーパースターみたいなガンダムに変形したら、ビックリするでしょ!

### ◆表裏一体のニクイ奴!

度肝を抜いたキャノン形態→ガンダム形態の変形も余すトコロなく再現されたHGリボーンズガンダム、ヒザ関節を曲げると脚部カバーが連動して展開するギミックがイイです。変幻自在に回転し優雅に闘っていましたが、リボンズもコクピットのなかでクルクル回っていたのか気になりますね。

### ◆製作

顔はやや面長な印象なので、リボンズ・アルマークのイメージに近づくようにアゴとフェイス下面を削って小型化しました。定番ですが、アンテナは安全対策用のフラッグを切り取ってから先端を鋭くしています。頭部の小型化にともない、首のポリパーツが貧弱に感じられたので周囲にエポキシパテを盛って大型化しました。エッチングパーツでディテールを追加しています。

腹部は設定画のラインをよくとらえているのですが、薄く見えるので個人的な解釈でクリアーパーツのガードと腹筋にあたるアーマーをエポキシパテで新造して前後にがっしりとした体型にしました。

腰アーマーはフロント、サイドともに削り込んでディテールを増やし、面の情報量を上げました。リアのフィンファングはシールドに装備されているものと同一のようなので、肉抜き穴を埋めてからリューター+ダイヤモンドディスクを付け、スリットを入れました。また、両サイドのテーパーを削って垂直に修整しました。

肩アーマーと上腕は挟み込む形式ですが、ピンを短くして後ハメ加工すると変形機構が死んでしまいますので、上腕の継ぎ目を処理してから組み込みました。動かしながら塗装すれば塗り漏らしもありません。

ヒジのGNドライヴが付く赤いブロック裏のダボとピンは削り取り、プラスチック材でディテールを入れました。完成するとほとんど見えないのが残念……。黄色いパーツのエッジは内側に向かって削り込み、シャープにしました。左手はエポキシパテで新造。手の甲はキットのパーツを加工して取り付けています。手はプロポーション

●胸の左右から4本の大型GNフィンファングを突き出すリボーンズキャノン。機体正面は赤い装甲で覆われ、どっしりとしたプロポーションが楽しめる
▼この怪異なうしろ姿こそリボーンズキャノンの魅力といってもいいだろう

# リボーンズキャノンからリボーンズガンダムへ―
# 驚きのモードチェンジはかくして再現される!

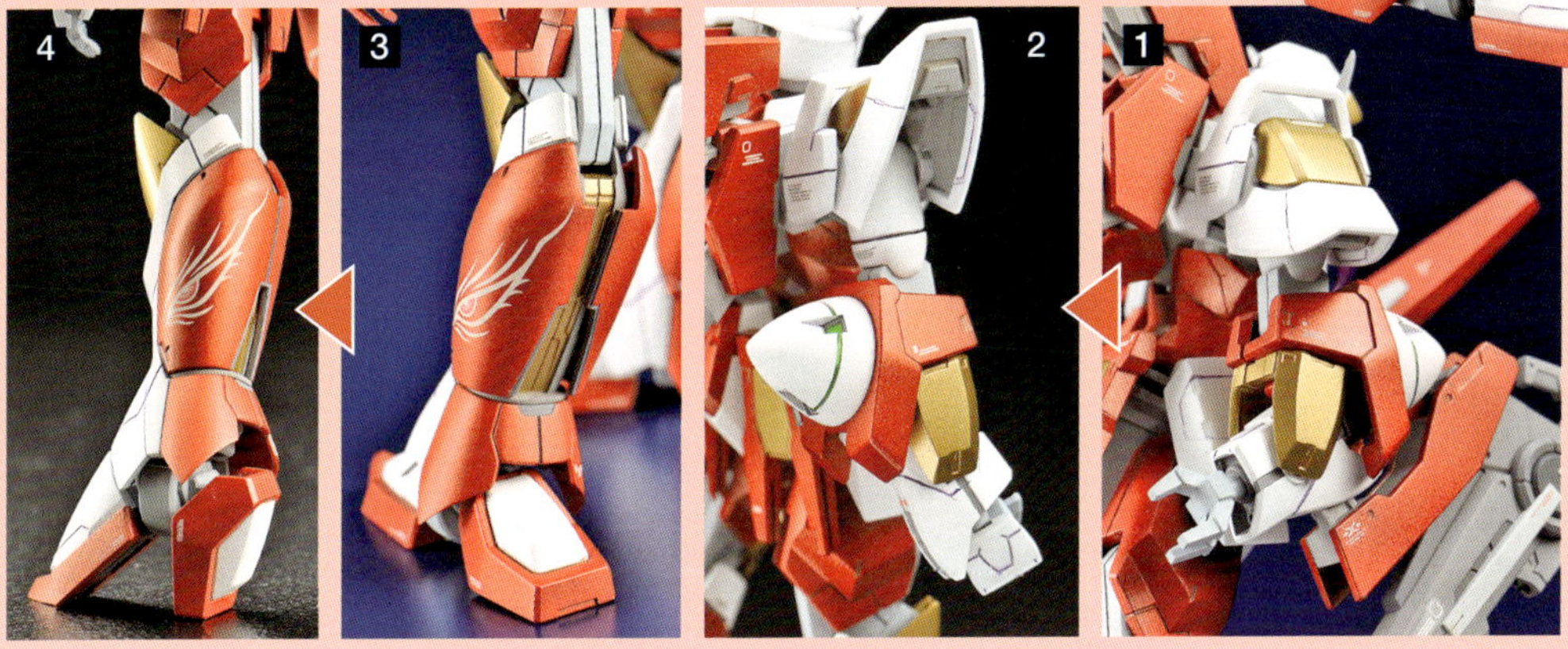


●表裏一体というこれまでにない変形パターンであることに加え、形態が変わると同時に全体のプロポーションも大きく変化するというギミックが忠実に再現されている
1リボーンズキャノンの左腕。 GNバスターランチャーは前腕部のダボに装備されている
2クローを取り外し、前腕をふたつの軸で回転させてから手首を取り付けるとリボーンズガンダムの右腕となる。肩アーマーも上方に展開しているのに注目。ヒジには疑似GNドライヴが
3リボーンズキャノンの右脚。スネ装甲前面の隙間から内部フレームが露出している
4リボーンズガンダムの左足を後方から見た状態。キャノン形態時に開いていた装甲を閉じるとふくらはぎを形成し、かかとはキャノン形態時につま先となっていた部分を折り畳む仕組み。これで全体のプロポーションに変化が出る

に大きく影響する重要な部分だと思うので、平手やアリオスガンダムのようなギュッと握った拳はぜひともほしいところです。

脚部は合わせ目部分のエッジを出しました。足首ガードのスジ彫りは途中で途切れている印象でしたので、BMCタガネとデザインナイフで彫り直しました。展開するカバーは細長い台形部分を切り欠き、切断したフチを0・5㎜幅で一段彫り下げて多重装甲を表現してみました。ソールは肉抜き穴を埋めてツマ先を尖らせています。

ライフルのマズルはスマートさを狙って正統派ガンダム系ビーム・ライフルのスリット入りの形状にしました。

### ◆塗装

ふだん白はアイボリー系を使用するのですが、今回は紫味を足しています。スミ入れもパープルで硬質感を出してみました。

設定では黄色い部分をゴールドで塗装。フィニッシャーズカラーの青金にガイアノーツのスターブライトゴールド・クリアーレッドを加え、落ち着いたトーンにしました。スミ入れはフラットブラウンです。

赤は普通に朱色にしようかと思ったのですが、ラスボスですのでゴージャスかつシックな色合いにしてみました。ハーマンレッド+キアライエローで作った朱色をベースにグランベリーレッドパールの上澄みを捨てたモノ+プレミアムレッドを上掛けして2コートで仕上げました。シルバー→クリアレッドのキャンディーカラーより落ち着いた色調ですが、フラットコートしたので深みのある輝きが表現できます。

赤白の機体で青味が足りないと感じたので、関節はブルーグレーで塗装しています。

センサーやクリアーパーツの内部にはメタリックテープとホログラムテープを使用。デザインナイフでキチッと切り出せば塗装より綺麗に仕上がるのでオススメです!

### ◆NEXT?

『OO』関連キットは出揃ってきた感がありますが、劇場版も控えているので新メカの登場もあったり? 楽しみです! ■

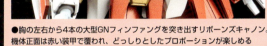

Model Graphix
2010年10月号
掲載

GNT-0000
ダブルオークアンタ
BANDAI SPIRITS　1/144
HGシリーズ
インジェクションプラスチックキット
発売中　税込1728円
製作・文／**POOH**

いよいよ公開が目前に迫った『劇場版 機動戦士ガンダム00 -A wakening of the Trailblazer-』。『ガンダム00』シリーズ完結編であり、ガンダムシリーズ19年ぶりの完全新作劇場映画として大注目の作品です。そこで、公開に先がけて発売された『劇場版00』ハイグレードシリーズ第一弾、主役機であるダブルオークアンタの作例をさっそくご紹介いたしましょう！　エクシアとダブルオーを融合させたようなこれまでの要素を結集させつつも左右非対称などの新機軸を盛り込んだデザインや、ソードが分離合体する話題の新武器のギミックなど、細分化されながらも（頭部だけでもなんと10パーツ！）合わせ目が目立ちにくく組み立てやすいパーツ分割でバッチリ再現。読めばますます劇場版が楽しみになっちゃうキットレビュー、じっくりとご覧ください！

# 劇場版公開まで待てない方に！ひと足お先にHGを作例公開

●シルエットはシンプルながら、巧みな面構成で立体映えするデザインのダブルオークアンタ。作例はエッジを意識して表面処理を行ない、スジ彫りなどでユニットや面構成をシャープにしてスクウェアなイメージに仕上げている

# エッジを効かせてシンプルなデザインを引き立てる

4

2

1

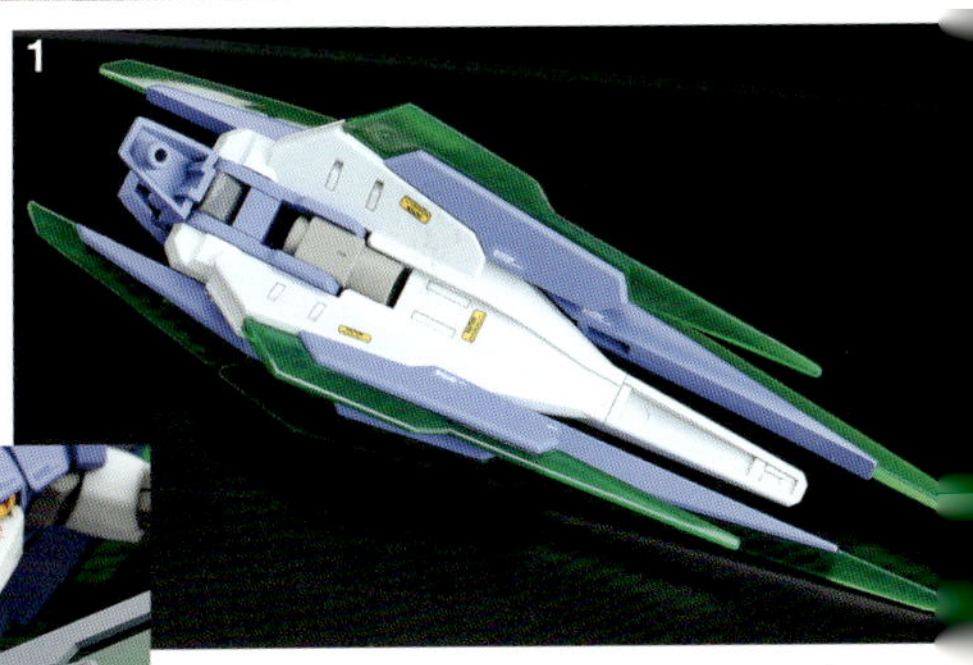

3

12シールドの裏側と背中にそれぞれGNドライヴを装備。ツインドライヴシステムのために新開発したという設定で、従来のデザイン上の特徴でもあった紡錘型ではなく、シンプルな形状になった
3GNソードVはソードモード時には前腕部に接続
4ソードのグリップを倒し、刀身を90°回転させることでライフルモードに変形する

**◆劇場版『OO』のガンプラ化第1弾**

このキットを見て初めて全体像を把握しましたが、肩アーマーが左右非対称なところとかソードビットを配した大型のシールドがツボです。

プロポーションはもう文句の付けようがないくらいすばらしいです。プラの厚みによる太ましさがデザインにうまく昇華されていて、迫力あるプロポーションを実現しています。可動範囲は非常に広く、とくにGガンダムにも採用されていたモモの付け根にある回転軸とヒザの二重関節によって、格好いい立ちポーズができます。

今回いちばんすごいと思ったのはパーツ分割。パネルラインやモールドを巧みに利用した分割によって、合わせ目をできる限り目立たなくしてあります。たぶん初期のマスターグレードシリーズよりも合わせ目を消すところは少ないのではないでしょうか。今回処理したのは前腕部とひざ下の一部のみです。頭頂部にも縦に合わせ目はあるのですが今回は消していません。全然目立たないので（オイ）。パーツ分割は色分けにも反映されていて、塗り分け箇所も設定どおりに組むならメインカメラ部分のブルーとシールド上部のホワイトだけで済みます。肩と胸のイエロー部分がワンパーツ構成になっているところなんか感動すら覚えました（笑）。あ、そうそう、フェイスパーツがまるでマスターグレードシリーズのようにカメラアイ部分がクリアー、目下とあごがレッド、マスクがホワイトと3分割されているのもポイント高いと思います。

ただ一点、残念だったのはハンドパーツ。なんだか先祖返りしたような真四角なデザインの握り手で、ここだけはちょっといただけませんでした。平手は出来がいいだけに余計そう感じるのかもしれませんが……。気になる方は、ビルダーズパーツを使ったり他キットから流用すれば、グッと見映えがよくなると思います。

**◆工作はポイントを押さえる感じで**

いわゆるC面（面取り）が非常に少ないので、エッジを立てる方向で表面処理して

# 変幻自在な新兵器 GNソードビットも再現

●GNシールドに配置された6基のGNソードビットはそれぞれ分離して遠隔操作で攻撃が可能。手に持ったGNソードVと合わせて「7本の剣」と、エクシアのコンセプトも受け継いでいる。GNシールドと背部を接続するアームは自由度が高く、前面に持ってくることも可能だ。GNソードビットのクリアーパーツは軟質素材なので表面処理をすると毛羽立ってしまうが、塗装とヤスリでの整形を繰り返しながら根気よく作業していこう

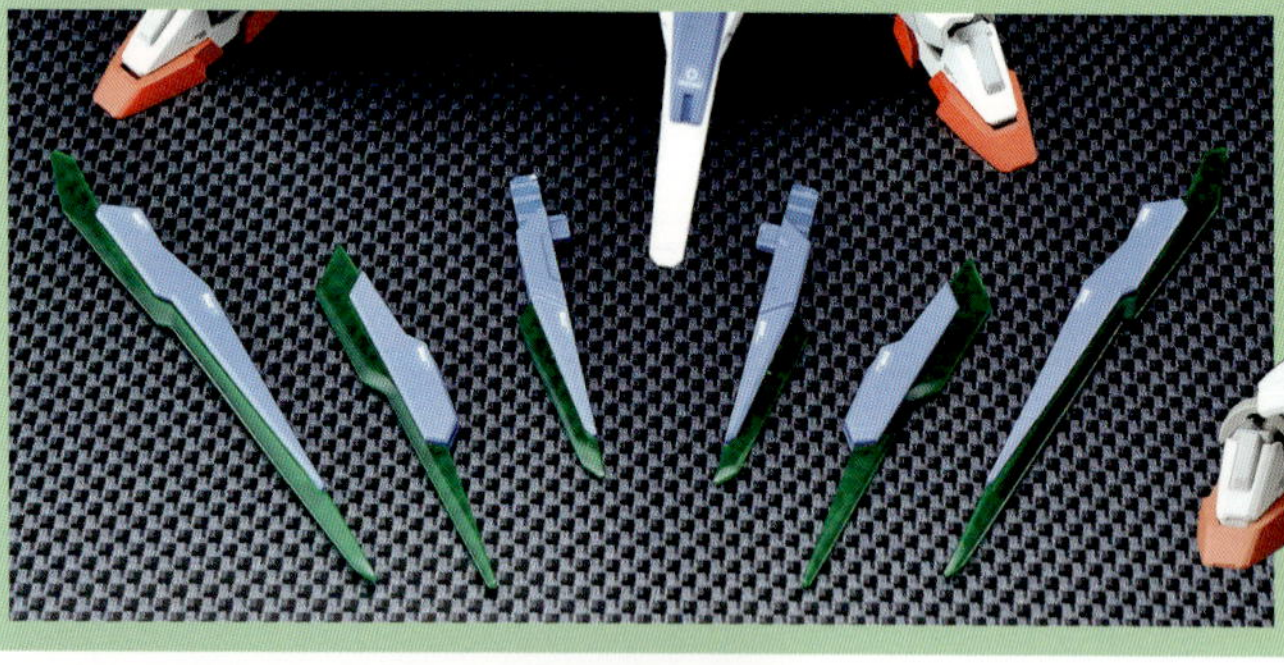

▼ソードモードのGNソードVとGNソードビットが合体することでダブルオークアンタ本体の約1.5倍もある巨大なバスターソードが完成する。合体時はGNソードVのソード部を専用のものに差し替える。クリアーパーツのエッジの処理が効果を発揮する

▲ライフルモードで合体するとバスターライフルモードとなる。先端部の接続位置がバスターソード時と違うのに注目。連結用パーツは中央にパーティングラインがあるのでていねいに処理。目立つ箇所なので意外なほど効果が高い

▶GNシールドを背中側に展開、GNドライヴを引き出し背中側のGNドライヴと接続するギミックを搭載。まだこのモードがどういう機能を持つのかについては判明していないので、ぜひ劇場で確認していただきたい

◀背面は前面よりもさらにシンプルな印象。ふくらはぎの青いカバーは開閉式となっていて、グリーンのレンズ部を軸として可動部の妨げにならないようになっている。レンズ部は本文のとおり、なかにメタリックテープを貼り、クリアーパーツをクリアーブラックで塗装することで深みのある色を再現。GNソードビットの断面形にも注目

## GNT-0000 00QAN[T]

◀岡プロ製作のダブルオーガンダムとの比較。両肩のGNドライヴの有無による印象の違いもあるがダブルオーは上半身がマッチョに見えるのに対し、大腿部のボリュームや末広がりの腹部の形状、薄い胸部など、クアンタは下半身がマッシブなバランスとなっている

▶左右の武器持ち手と左の平手が付属。左下の手首はPOOH氏が製作したもので、ボールジョイントを斜めに接続することにより、武器を保持した際に手のラインが自然になる

いきます。サイズ的に塗装をするとある程度エッジがダルく見えてしまいますので、もう切れるくらいキンキンにエッジを立ててもいいでしょう。頭部アンテナと胸のフィンは薄くシャープに。とくにアンテナの内側の2枚は厚いとカッコ悪いのでご注意を。今回は0・3㎜プラ板で作り直しました。

各モールドやパネルラインを彫り直す場合は分割の向きを考慮すると見映えが変わります。ユニットの前後や上下を構造的に思い描きながら掘る方向を変えると雰囲気がよくなります。この手法は、ワンパーツを分割されているように見せたいときにとくに有効で、今回では大腿部のグレーに塗装した部分がそれにあたります。

### ◆塗装は「らしさ」を強調する方向で

刹那の乗る機体はわりと明度の高いカラーリングが似合うと思いますので、それに則って調色していきます。イメージソースはプトレマイオスの本体色で、この色を使ってガンダムらしさを出す方向で配色するという考え方です。

まずはホワイト。かなりブルーグレーに振っています。ブルーは、限りなくブルーに近い薄紫。コバルトブルーよりもさらにレッド側に振り、本体色のホワイトで彩度を調整しています。レッドはサーモンピンクに近いレッドを作り、同じく本体色ホワイトで彩度を調整。あまり彩度を落としすぎるとシャアザクのような色になってしまうので、そのギリギリのところを見つけます。逆にイエローはかなりオレンジに。ここは差し色の意味合いもあるので、思い切って鮮やかにしています。

GNコンデンサはなかにグリーンのラピーテープを貼り、クリアーパーツは外側からクリアーブラックを吹いています。クリアーパーツをクリアーカラーで塗装する場合、内側から塗装する人を多く見かけますが、パーツの厚みを強調する結果になってしまうので、逆に外側から塗装すれば厚みを目立たなくさせ、光沢も出ますから雰囲気はよくなると思います。最後にクリアーを吹いてツヤツヤにすれば完成です。■

GN-006 ケルディムガンダム
BANDAI SPIRITS　1/144　HGシリーズ
インジェクションプラスチックキット
発売中　税込1296円
製作・文／**小林祐介**

**ガンダムデュナメスを継ぐソレスタルビーイングの新たなるスナイパー、ケルディムガンダム。既発のHGダブルオーガンダム同様、これまでの1/144ガンプラに抱いていたイメージを覆すほどの超絶クオリティーを獲得したシリーズ最新作を小林祐介氏が狙い撃つ！**

Model Graphix
2008年12月号
掲載

# LOCK-ON AGAIN!

## BANDAI SPIRITS 1/144 HG
# GN-006 CHERUDIM GUNDAM

# 1/144 HG GN-006 CHERUDIM GUNDAM

## 新たなるロックオンの乗機を速攻レビュー！

●緑の外装を除いて眺めてみると、素体となっているボディーはガンダムデュナメス同様、RX-78に近いプレーンな形状とわかる。しかし、各部に見られるレンズ状のパーツや肩のマウントといったデュナメス的な記号が盛り込まれ、さらに『00』ならではの斬新なユニット形状に再構成されている。キットではそのデザインを活かしきった秀逸な機構が再現されている

●今回はキットレビューということでまったくのストレート組み。キットの完成度は高いため、各部のエッジ処理やユニット構成を意識した塗り分けを施すだけでも充分に見映えのする作品になるだろう

●ヒジと前腕に関節があるため腕は深く曲げられる。肩アーマーや肩のマウントに装着されたシールド状のパーツもフレキシブルに可動するため腕の動きを妨げない

### ◆ロックオンの弟、ロックオン

ファーストシーズンで刹那・F・セイエイとともに闘った、ロックオン・ストラトス（本名／ニール・ディランディ）の弟、ライル・ディランディがロックオンを名乗り搭乗することになったケルディムガンダム（文字で説明するとややこしい……）。デザインは一見先代のデュナメスに似ているようで、よく見るとかなり野心的な変更が加えられていて、メカニズムとしてもなかなか興味深い機体と言えます。

ＨＧケルディムガンダムは、ＨＧダブルオーガンダムと同様の新しいポリキャップ（これがスゴいんですよ）を駆使していて、機体の特徴をあますことなく再現した好キットとなっています。

### ◆キット内容雑感&工作内容

ケルディムガンダムではガンダムデュナメスに装備されていたツノの上下にともなうカメラアイ展開ギミックがなくなり、その代わりに額の大型クリアーパーツの奥にセンサーがあります。クリアーパーツは上辺を基部に開閉するようです。また、側頭部には2本のアンテナが追加されています。

上部のちょんまげ（右側）を切り離して頭部左側パーツにあらかじめ接着しておくと、塗装後の組み立てが可能になります。個々のパーツは良くできていますが、組み立てた状態にすると、ヘルメットに対して顔面が少し下がって取り付けらるようになっているためか、どことなく顔が幼く見えてしまう印象を受けたので、取り付け位置を約０・４㎜（０・２㎜プラ板が2枚ぶん）持ち上げてみました（瞳の位置が変わるだけで表情も違って見えます）。

胸周りの構成はＨＧガンダムデュナメスから大きく変わり、基本となるボディーにクリアーパーツをはさんで装甲を取り付ける方式となりました。

前面に装着する装甲板は、切り離して角度を付け直すことで、より表情豊かに見せることができるでしょう。基本となるボディー部分以外は合わせ目処理も必要ないので、サクサクと組み立てられます。

▲バックパックに装着された手斧（ピストル状の武器にもなる）にもご覧のとおり手が届く。股関節は3軸可動で大股を開いたポーズも破綻なく取らせることができ、斬新なデザインの足首によって接地性も抜群。同様のデザインを持つアリオスのキット化が楽しみ

## キットを買って劇中での活躍を予想するべし！

ライフルは折りたたみ式（折り畳んだ状態では三連バルカンモードとして運用可能とのこと）という設定のようだが、キットでは差し替え式でこれを再現。サイドのラッチを引き出すことで肩にマウントすることができる。上部のフィン状のパーツはクリアーで成型されている。バックパック左右にマウントされたビームピストルⅡはグリップが可倒式になっており、さまざまな使い方が予想される。本稿執筆時点ではまだ劇中に登場していないケルディムガンダム。この多彩な武器のほかにもキットには気になるポイントがたくさん。ロックオンとその乗機がどのような活躍をするか、ワクワクが満載です！

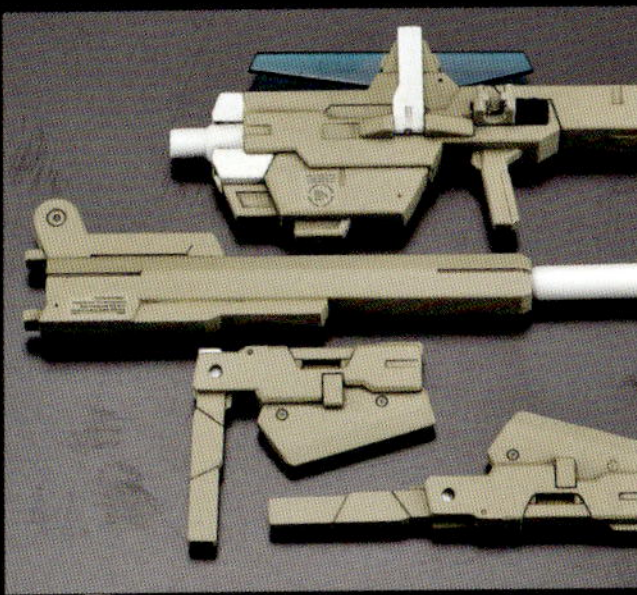

▲腰アーマーはどれも箱形をしているが、新規開発のポリパーツによって脚の可動を妨げない、後部に付けられた巨大なユニットは上下に可動する
▶大きな膝ブロックは二重関節となっており、さらに足首が大きく動くため立て膝をついてライフルを構えるポーズも楽勝。右手首は握り手、左手には握り手と平手が用意されている

腰周りは大きなユニットのパーツ形状が目を引きますが、ポリキャップの変更の効果が大きいところです。背面のクリアーパーツを挟み込むタンク状の部分を片側だけ切り離すことで、塗装後の組み立てが楽にできるようになります。

肩アーマーは可動部にポリキャップが内蔵されているので、挟み込んで接着してから整形する必要がありません。ヒジと手首も、新しいポリキャップの効果ですっきりしたラインながらも確実に可動し保持力も高い構造になっています。

脚付け根とヒザブロックで連結させる太腿は、パーツ数を抑えたことで、可動範囲が大幅に広がっただけでなく、別の恩恵ももたらしています。スネ内部にはヒザアーマーのスライドパーツが収まり、ポーズ付けの際に効果を発揮します。足首は、足甲が垂直にソールに差しこまれるという、いままでありそうでなかったデザインですが、足甲上下のジョイントにより接地も確実です。このデザインのおかげでソールが小さくなり、ガンダムと言えば大足の扁平足というイメージを覆してくれました。

銃身折りたたみ式のロングライフルは、HGということで無理に可動させず組み変え式になっています。このようにすることで組み立てがしやすく塗装の際の手間も大きく軽減されるので、個人的には好印象です。グリップが可倒式のハンドガン（手斧のようにも使えるようです）は背中に装着されるので、ガンダムらしいシルエットの構築にひと役買っています。

### ◆塗装

設定色はガンダムデュナメス以上に濃い目の緑色という印象なのですが、模型の場合はあまり濃すぎても緑のカタマリのように見えてしまいそうだったので、ミリタリー色を意識して少しアレンジを加えます。見映えを考えて少し明る目の色を選択しました。クリアー部分は、いつものように解釈すべきか悩ましい部分で、今回はアクセントとして内部にシルバー主体の色を置いて表現してみました。■

GNR-20000
# ARCHE GUNDAM
1/144 SCALE HG SERIES

偽りの太陽とともに
戦火絶えぬ地を
征く赤き死神

Model Graphix
2009年8月号
掲載

「正義か悪か」という勧善懲悪な枠組みではなく、「それぞれがそれぞれの大義ぶつけあって戦う」という構図で描かれることが多いガンダム作品において、ここまで明確に"悪"に徹して描かれたキャラクターがかつていただろうか？　稀代の悪役、アリー・アル・サーシェスの乗機アルケーガンダムの禍々しい姿をHGで堪能すべし！

GNW-20000 アルケーガンダム
BANDAI SPIRITS
1/144　HGシリーズ
インジェクションプラスチックキット
発売中　税込1728円
製作・文／**有澤浩道**

●長い四肢と巨大なスカートで怪異なシルエットを見せるアルケーガンダム。その意匠はファーストシーズンに登場したミハエル・トリニティの乗機、ガンダムスローネツヴァイをモチーフにしている。腰に装備されたファングや長大な剣だけでなく、機体形状をこまかく見ていくと、脚や腕、胴体のユニット構成もほとんどの部分が同じ。つまり、スローネツヴァイの機体構造そのままに、関節と関節の距離をアンバランスな雰囲気になるよう調整していった姿がアルケーになっているという演出なのだ

◀▲ガンダムの名を冠しながらも、『00』に登場するMSならではの独特な脚部構造をもつガンダムスローネシリーズ。アイン、ツヴァイ、ドライの3機はそれぞれパーツを共有しつつも、それぞれの任務に合わせて頭部や装備を異にしている。HGシリーズですべて立体化されているが、機体の形状再現はもちろん、カラーリングの再現や独特のギミック再現に至るまでじっくりと練られた設計が秀逸なキットとなっている。ぜひアルケーと作り比べてみてほしい

## フラッシュバック・ガンダムスローネツヴァイ

**◆そうよ！　そのまさかよ！**

劇中での初登場からずいぶんと間を空けての発売で、ユーザーの期待も高かったHGアルケーガンダム。設定画と比較するとメリハリが強めの印象ですが、個人的にはこのプロポーションは印象がスッキリしていて好みです。航空機テイストなディテール表現も魅力ですね。

**◆「ところがぎっちょん！」な製作**

このHGアルケーガンダム、デザイン画稿に見られるディテールがギッシリ盛り込まれているのですが、少々過剰に感じた部分や整形の邪魔になる凸モールドは削り取るか凹モールドに変更しています。

頭部はアンテナとチンガードをシャープに整形し、後頭部の肉抜き穴をエポキシパテで埋めました。ダクトもデザインナイフで深く彫り込みました。

胸部は上面のブロックとともに先端に向かって鋭くなるように削りました。翼も薄くしています。肩関節と腹部アームは裏面もパテで埋めました。

腰のフロント／リアアーマーはともに裏面がスカスカなのが目立つので、エポキシパテでフレームを新造しました。股は削り込んでエッジを強調。側面の丸モールドも別パーツに置き換えています。

肩アーマーの翼も薄く加工して先端を斜めにカットしました。ヒジ関節は下腕に接続する部分をポリキャップごとU字にカットして、苦肉の後ハメ加工です。多少保持力が弱くなるので下腕にスジ彫りを追加して対処するのもアリだと思います。このHGには残念ながら左平手のパーツは付属しませんので、コトブキヤのカスタムハンドを加工して新造しました。ポーズのバリエーションが増やせると思います。

脚部はGNコンデンサーのインレットの先端にプラ板を貼って説得力のある形状にしました。段差部分もBMCタガネで彫り込んで薄く整形したことで、プラモデルっぽさを消しました。

GNポッドは主翼、尾翼、カナード翼を薄く加工し、より戦闘機に見えるようにし

●ヒザやつま先を除いて外装はほとんど単色のアルケーガンダム。模型的な密度感を演出するためにはフレーム色やデカールによって色の数を極力増やしていくのが有効。どうしても間延びしてしまう部分には外装に小さなモールドを加えてからフレーム色を乗せるとよいだろう。スカートのフチにはいやらしくならない程度にグラデーション塗装を施して視覚的なアクセントとしている

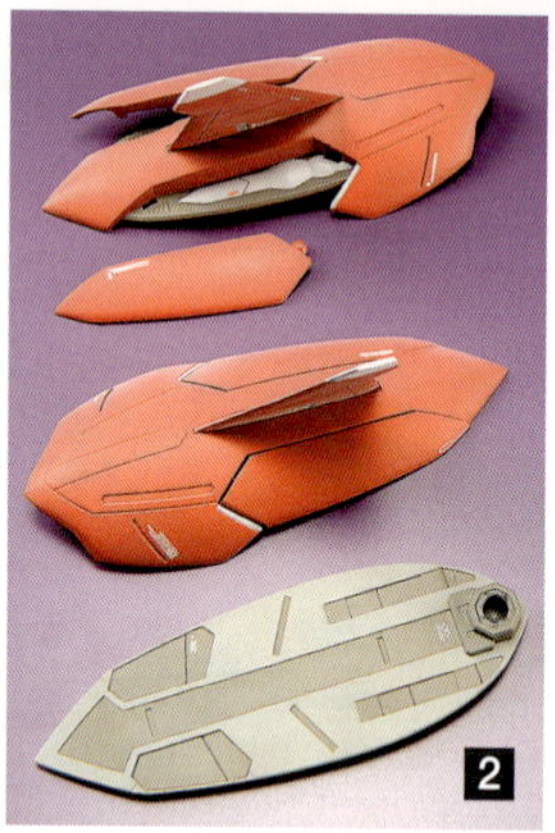

1左手に装備されたGNシールド。両サイドには起倒式のブレードが到着されており、展開することで攻撃に使用することもできる
2腰に装備された巨大なスカートにはオールレンジ攻撃用の武器であるGNファングが左右それぞれふたつずつ内蔵されており、フェアリングが開閉
3イノベイターたちの機体と同様、コアファイターを装備するガンダムアルケー。設定では下面に頭部が装着された状態で脱出する仕様になっている

ました。本体側面に幅1㎜位の面取りがあるので、デザインナイフの刃を立ててあてカンナがけをして消しました。
　GNバスターソード、GNシールドは合わせ目の厚みを削り込んで先端を鋭くしました。ソードのグリップと銃身のピンは切り欠いて後ハメ加工しています。
　GNコンテナもほかのパーツと同様に翼を薄くしました。フチのC面はデザインナイフで削り、耐水性サンドペーパーで整形してシンプルな面構成にしました。ファングは塗り分けの便を考慮して、周囲を深く彫り直しています。

**◆隠し腕え!?**

　隠し腕のギミックは外せないので差し替えで再現しました。白い部分はていねいにエッチングソーで切り取って、開いた穴をプラ板で塞ぎます。その先端に先ほど切り取ったパーツを接着しました。一段凹んだ部分にはエッチングパーツを貼り、溝を彫ってレールとラッチに見えるよう加工して、スライドしそうなディテールを入れて密度を上げました。通常時用のツマ先の穴はプラ板の細切りで埋めました。

**◆どちらにせよマスキングだな!**

　本体メインの赤はガンダムカラーのピンク2とレッド2に白を足して明度を高くしています。白はGSIクレオスのMrカラー316番ホワイトです。関節のグレーはウッドブラウンをベースに、ライトグレーほか、数色を混白した濃淡2色で塗り分けました。「アルケー」は「権天使」の意ですが、手はピュアホワイトにして第一関節から先のネイルをダークグレーで塗装し、サーシェスの悪魔的イメージを表現。デカールはガンダムデカール、サテライトデカール、NCデカールを使用しました。

**◆俺は、俺だぁーっ!**

　サーシェスは意外とアッケなく散ってしまいましたが、このアルケーガンダム、みなさんも記念碑的に製作してみてはどうでしょうか?　それではまた!　■

# 放映最終話。激闘の記憶、そして放たれたふたつのキット

Model Graphix
2009年8月号
掲載

1/144
GUNDAM EXIA
REPAIR II

1/144
O GUNDAM
(TYPE A.C.O)

ふたたび蘇ったガンダムエクシア リペアII、そしてエクシアとの最終決戦に挑んだ、『OO』世界におけるGNドライヴ搭載型ガンダムシリーズの原典であるオーガンダムがＨＧで製品化！　こまかなアップデートが施されたガンダムエクシア リペアIIには可動範囲の拡大やプロポーション改修を施し、同時に初HG化を果たした（以前はキャンペーン景品用キットしかなかった）オーガンダムも作例レビュー、いってみましょう！

**組み合わせるパッケージであの決戦を再現!!**

▲HGガンダムエクシア リペアⅡとHGオーガンダム（実戦配備型）のパッケージは、ご覧のようにふたつ組み合わせることで2機のMSがビーム・サーベルで切り結ぶひとつのシーンになるようにデザインされているのだ。ぜひふたつともキットをゲットして並べて見てみてね

●RX-78-2が強く意識されたオーガンダムなので、頭部／フェイスはRX-78的な手法でカッコ良くなるように作り込み精悍な印象にしている
●上半身のマッチョな造形がおとなしく見えるようにしつつ、ヒーロー然とした下半身はあえてトラディショナルなバランスに調整することで、いわゆる「RX-78らしさ」を突き詰めている
●シールドのフチは、裏面の穴を埋めつつエッジを削り込んでシャープに見せている。グリップ部はよりメカっぽい雰囲気になるようにアレンジしている。ライフルは、マズル部分（パーツA-12）のところで1.5㎜延長している
●キットにはないスジ彫りを追加しているが、煩くならない程度のバランスに留めている。脚は足首関節を太くしつつ装甲断面などの面構成に変化をつけることで密度感を上げた。可動に干渉しないようにするにはこまかな調整が必要だ
●ふくらはぎにある六角形の穴は、クリアーデカールにグレーを塗装してから貼っている。貼ってから周囲をトリミングするようにすればマスキング塗り分けの手間がかからずおすすめ
●背面パーツはGNドライヴとGN粒子貯蔵タンクを選んで取り付け可能。グリーンの部分は蛍光塗料を使って塗り分けで再現した

**◆オーガンダム**

アニメ本編ファーストシーズンの第1話から登場しながらもガンプラはキャンペーン景品用のものしか存在しなかったオーガンダム。セカンドシーズンでの大活躍を経て、晴れてHGシリーズに加わりました。

キットのプロポーションは近年のほかのガンダムシリーズのガンプラに近いものとなり、これはこれでカッコいいのですが、個人的には最終回のズドンと重たい雰囲気のプロポーションも捨てがたいところ。ガンダムタイプのなかでも最初期の設計／製造と位置づけられている本機ですが、後発となったガンプラはセカンドシーズン以降の新型ポリキャップが採用され、各関節の可動は折り紙付きです。というわけで、今回はプロポーション工作を中心に作ります。

**◆工作と塗装**

キットの頭部パーツを見ると、眉間が尖っていて眼光鋭い印象です。作例ではリボンズ・アルマークのキャラクターを反映するように、丸みを帯びて穏やかながら冷淡さを感じさせるような顔つきを目指してみました。ヘルメットパーツは接着面で0・5㎜幅増しし、トサカ部分は1㎜低く削り込み、つばの先端はV字状から一文字に見えるように形状を変更しています。フェイス部は頬のラインをややふくよかにして、赤いアゴ部は先端を削って短くしています。目はあまり吊り目に見せすぎないようにプラスチック材で作り直しました。

胸部はスジ彫りを足し、エッジをシャープに整形したほかはほぼそのまま。キットパーツでは腹部から腰部にかけてやや抑揚が強い印象なので、腹部（パーツA36）の下面で1㎜延長し、前後のスカートは下側で約1㎜カットして小型化。腹部に密着するようにパーツB4、B5を削り込んでいます。サイドスカートは、取り付け基部がやや不安定ですぐに前後スカートの上側にのってしまうので、基部の上半分をプラスチック材で覆い隠し、胴体がマッシブに見えるようにしています。

力強い印象を強調するためか、肩アーマーは大きめになっています。ここは思い切ってふた周りほど肩アーマーを小型化し、上腕の上面で腕を1㎜延長することでバランスを変更しました。また、肘アーマーは前腕から関節側に移設しています。

脚部はスカートを短縮したのに合わせて股間軸の位置を約2㎜上に移動します。また、ふくらはぎのディテールを避けるように、ヒザとスネの長さをそれぞれ1㎜短縮します。反対に太ももの上面のところで4㎜延長し、ヒザアーマーは上端を1・5㎜削ってバランスを取っています。

塗装は、青白い印象で仕上げることにしたエクシア リペアⅡと対比させるために白をアイボリー系としてみました。■

# GN-000 0 GUNDAM TYPE A.C.D

# オーガンダム 実戦配備型

BANDAI SPIRITS HG 1/144

GN-000 オーガンダム（実戦配備型）
BANDAI SPIRITS
1/144 HGシリーズ
インジェクションプラスチックキット
発売中 税込1296円
製作・文 岡 正信

# GN-001REII GUNDAM EXIA REPAIR II

BANDAI SPIRITS HG 1/144

## ガンダムエクシア リペアII

GN-001REII ガンダムエクシア リペアII
BANDAI SPIRITS
1/144　HGシリーズ
インジェクションプラスチックキット
発売中　税込1296円
製作・文／岡 正信

## エクシアとエクシアリペアⅡはこんなに違うのだ

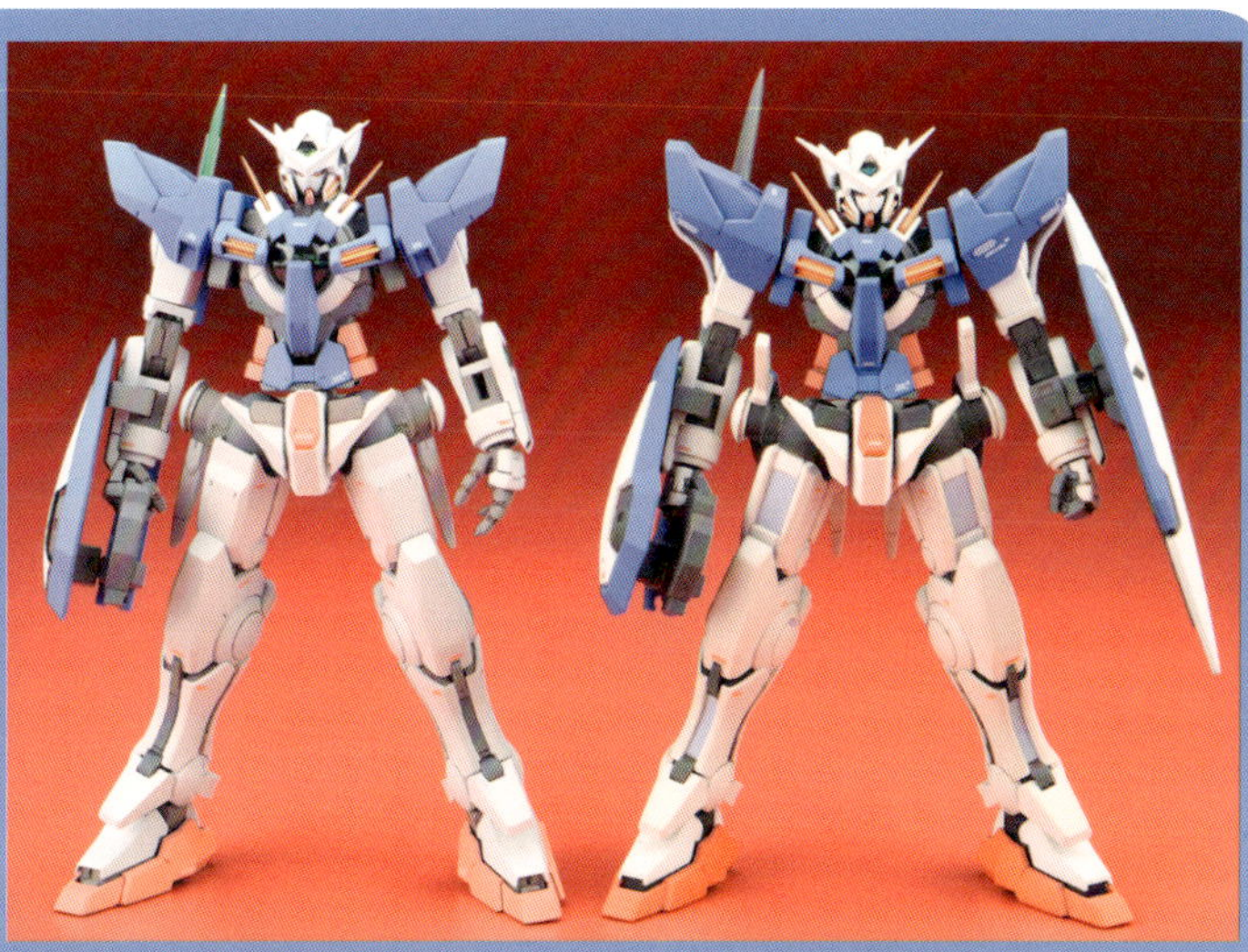

▲右が『OO』HGシリーズ第1作のガンダムエクシア、左が今回の作例。キットは肩アーマー、リアアーマー、ふくらはぎの外装にGN粒子噴射ノズルが追加され、各部のベルト状パーツは内部に収められた形状を再現。外装の微妙なバランス変更も行なわれGNソードはクリアーパーツ化された

●カメラアイなどのグリーンの部分は、蛍光グリーンを塗装した上に、文字部分を透明に抜いた黒い自作デカールを貼って再現。ブラックライトをあてると光る
●襟のクラビカルアンテナは、厚みを半分以下に削り込み設定画に近づけた
●可動させると目立つ肩アーマー内部の合わせ目は簡単なプラ板追加工作でそれらしく合わせ目を隠している。太ももの合わせ目部分はいたずらに後ハメ工作はせず、マスキングで塗り分けた
●背面のGNドライヴは固定状態と展開状態のパーツが付属するので最終話の死闘を再現できる。しっかり塗り分けよう

### ◆リペアのリペア

ＨＧシリーズ第1弾となったガンダムエクシアのキットをベースとしつつもガンダムエクシア リペアⅡとしての新規パーツを追加した内容で、お値段はなんと据え置き。かなりユーザーフレンドリーでお得な仕様のキットとなっています。また、新規パーツは単なるデザイン変更箇所の再現に留まらず、初代ＨＧガンダムエクシアのときに気になった太もものロール可動を採用するなど、ガンプラとしても「リペア」された内容になっているのがうれしいです。

とはいえＨＧですのでこまかく見ていくと気になるところも出てきます。そこで、作例ではエッジを整える工作を施しつつ、関節部を中心に気になった箇所に手を入れていくことにしました。

### ◆リペアのリペアの工作と塗装

頭部は、首が胴体にやや埋まり気味な印象で、襟と干渉して表情がつけにくいカンジなので、首関節を１・２㎜延長しました。アンテナはシャープに整形するついでに、両端で約１・５㎜短縮します。耳部分のパーツは開き気味に取り付け、顔面も少し表情を変えることで、劇中のような頭部の丸みを帯びた印象を強調します。

胸と脇の可動機構はキットのままでかなり秀逸ですが、作例では腹部にイエローサブマリンの関節技を仕込むことで、さらに躍動感あるポーズをとれるようにしてみました。可動のクリアランスを調整する際に、やや寸詰まりな印象がある胴体を延長してバランスを取りました。

新規設計の肩アーマーパーツは、単にディテールが追加されただけではなく、よく見ていくとＨＧガンダムエクシアのパーツより上端の盛り上がりが抑えられて、全身がスマートに見えるようになっています。塗装の便を考えて、肩アーマーにハメ込む上腕の軸は切り飛ばし、上腕の側面にあるケーブル接続用の穴はプラスチック材で埋めておきます。肩アーマーがコンパクトに見えるようになったぶん腕全体が長く見えるようになりましたので、ヒジ関節上面を１・５㎜削って調整しました。併せて、関節の前後面に１㎜厚のプラ板を接着し、腕が太く見えるように加工しています。

このＨＧリペアⅡで追加された太もものロール機構は、腰のビーム・サーベルマウントの干渉を受けにくくなるのでうれしいポイントです。今回はビーム・サーベルのマウントを短く切って腰周りを引き締めました。また、より自然に足首が接地するように、足首甲のパーツ側面を切り欠き、そこにプラスチック材で作り起こした足首関節をはめ込んでいます。

塗装は、同時に製作したオーガンダムとの対比を出すために、普段以上に淡く青みがかった白にしてみました。■

# 大火力の機体をミリタリーテイストで
# GUNDAM ZABANYA GN-010

完結編としてTVシリーズの２年後を描く『00』劇場版。ロックオン・ストラトスの最後の機体となったガンダムサバーニャは10基のホルスタービットとライフルビットを同時に操り単機で複数の目標を狙撃できる大火力MSだ。「動く武器庫」的なイメージをミリタリーな雰囲気でアレンジして製作しよう。

GN-010 ガンダムサバーニャ
BANDAI SPIRITS
1/144　HGシリーズ
インジェクションプラスチックキット
発売中　税込1944円
製作・文／**有澤浩道**

▼額と肩のセンサーは開閉可能。レンズ部にはメタリックテープのブルーを使用している。胸アーマーは側面にミサイルのモールドがあるが、裏面がスカスカで寂しいのでエポキシパテとプラ材でフレーム状のパーツを新造し密度感を上げている。膝装甲にも同じくミサイルのモールドがある

## サバーニャのチャームポイント GNホルスタービットの調理法

▲ふたつが一体になった状態でパーツ化されたホルスタービットはエッチングソーでひとつずつに分割している。継ぎ目の処理も分割してしまったほうが簡単にできる。切り離したパーツの接続は4×2×1㎜のネオジム磁石を使用。接続面にある開口部をすこし削るだけで埋め込める。モザイク（!?）はドット迷彩用マスキングテープを駆使して地道に塗り分け。乾燥後にラプロス#6000で段差を消して平滑にした

▼ホルスタービットにはライフルビットが格納されている。さらにライフルビットは先端を取り外すことでGNピストルビットにできる。ライフルの銃口部を取り外し、センサーとグリップをたたむことで左右各1個のホルスタービットに収納できる。収納可能なホルスタービットは連結できるので、左右5個ずつ揃えるのもおもしろそうだ。ライフルのセンサー部にはメタリックテープのグリーンを貼るとアクセントになるだろう

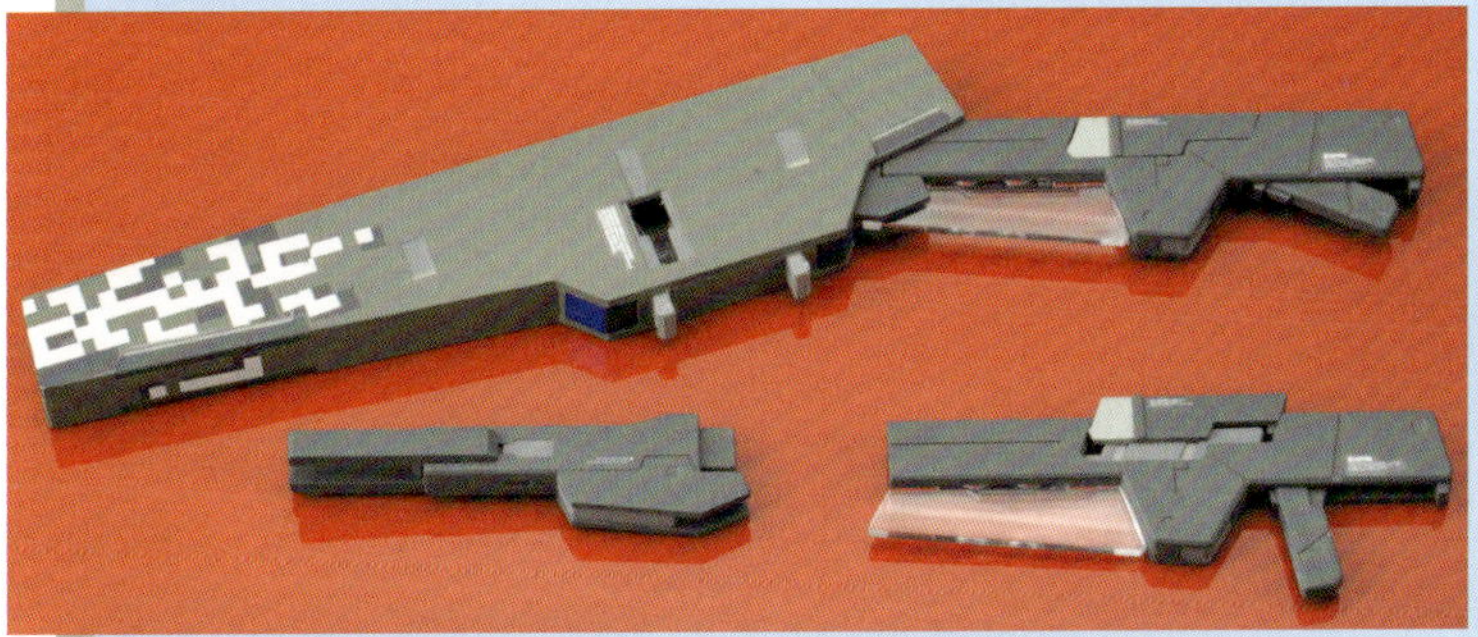

●ホルスタービットを接続するアームの基部は噛み合わせることで一定の間隔で固定できる。サイドアーマーの丸モールドは1㎜ドリルで開口。コーンカッターで面取りを施してからリベットを埋めて立体的にした。装甲より一段落ちているのがポイント。スラスター部は市販のパーツを埋め込んでいる

**◆劇場版の内容がとても気になります**

製作&本稿執筆時は、設定画は公開されていたものの機体特性や武装の運用方法など謎が多かったため、想像（半分妄想）をふくらませながら製作しました。

**◆狙い撃つべき相手**

頭部は定番工作として安全対策用の突起を切り取り先端を薄く加工しました。うさ耳状のロッドも内側を前に向かって斜めに削ってシャープにしました。顔はモールドを彫り直すとさらに男前になります。

胴体は腹部の上側のプレートを短くしてあとハメ可能にしました。襟とピンで接続させる構造なので強度が落ちることもなく塗装派におすすめの工作です。

股（C9）は赤いパーツ（A23）とつながるコの字型の部分を内側に向かって削って面取りを足しました。リアアーマーの縁の二段エッジも同様の加工をしています。

装甲の断面が90度に切り立っているとど～してもプラモデルらしさが残ってしまうので気をつけて処理しました。

肩アーマーは上面にエッチングパーツを貼ってディテールアップしました。カバーの台形状の凸は一度削り取ってから0・27㎜プラペーパーで再生しました。モールドを避けるよりもきれいに速く表面処理ができます。肩アーマー外側と前腕のブロックの凹モールドは、塗り分けを考慮してすべてデザインナイフで彫り直しました。

ヒザアーマーのフレーム（D8）はピンを削り取って塗装後に接着しました。スネは複数のブロックが重なっているのか、被さっているのか、生えているのかを考えながらBMCタガネの0・3㎜とデザインナイフでパーツの境い目を彫り込んで別ユニット感を強調しました。足首アーマーのフチを薄く削り込みました。アンクルアーマーの裏側もうしろからよく見えるので、エポキシパテで埋めています。ホルスタービットをすべて装備するとうしろに重心がかかって傾いてしまうので、かかとにはディテール追加工作と安定感の向上を兼ねて、5㎜三角プラ棒を削って作ったアウトリガーを取り付けました。

**◆塗装**

ミリタリー的なトーンを落とした色調に振ってみました。白はアルティメットホワイトをベースにガルグレーを加えたオフホワイト。緑はダークグリーンにニュートラルグレーを混ぜて灰色味を強くしました。赤はシャインレッド+ホワイト、黄はキャラクターイエローです。関節はニュートラルグレーⅢにブラウン系数色を加えたウォームグレーを濃淡2色で塗り分けました。

デカールはガンダムデカールのダブルオーガンダム用、リックディアス用とサテライトのコーションデカール、HiQパーツの新作NCデカール05を使用しました。胸とヒジのGNコンデンサーはPCで製図し、メッキシートに印刷して再現しています。映画ではどんな活躍をするのか、どんなラストを迎えるのかとても楽しみです。■

# GUNDAM HARUTE

## GN-011

Model Graphix
2010年11月号
掲載

## 複雑な面構成を シャープに処理し スピード感を演出

これまでもスリムでシャープな機体に乗っているイメージの強かったアレルヤの新搭乗機ガンダムハルート。劇場版登場MSのなかで唯一の可変機体となるが、アレルヤのイメージを継承したスピードとパワーを持ったデザインとなった。本体よりも大きいバインダーを装備するため、MS時も飛行形態時も圧倒的なボリュームを誇るこの機体を、デザイン再解釈しつつ製作してみよう。

GN-011 ガンダムハルート
BANDAI SPIRITS
1/144 HGシリーズ
インジェクション
プラスチックキット
発売中 税込1944円
製作・文／POOH

▲頭部はモールドされたツインアイの上にクリアーパーツを装着することで、サングラスのような特徴的な表情を再現。肩アーマーはオレンジと白でエッジの頂点が違い、中央部は交差するような面構成となっている。胸部は変形時には上方へ跳ね上がり頭部を覆う。肩の可動軸の構造も独特だ

▲バインダーはちゃんと機体色と認識できるような色調を選択。ブラック部分はミッドナイトブルー系のグレーを調色し、薄いグレーはさらにブルーとホワイトを混色。逆にフレームは暖色系のグレーにし、差異をわかりやすくしている
▶GNソードライフルはグリップを折りたたみ銃身をスライドすることでソードモードに変形する

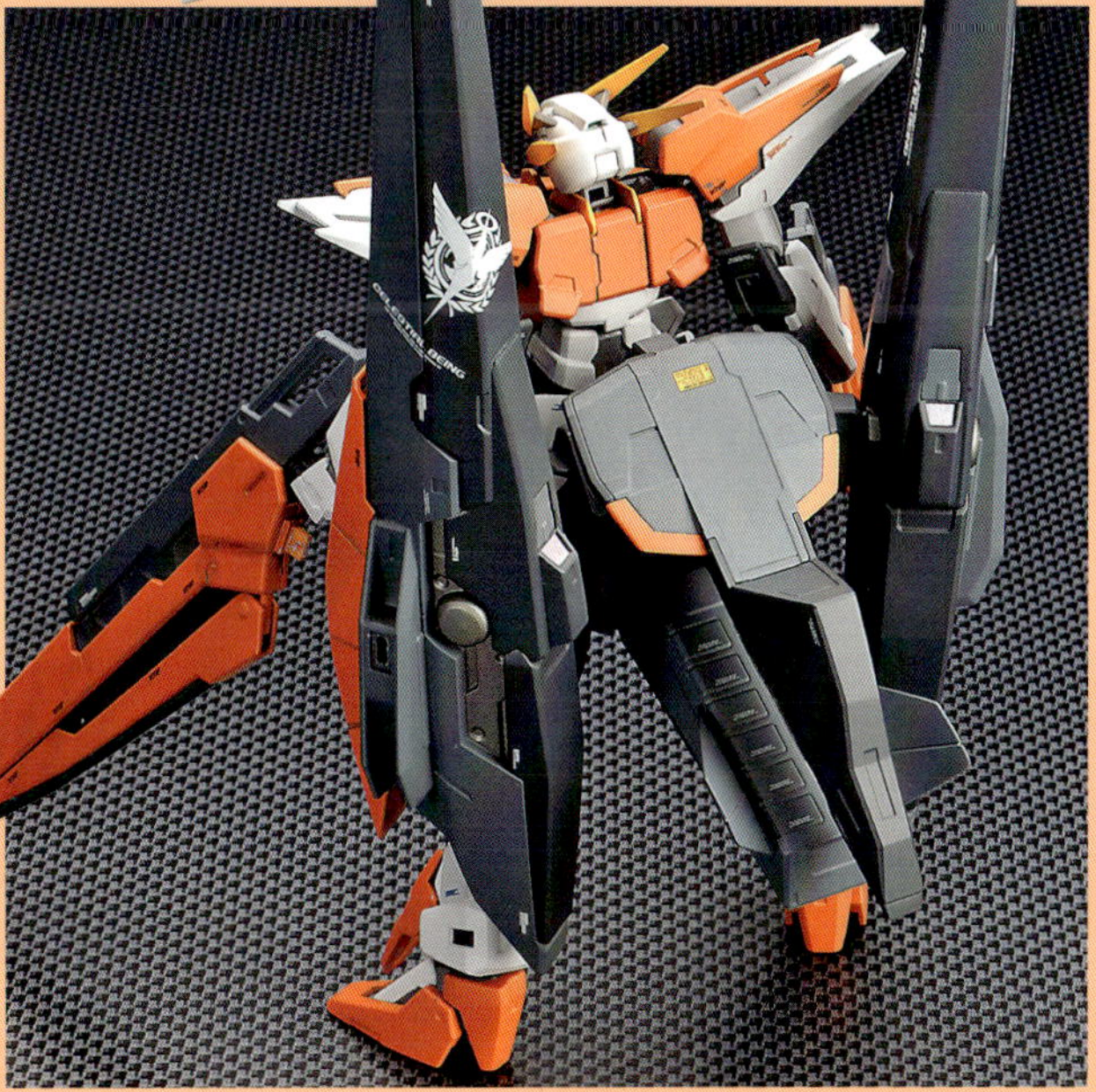

●スレンダーでエッジの多い本体に、武骨でメカニカルなバックパックとのアンバランスなデザインがおもしろい。バックパックは背中ではなく腰部後方に接続している。前腕部は展開し、ガトリングを再現。ヒザブロックは変形の際に一度取り外し、スネ部を伸縮させたあと再度取り付けることでスネ部のロックとして機能するようになっている

**◆まだ公開前なのです**

この作例を製作して原稿を書いたのは劇場版『OO』が公開される前なので、もしかしたら見当違いのことを書いているかもしれませんが、そのあたりはご容赦ください。

歴代のアレルヤの機体はシャープなイメージですが、ガンダムハルートも例外ではなく、シュッとしたラインが魅力的です。とはいえ面構成がいままでとは大きく違い、肩アーマーやスカートアーマーなどの面の重なりが均等でなかったり段差の高さが徐々に変化したりと、かなりおもしろいデザインです。また、これはこまかい話ですが、股間パーツ下面のアクションベースとの接続用スリットのふたが開閉式になっているのがうれしいですね。個人的に紛失確率がかなり高いので……（苦笑）。

最大の特徴である飛行形態への変形ですが、オーライザーを踏襲したような飛行形態は、シリーズのなかでもとくに『OO』の世界観にマッチしていると思います。

**◆シャープに仕上げる方向で**

面構成が複雑なので表面処理をする際には注意が必要です。前述のとおりわざとずれて見えるラインが多いので、合わないと勘違いして平らにしてしまわないように。合わせ目が目立つ箇所は肩アーマー、スネパーツ、バインダー、クロー部分。クローの合わせ目は段落ちモールドにしてみました。頭部のアンテナ４枚も限界まで薄くしています。ここはかなり目立つので忘れずに。印象もぐっとよくなります。

**◆バランスに気をつけて**

設定画を踏襲しつつ、オレンジ、イエロー、レッドのバランスを計るのに結構苦労しました。この３色がそれぞれ隣接している箇所があるので、境い目がボケてしまわないようにしっかりと変化を付ける必要があります。とはいえ、イエローを薄くしても、レッドを濃くしても、おもちゃっぽくなってしまうので、この２色はクアンタの時に作ったものをそのまま使用し、オレンジはその中間のイメージで調色しました。結果、設定より濃いオレンジになりましたが、逆に引き締まったイメージになったと思います。ホワイトは暖色系に振ると全体的にボケてしまうと思ったので、ブルー側に振ったグレーです。各ＧＮコンデンサ部はダブルオークアンタ同様グリーンのメタリックシールとクリアーブラックを塗装したクリアーパーツの組み合わせです。ＣＢマークとロゴは、ガンダムデカールＰＧダブルオーライザー用です。

**◆早く観たい！**

パーツ構成やデザインを見る限り、たぶんまだいろいろと秘密があるのでしょうね。劇場版を観るのが楽しみですよ。■

# 謎多き巨大武装の情報密度を引き上げる

これまでもティエリアの駆る機体はあっと驚く秘密を持っていたけれど、劇場版の機体は、「!?」となること必至でインパクト抜群。明らかに開発系統が異なるガンダム本体のデザイン、そして頭の上には巨大な武装という異形。劇場版本編を観るまで謎は多いが、模型としてどう作るかはまた別の話。「目がいくところがチャームポイント」という発想で観る前にバッチリ作り込んじゃいました。

CB-002 ラファエルガンダム
BANDAI SPIRITS　1/144
HGシリーズ
インジェクションプラスチックキット
発売中　税込2160円
製作・文 **田中冬志**

Model Graphix
2010年11月号
掲載

# RAPHAEL GUNDAM CB-002

◀最大の特徴であるGNビッグクローは基部からの分離が可能。クローの開閉は可動式のものと差し替えで再現している。専用のスタンドが付属し、スタンドのアーム部は取り外してキャノン基部に接続し、劇中のビッグキャノン発射状態で飾ることができる。作例では接続部を可動化し、クローに"歯"を追加している

▶GNビッグキャノン未装着のラファエル本体背面。背中のスクエアなユニットがビッグキャノンとの接続部。接続時は上下を180度回転させる。肩アーマーと腰ブロック、大腿部以外は曲面主体の構成となっており、幅が細くハイヒール状の足首と胸部・腹部が小ぶりなため、女性的なシルエットとなっている

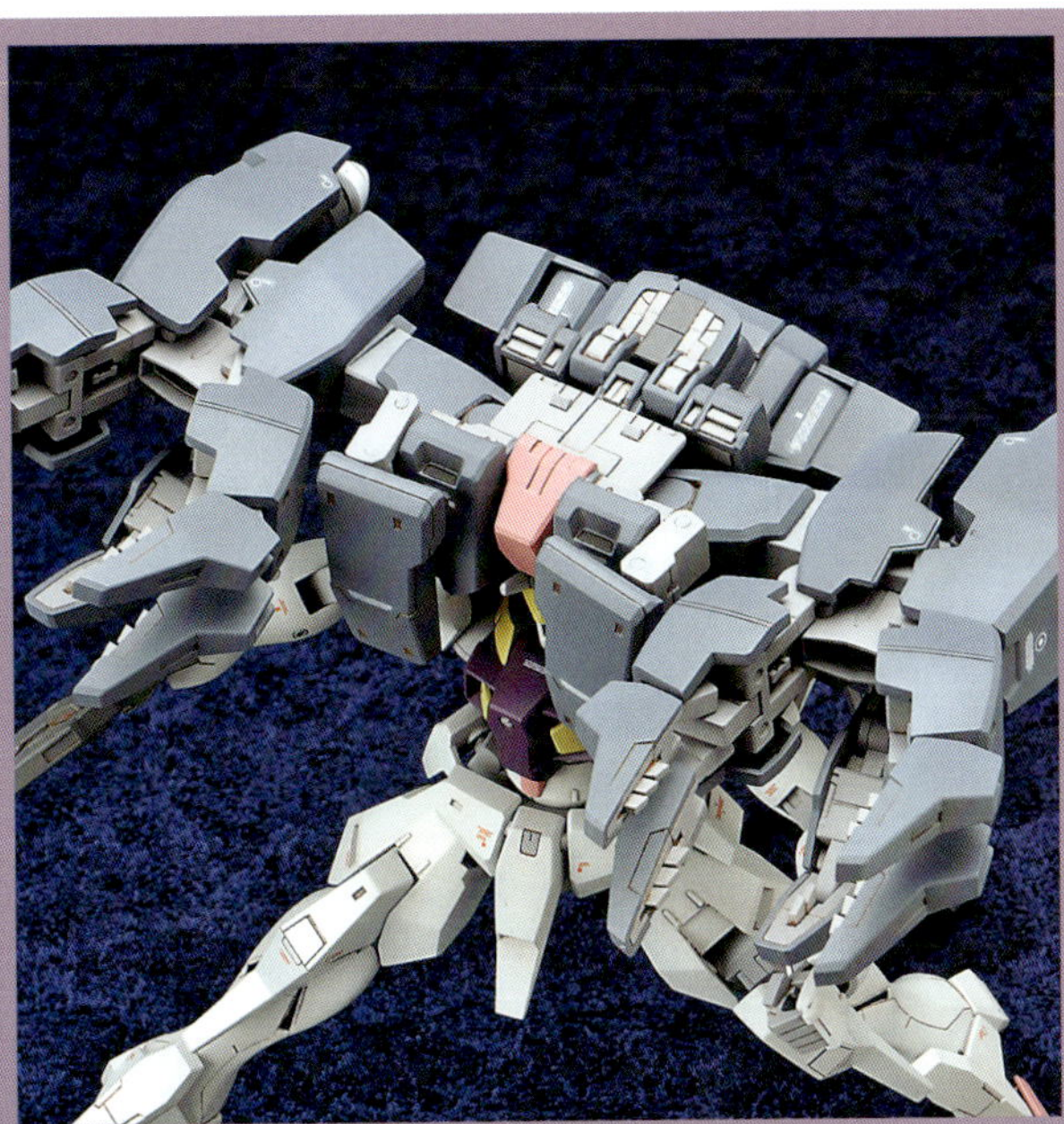

▲球状の肩関節が全身との見かけのバランスをとっているため自然なプロポーションとなっているが、じつは胸部はかなり小さい
▶ビッグキャノン基部は二カ所に可動部分を追加し、それを生かすために前部装甲板も分割して可動を仕込んでいる。モビルアーマー的な掴みかかる動きなども可能になった。中央部やクローのディテールにも注目

◆**むむっ、謎多過ぎ**

というか、「ええ～!?　ココこうでいいの?、これがここに?」みたいな感じでした。想像はふくらみますが、カニ爪の楽しい遊び方を考えつつ自重して作ります。

◆**白い人**

見てのとおりのガンダム系MSです。ただなんとなくデュナメスチックな変更点だな～と。そんなにロックオンラブなのかティエリア?　とニヤニヤしながら作ります。基本的にデザインの解像度が高い柳瀬イラストを参考に手を加えています。

いじったところは腰まわりと太もも。ボリューム不足に感じたので太ももを3㎜延長し、モールドを変更。股関節を前に2㎜、褌を1㎜下にずらします。腰アーマーは前も横も大型化。前腕はヒョウタン状のラインが大げさに見えたので滑らかになるようにヤスリで削ってます。額のレンズは市販パーツの組み合わせですが、こだわったわけではなく塗装直前でココのクリアーパーツを紛失したための苦肉の策でした（笑）。いい具合に収まったでしょ?　プロポーション工作的にはそんなところです。

◆**謎の人?**

とりあえず「ミディアムブルーの人」はこのキットでは変形しません。発売前、公開前の私としては「おお～なんてこった」な情報で、ちょっと高めのテンションに。限られた状態でどんなことをするかを考え、見せ場のカニ爪と俯瞰からの情報量アップに重点を置くことにしました。

とりあえず派手に肉抜き穴があるのでちまちま埋めていきます。が、よくみると肉抜きじゃない隙間が!?　なんだこれ?　明らかに意図的です。あとからもらった資料には黒い隙間が……。文字資料にはなんか書いてあるけれどパーツがあるわけでもないし……「ええいっ、ままよ!」ということで、爪に〝返し〟のような歯を生やしてみました。ちょっと仰々しくなって模型的におもしろくなったと思います。

◆**柳瀬イラスト的に**

彩度を落とした色味にしましたが、納品しに編集部に行ったところ「デザイナーズカラーバージョンみたいですね」というリアクションが。わざわざこの色に塗らなくてもそのうち発売されるかもしれず、ちょっと地雷を踏んだかも。でもテストショット2体目が来ていたので見せてもらったらバリバリのアニメカラーでして、良かったのか悪かったのか。4体模型で並べると1体だけ浮いちゃうかもですね。

なんか余裕なかったんです今回。普通のHG2体ぶんで、仕上げの段階でかなりテンパりました。リベンジできるといいな～。いろいろやり残したことがあるしね。■

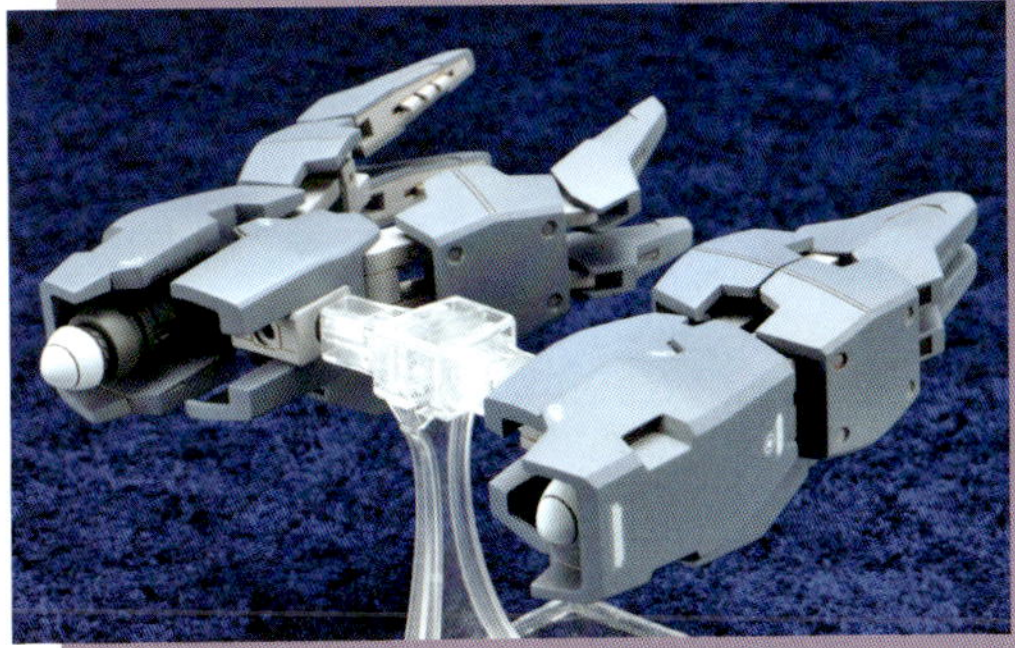

▲ビッグクローは後部をスライドして開き、太陽炉（?）を差し替えで後方に移動させることで分離状態を再現できる

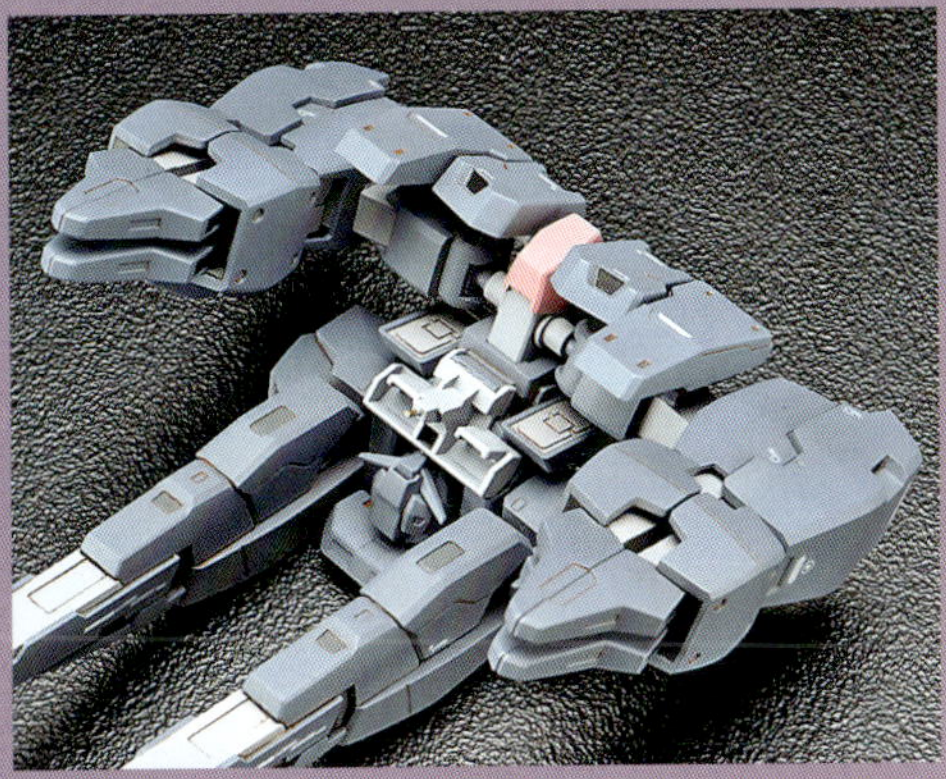

▲田中氏も書いているように、作例製作時はまだ劇場版公開前。なので詳細は不明だが、ビッグキャノン基部にはガンダムの頭のようなものが。ラファエル本体との接続部には強度を考慮して真ちゅう線を使用

▲足首はかかとパーツを差し替えてつま先を伸ばした飛行状態を再現でき、開発のベースになったという設定のガデッサシリーズの意匠を見ることができる。足首前部はソール部のみでも可動するようになっている
◀首を新造して2㎜ほど長くなったため、それにあわてビッグキャノンとの接続フレームも延長している。ビッグキャノン上面はキットのままでは少々ディテールに乏しく肉抜き穴が多い。作例のようにディテールを追加し塗装でユニット感を強調すると、目立つ箇所だけに効果は抜群だ。前面装甲の裏側に仕込んだ可動部は片側2枚の装甲をスイングアームで接続することで2枚を重ねるように配置することができる

SVMS-010 オーバーフラッグ
BANDAI SPIRITS 1/100
インジェクションプラスチックキット
発売中　税込2376円
製作・文／岡 正信

# BANDAI SPIRITS 1/100 SVMS-010
# "OVERFLAGS"
## エースが集うエリート部隊"第8独立航空戦術飛行隊"

**めでたく発売となりました、1/100オーバーフラッグ。ぱっと見、ヒザ関節が単純な１軸構造だったりするので、先に発売された1/144HGの単なる拡大版と思われるかもしれませんがそれは大間違い。マスターグレードシリーズでこそありませんが、現用航空機のテイストで追加されたディテールや内部まで再現されたウエポンベイの開閉ギミック、より確かな可動ができるようになった関節構造など、見どころ満載でギミックも充実したキットとなりました。そんな好キットを『00』が大好きなガンプラの達人、岡プロがキットレビューします。**

**◆キット・インプレッション**

キットが届いたのでまず仮組みしてみると、プロポーションは、ＨＧと比較してよりアニメ寄りでやや骨太な感じ。１／１００という大きさもあいまって「１／１４４のキットと変わらへんやん」ってことはぜんぜんないです。おまけに腕部、脚部にはウェポンベイの開閉ギミックが搭載されるなど、こまかいところにさらに改良が加えられプレイバリューもＵＰでっせ。

あと、ヒジ、ヒザ関節を安易に二重関節にしなかったのはエライ！　フラッグのように飛行形態に変形したあとの手足の収まる位置がはっきりしないタイプのＭＳは、無闇に可動するところが多いとかえって飛行形態が定まらなくて扱いにくくなります。しかも関節の耐久力にも影響が出てきます。一軸にすることで、無駄な可動は控えつつ剛性や保持力も高められているので、しっかりとほしいポーズが決ります。

**◆このヘンテコなんがエエんやがな**

そもそも変形メカというのは、たとえばＺガンダムのＭＳ形態とウェーブライダー形態のように、形態それぞれにキャラクターとしての表情があるべきだと思います。では、このフラッグの場合はどうなのかというと、ＭＳ形態は適度に人型を外したほっそい体型だけど、スマートでハンサムなキャラクターといった感じではないです。そしてさらに特徴的なのが飛行形態。た空力的なことはあきらめた感じの無骨さで、とてもじゃないが大気圏内はまともに飛びそうにもない……けれど、「ヒコーキやのにロボの手がむき出しやがな！」みたいなところがとても個性的でユニーク。とてもデザインだと思います。

そこで、その個性を活かして作るんですが、キットを見ると、あの特徴的な顔のない頭部と大きな拳の表情がやや硬い。それと、飛行機として見た場合各翼が厚いなどが気になってきました。ほら、車のタイヤがいびつだと気持ち悪い（走れない）のと同じで、航空機の翼が翼としてついている以上はちゃんとそれっぽくなってほしい

# 抱きしめたいよ、ガンダム！

●肩関節はHG以上によく動き、なおかつ関節の保持力も向上している。腹部の20㎜機関砲は1.5㎜のドリルで穴を開けてウェーブの「Oボルト2」をはめ込んだ。剛性、強度が非常に高い股関節はエナメル系塗料でのスミ入れの際は関節軸部に塗料が入り込まないよう注意したい

●腕部は組み立てや塗装がしやすく、なおかつプラズマソードの展開などの必要なギミックがすべて再現されたすばらしい部品構成。F-117のように、ウエポンベイ内部を白く塗装すると現用戦闘機の雰囲気が出るだろう

●股上端のインテークは奥行きが足りないと感じたので、股関節に影響が出ない範囲で削り込んだ。足首やスネ周りなどは、エッジをシャープに整形しつつ肉抜き部分はエポキシパテなどで埋めて整形している。スネ内部のウエポンベイはミサイルも含めて先に塗装までしてから外側を組み立てたほうがよいようだ。アキレス健部分のフィンは、一度切り離して薄く整形し、それから再接着。このとき破損防止に0.5㎜の真ちゅう線を通しておく

●エンジンユニット自体はキットのまま製作。ノズル内部はセラミックコーティングっぽく白で塗装。上半身側の翼は主翼ということで薄くするついでに翼端灯などを追加した。キットはフラップが別パーツになっているので、ここはキットを尊重して取り付けに表情をつけるに留めた。また、「腰部側の翼は飛行形態時はカナード翼になるのでは」と考えそこのディテールを変更した。本来、フラッグは上、下半身をそれぞれ分離して運用することも想定されているようなので、腰部の翼も主翼と同じ構造のままのほうがよいのかもしれないが、そこは好みということで

●キットには、ディフェンスロッドやソニックブレイドなど充実した武器類が付属。新型リニアライフルは、連射用の銃口を腰部機関砲と同じくウェーブの０ボルト２をはめ込んだ以外はほぼキットのまま。銃身上面がクリアーパーツになっていて内部には加速器らしきものがモールドされている。別素材感の出しにくいガンプラにとってこのような表現の奥行きの出る処理は非常にありがたい

## Union of Solar Energy and Free Nations
## 8th Tactical Fighter Squadron

じゃないですか。せっかく発売されたキットのレビューということで、キットのポテンシャルは最大限に活かしたい。そこで、フラッグの持つキャラクター性は尊重しつつ、ロボットとしての部分と航空機としての部分ももう少し強調していこうやないかというのが今回のテーマです。

といっても、今回行なった工作はいたってシンプル。まず、各部品のエッジを整形してシャープにするついでに、主翼など、薄くしたいところは薄く削っています。また、頭部など尖ったところはよりしっかりと尖らせる、といった具合。

さて、ロボットを作るといつも気になるのが手の部分。マスターグレードシリーズではない１／１００シリーズというキットのパッケージングからして仕方ないのかもしれませんが、やや表情が硬いように感じました。ロボットの場合、ましてやフラッグのように拳の大きいメカはとくに手にはいろんな表情を求められるので、重要視したいところです（悪いことばかり書いてるようですけど、ちゃんと平手が付属しているところは超うれしい！）。キットパーツの手のディテール自体はとてもよいので、親指と人差指、中指をいったん切り離して角度を変えて再接着すると見違えます。

### ◆黒塗装はナンギでっせ

黒い機体の航空機といえば、有名なところでもU-2やSR-71そしてF-117ナイトホークなどいろいろとありますが、過去の作例なんかを見るに、皆さん黒い機体の塗装にはとても苦労しているようです。

でも、そのなかでエエ感じに仕上がっている作例にはすべてに共通していることがあります。それは、機体が黒いからといって黒い塗料そのものをそのまま塗っていないということ。スケールエフェクトを考えれば当然のことですが、少し白を足して濃いめのグレーに塗るとよいみたいです。ちなみにツヤ消しクリアーを吹くと反射の具合で元の色より白っぽく見えますので、そのぶんを計算に入れて黒の色味を決めておくとそれらしくなるで〜。■

Model Graphix
2008年7月号
掲載

●中国、ロシア、インドという3大国家が中心となり、軌道エレベーター建設を目的として形成した連合国家、人類革新連盟。その主力MSがティエレンだ。重武装重装甲で、多くのバリエーションモデルの生産が可能となっており、機体の信頼性は高いが機動性は犠牲となっている
●胸の左右についたオレンジ色のブロックは30㎜機銃、右腕には200㎜×25口径長滑腔砲を装備。平板かつ厚みを感じさせる装甲板が垂直に切り立った機体外装、頭部前方についたペリスコープ（覗き窓）、背中のアンテナ付きのユニットなど、従来のMSデザインとは一線を画すミリタリズムあふれる雰囲気がモデラー心をくすぐる
●マーキングはサードパーティーのものを流用している。水平垂直を意識して無機質な冷たい雰囲気を演出した
●劇中ではそこまで派手な動きを見せないティエレンだが、HGの可動範囲はかなり広い。胸の左右ブロックは胴体中心を軸に前方にスイングする。胴体と腰の接続はいかにも兵器然とした単純かつ無骨な構造。リアスカートは固定式だが、ディテールに沿って切り取ってやれば可動化もさほど難しくない。バックパックに装備されたアンテナはスプリングに置換した。足はシンプルな形状の集合体だが可動部は多く表情豊か

Model Graphix
2008年1月号
掲載

MSJ-06Ⅱ-A ティエレン地上型
BANDAI SPIRITS　1/144　HGシリーズ
インジェクションプラスチックキット
発売中　税込1260円
製作・文／**POOH**

# 1/144 HG MSJ-06II-A TIEREN GROUND TYPE

**『機動戦士ガンダム00』に登場するモビルスーツ、各陣営それぞれ特徴的なデザインとなっていますが、このティエレンはミリタリー色を色濃く感じさせるフォルムとディテール、そして豊富なバリエーションが魅力。さて、あなたならどのティエレンをどんなふうに作ってみたいですか？**

HGシリーズでようやく人類革新連盟（通称／人革連）の主力MSのガンプラが発売されました。無骨で重量感のある、まるで戦車のようなフォルムをいかんなく表現したすばららしいプロポーションのキットとなっています。

実際にこのHGティエレンを組んでみて驚かされたのはその可動範囲で、HGシリーズのなかでもトップクラスの可動を実現しています。とくに二重関節の股関節とヒザ関節は複雑な動きにも充分に対応できますし、肩ブロックも大きくスイングするので、ポージングの幅も広がり、ガチャガチャと動かして遊びたくなること請け合いです。また、ナックルガード、アンクルガードも別パーツとなっているので、パタパタと動いてとても楽しいです。これだけ複雑にパーツ分割されているにもかかわらず、それらのパーツがたった3枚のランナーにきちんと収まっているのが不思議。非常によく考えられたキット構成になっています。パーツ分割といえば、ランナーをよく見ていくと今後のバリエーション展開も考えられているのだろうなという部分が随所に見え隠れしていますので、今後もティエレンからは目が離せません。また、本キットを使って“オレ設定”なティエレンを自由に作ってみるのも楽しいのではないでしょうか。

パーツ分割はとてもよく考えられていて、ほとんどのパーツは簡単に合わせ目消しができます。唯一しょうがないのが太もものパーツ。ヒザ関節を挟み込むかたちになっていますので、すっぱりとあさらめて塗り分けるかディテールとして処理しましょう。ここは段落ちモールドとするのが無難、というかいちばん楽でしょうね。作例は、毎度おなじみのBMC製超硬タガネ0.4㎜で彫りました。また、リアスカートアーマーとナックルガード、アンクルガード裏をエポキシパテで埋めました。モノアイはそのままでいいのですが、どこかに金属を使わないと気が済まないので、真ちゅうパイプに置き換えHアイズのランナーを伸ばしたものを差し込んでみました。また、バックパックのアンテナも同様に1㎜径のスプリングに置き換えました。雰囲気が出るのと同時に、ぶつけてもビヨヨーンと曲がりますので破損防止にも役立っています。

塗装にもこだわってみました。イメージソースはザクですが、共産圏の機体という事で、人民服っぽいグリーンを調色。ワンポイントのオレンジは若干レッドよりにしつつも鮮やかに目立つようにしています。フレーム色は前回ブルーティッシュドッグの時に作ったブルーグレーを使用。超滑腔砲、カーボンブレイドともまた色味の違うグレーを使用しています。

今回のコーションマーキングのデカールは、サテライトとHiQパーツのものをミックスして使用しています。　（文／POOH）

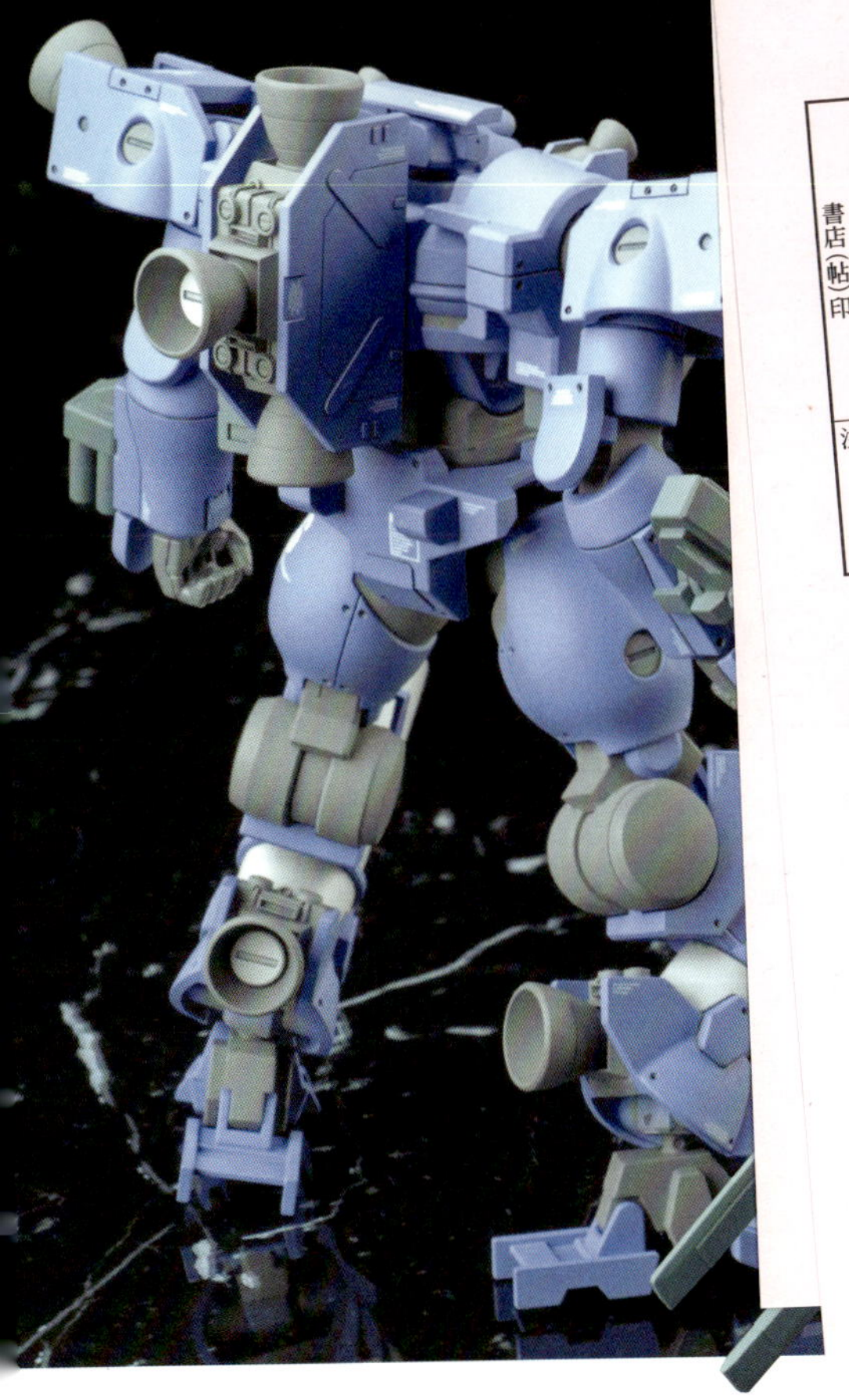

Model Graphix 2008年4月号 掲載

●プロポーションはキットのままでも最高によくできている
なディテール工作で模型的見せ場を作っている
●本体色はやや紫がかった色調に。スネのタンクは作戦行動
量変更ができるという想定で、先端が平らな形状で製作してい
●頭頂部についている左右に長いブレードアンテナ風のパーツ
ーを自作して浮いた状態になるように固定している。胸のリン
落ちモールドはグレーに塗り分けてメカっぽさを強調。モノア
丸モールドに塗ったレドーム色がチャームポイントだ
●機体各部のマイナスモールドは関節と同じ色で塗装し、内部メカが露出しているような雰囲気としてみた
●腰前面の中央部はウインチという想定で、ウインチ部にはリード線を巻き左右の突起にシャックルを追加している
●各部のノズルは周囲を金属線や市販パーツでデコレートした

MSJ-06Ⅱ-E ティエレン宇宙型
BANDAI SPIRITS　1/144　HGシリーズ
インジェクションプラスチックキット
発売中　税込1620円
製作・文／**POOH**

# 1/144 HG MSJ-06II-E TIEREN SPACE TYPE

HGティエレン宇宙型ですが、最大の特長である肩ブロックや脚部デザインなど、劇中のイメージをそのままに立体化されていて、そのまま製作してもすばらしいプロポーションで完成させることができるのキットとなっています。この宇宙型でもHGティエレンシリーズの特長である可動範囲の広さは健在で、武装も、ブレード付き滑腔砲、ロケットアンカー、カーボンネットランチャー、ミサイルランチャが豊富に付属していて、第10話『ガンダム鹵獲作戦』の再現も可能です。

作例はディテールの追加を中心に工作していきます。太もものパーツには段落ちモールドを追加して合わせ目処理を兼ねます。スネにあるプロペラントトランク部は後ハメ加工しました。タンク内部のL字形フレーム部を切断するだけで簡単かつ効果的に工作できるのでおすすめです。なお、この後ハメ工作をするときは、フレームを若干ななめに切断するようにし、切断面をあまり削りすぎないように注意しましょう。削りすぎるとパーツ同士の隙間が大きくなって塗装後の接着の際に位置の誤差が生じてしまいます。

各所のノズルは、基部に金属素材や市販パーツを使ってメカメカしさを演出しました。スネのタンクは、中間のスジ彫りがあるところで切断し、切断面をプラ板でふさいでアドラーズネスト製「カメラアイHD」のパーツをフューエルリッドに見立てて取り付けてみました。モノアイは真ちゅうパイプに加工したクリアーランナーを入れて作っています。バックパックはキットパーツのモールドを削り落とし、スジ彫りを追加してからプラ板でリブを作り直しました。肩ブロックはスジ彫りを追加することでユニットの分割線を表現しています。また、微妙に段差を付けることで別ユニット感を強調しています。全身にある小さな丸モールドは、径が異なるドリルを組み合わせて、内部に段差ができるように穴を開けたものです。

設定画の本体色はパープルに近いイメージですので、コバルトブルーにスーパーイタリアンレッド、ホワイト、ブラックなどを混ぜて、暗すぎない色調のラベンダー色にしました。フレーム、ノズルとノズル内部のモールドのところはグレーの色調を変えています。　(文／POOH)

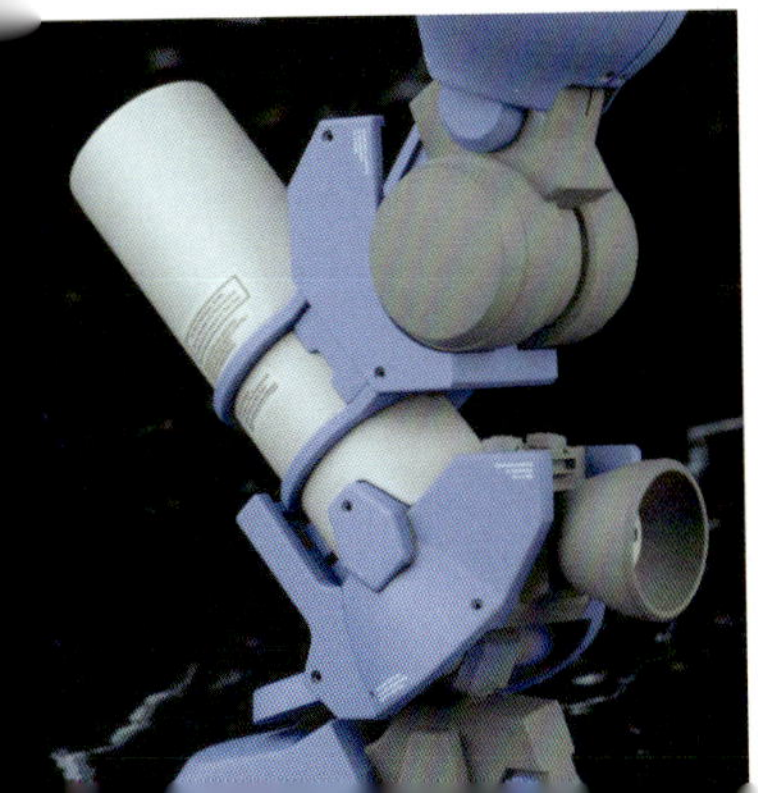

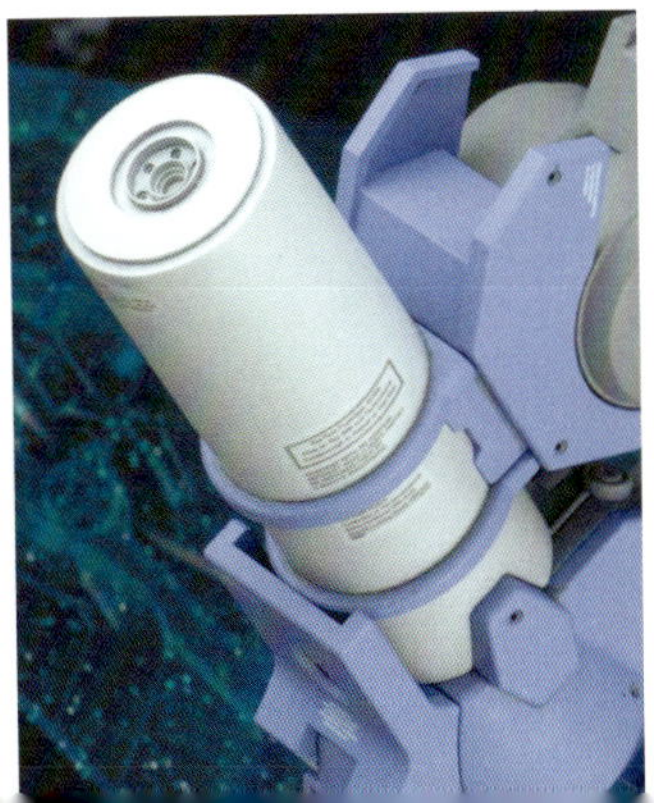

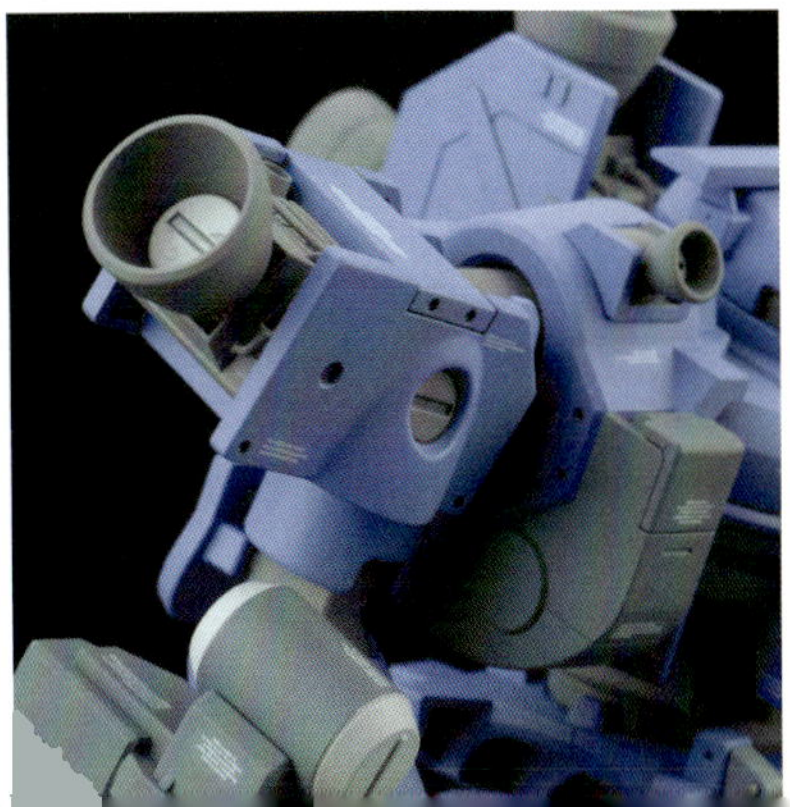

POWER OF

空中戦を主体としたスピード感あふれる戦闘シーンが爽快な『機動戦士ガンダム00』。エースパイロットたちがさまざまなMSでガンダムたちに襲いかかるのが迫力大でしたが、番組終盤で見せた大量のGN-Xによる波状攻撃の異質な威圧感も魅力的！「いかにも悪役」な質感と非常に立体映えするデザインを1/144スケールで楽しんでみましょ。

GNX-603T GN-X
BANDAI SPIRITS
1/144 HGシリーズ
インジェクションプラスチックキット
発売中　税込1296円
製作・文／竹本浩二

Model Graphix
2008年9月号
掲載

## BANDAI SPIRITS HG 1/144

# GNX-603T GN-X

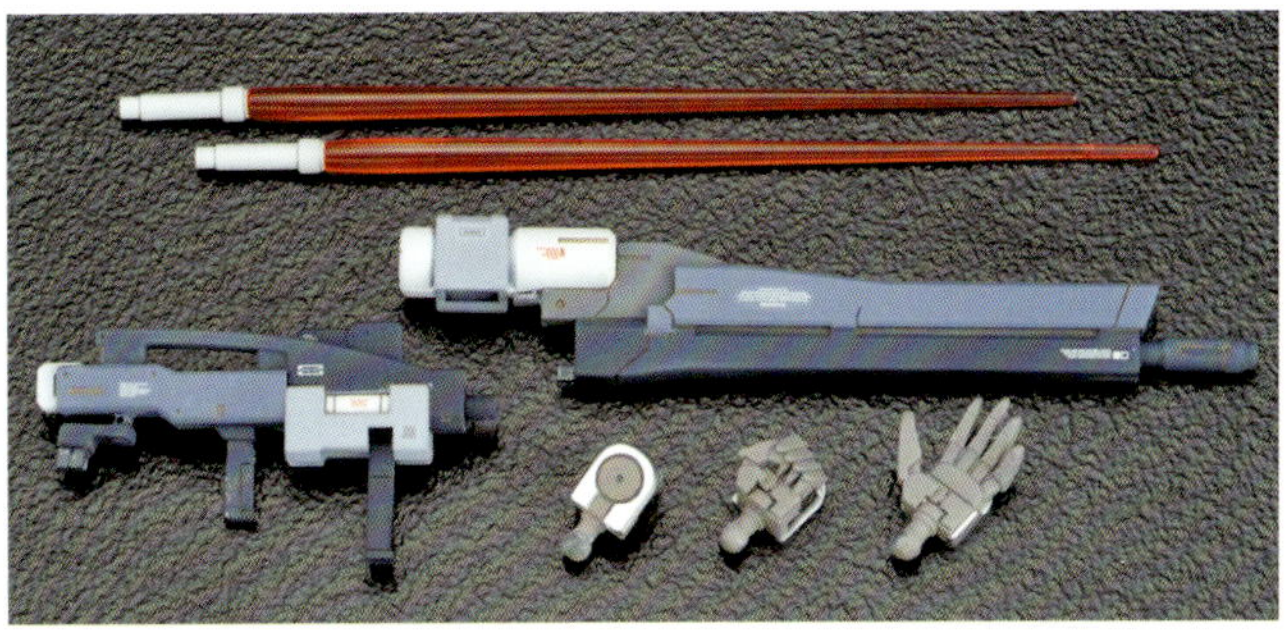

## 悪役然とした量産機の無機質さを演出

●腰／脚部／足裏にはスジ入りプラ板を貼り込んでディテールを追加。腰部バーニアはフチを薄く削り、周りを240番の紙ヤスリでなでるように傷をつけ、ヘアライン風に処理している
●薄いほうのシルバーはシルバー塗装後にコピックインクを混ぜたクリアー2色（クリアーブラウンとクリアーパープル）を薄く吹き付けて色調に変化をつけている。濃いほうのシルバーにも同様にクリアーパープルとクリアーブラックを薄く乗せた。メカ色はブラウングレー（ウッドブラウン+ニュートラルグレー)を基準にホワイトを混ぜたものやジャーマングレーを混ぜたものなど数色を作ってそれぞれ塗り分けた
●ライフルはバレルを装着することでロングバレル仕様に組み替え可能。左手首は平手も用意されている。武器の塗装は本体に使用していない色＝寒色系のブルーグレー数色とホワイトでまとめた。色を間違えるとチグハグになっておかしなことになるので注意が必要です。
●GNドライヴはエナメルカラーのチタンシルバーにクリアーレッドを少量混ぜたもので塗装、あえてフラットホワイトでもよかったかも？

### ◆初めに

セカンドシーズンの放映が近づきさらなる盛り上がりを見せる『機動戦士ガンダム００』ですが、ファーストシーズン終盤でガンダムを苦しめた量産機ジンクスが満を持してＨＧで発売です。『００』のガンプラは各スケールとも非常に完成度が高く、作り手に優しいキットに仕上がっています。今回のＨＧジンクスは両胸のパーツが肩軸と連動して動くので可動範囲がかなり広いです。また、合わせ目こそ目立ちますが、腕や脚のパーツ構成が関節パーツの上下から各ユニットをはめ込む方式になっています。そのため塗装派にもマスキングいらずの作りになっています。この方式は今後のキットにも標準で取り入れてもらいたいくらい画期的だと思います。色分けがしやすく塗装が非常に楽でした。では、気になったところを個別に解説していきましょう。

### ◆全体工作

ＨＧということでやむを得ないところですが、部品数が限られているためどうしても１パーツに複数のユニットがくっついている構造になっています。そのままでは情報量が少なくなりどうしても小スケール感が出てしまいます。それらを回避するために別パーツであることを強調します。そうすることで面構成にもメリハリが出て、全体の情報量アップに繋がります。

方法は単純で、別パーツに見せたいところのラインにスジ彫りを深く入れて、さらに別パーツに見せたいところの面構成に変化をつけていきます。一見地味ですが、効果は絶大です。また、抜きの関係上どうしても甘くなってしまう金型側面のモールドなどは深く彫り直しています。

襟のところは、パーツの厚みが気になったのでフチを薄く削りこんでいます。背中のGNドライヴの二重丸モールドはきれいに彫り直すのが困難なので新たに作ることにしました。開口して裏をプラストライプ(厚さ０・14㎜とかなり薄いためＲのキツイ曲面にもなじみます）で裏打ちしてから市販の丸モールドパーツに置き換えていま

**1**細長いユニットが重なり合う腰部後方。すべて同じ色で塗装すると単なる同一な金属の塊に見えてしまうので、ユニットごとに色を変えたり表裏で質感を変えたりして変化をつけている。また、スミ入れは主にパープル系のグレーを使用している。左右非対称に入った白いマーキングに注目
**2**どうしても工作や塗装が後回しになりがちなシールドなどのオプションもしっかりと塗り分け、マーキングを施すことで本体のよい引き立て役になってくれる
**3**胸のスタビライザー風パーツをはずした状態。顔面のモールドはかなりこまかいが、ジンクスの特徴的な表情は見せ場となるのでしっかりと塗り分けてやりたい。左右胸ブロックはそれぞれ独立可動し、腕の動きとあわせてポージングの幅を広げてくれる
**4**独特のパーツ分割になっている脚部も塗り分けることでユニット感を強調。ヒザ裏装甲や足首前面装甲は可動する

## 銀塗装熟達への近道はこれっ!

●銀色とひとくちに言ってもその色調や質感は千差万別。ソリッドカラー以上にちょっとした色相やツヤの違いでがらりと印象が変わります。左写真はF-104の機体後半部ですが、ここだけでもいろいろな風合いのシルバーを見てとることができます。もし戦闘機や金属むき出しの機械を見るチャンスがあったらぜひそんなところに注意して観察してみましょう。市販の塗料に左右されない自分だけのシルバーが調色できるはず!

す。開口部は空けっぱなしにせず穴のフチに面取りをしました。

ヒザ裏に付く装甲パーツの厚みが思ったより目立ちます。薄くしてもいいのですが、ここはあえて厚みを活かす方向で違う処理としました。プラ厚の真ん中にスジ彫りを入れて二重装甲っぽくしています。ノギスを使用してセンターにラインをケガき、その線に沿って徐々に力を入れるようにしてスジ彫りを深くします。そのケガキ線に沿ってBMCタガネ0・2㎜幅で仕上げのラインを入れます。はじめにケガキ線を正確に入れるのがコツだといえるでしょう。

### ◆塗装

設定では濃淡2色のグレーですが、実機はシルバーなのでは? という想定で塗装しています。今回は粒子の細かさと色味からGSークレオスのスーパーメタリックシリーズのスーパーファインシルバーを基本色にチョイス。暗いほうのシルバーは色々と試した結果、GSークレオスの8番シルバーにコピックインク(ブラック系、ブルー系、ブラウン系少量)を足して調色しています。8番シルバーはスーパーファインシルバーと粒子の大きさが違うため、材質の違いが明確に表現できます。

装甲パーツの基本が濃淡2色のシルバーなので、関節等のメカ色をグレーやダークメタリックにすると全体がグレー調になって非常に単調な印象になってしまいます。これを避けるため、メカ色はブラウンとグレーを混ぜて暖色にしました。胸と腰のスタビライザー状のパーツの裏は質感の違いを出すためグレー数色で塗り分けています。ワンポイントとして丸モールドはグレーサフの上から偏光パールのバイオレットでコートしています。各色とも1色だと情報量が少なくなるので、各パーツが3色以上になるように塗り分けました。デカールはホワイトとレッドを下地の色別に使い分けています。仕上げにメカ色部分はGSークレオスのつや消しクリアーでコート。メタリック部分は半ツヤクリアーに少しクリアーを足してからコートしています。■

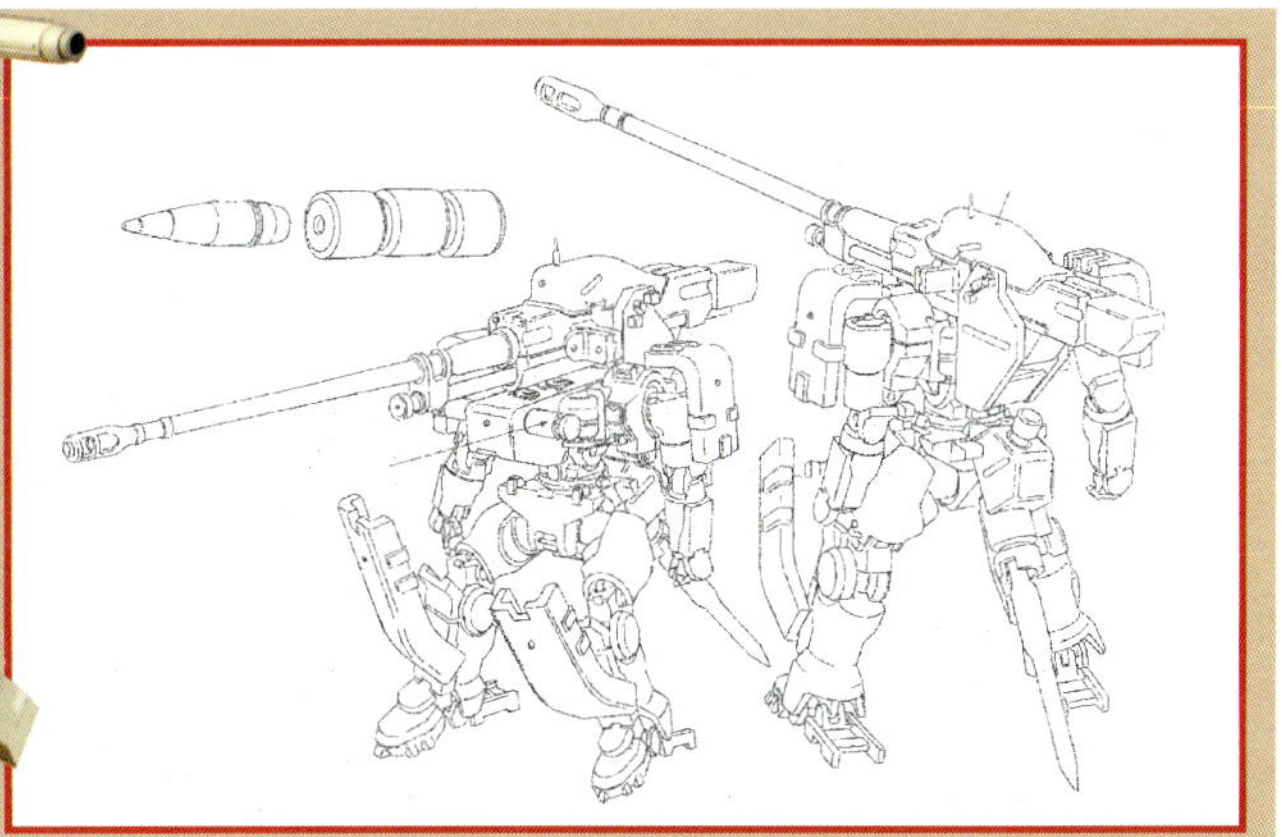

▲これが劇中に登場したティエレン長距離射撃型。数あるティエレンバリエーションのなかでも独特の不格好なフォルムが特徴となっている

# 模型ならではのアレンジ満載で大改造
# 1/144 ティエレン"長距離射撃型"

## MSJ-06II-LC TIEREN LONG-RANGE CANNON TYPE

ザクのMSVのようなバリエーション展開が大きな魅力であるティエレン。1/144では宇宙指揮官型などバリエーションキットも充実してきましたが、まだキット化されていないものも……そこで、いっそのこと長距離射撃型を模型的アレンジ全開でセミスクラッチビルドしちゃってみましたぞ！

MSJ-06II-LC ティエレン長距離射撃型
BANDAI SPIRITS　1/144
HGシリーズ
インジェクションプラスチックキット
「ティエレン地上型」改造
製作・文／POOH

Model Graphix
2008年7月号
掲載

# 1/144 TIEREN
## LONG-RANGE CANNON TYPE
## "Long Barrel"

### 組み換え自由自在！
**アーマーと砲身は組み換え可能に製作**

アーマー類を外せるようにしたので、外した状態でもバランスがよくなるように短砲身も製作し、外したアーマーの基部に付けるパーツも作っている。アーマーの組み合わせ次第でさまざまな作戦行動に対応できる運用の幅の広い機体という雰囲気だが、実際に外した状態にしてみると……アンフみたいに微妙なバランスのティエレンに(笑)。

"Short Barrel"

地上波放映の本編では『OO』第1期の放映が終了しましたが、ガンプラ界ではまだまだ続々と新商品がリリースされ、その熱まだ冷めやらぬという状態ですね。とくにオーバーフラッグを筆頭に今後順次発売されるであろう1／100シリーズには注目したいところです。

「ティエレニアン」を公言している僕にとっては、とくに来月発売の1／100ティエレン地上型はワクワクせずにはいられないキットです。1／144では表現しきれなかったディテールやギミック、大きさを生かした可動範囲の拡大、オリジナル武装等がもりこまれるそうで、この原稿を書いている時点では残念ながらまだ現物を拝んでいないのですが、きっとリアルで説得力のあるティエレンになっていることでしょう。

いっぽう、『00』の1／144ガンプラに目を向けると、ソレスタルビーイング以外の三陣営のなかではティエレンがいちばん数多くのバリエーションを展開しています。これはティエレンの汎用性の高さを如実に物語っているわけですが、裏読みすれば、「人革連には膨大な費用をかけて新機種を開発する余裕がないのでは?」とか、「いやいや最初からバリエーション展開を考慮に入れた基礎設計がなされている、むしろ経済的ないい機体なんだ」なんて妄想も楽しかったりします。

さて、劇中に登場しつつまだキット化されていないティエレンには高機動型、長距離射撃型、地上指揮官型などがありますが、今回はそのなかのひとつ、長距離射撃型を製作しました。事の発端は、第2話で登場した長距離射撃型にひと目惚れし、いつか作ってやる!! と息巻いていたのに加え、模型仲間の現役自衛官である友人と、戦車について熱く語ったことでした。「戦車砲の発射時の反動は60tにもなるんだよ」「滑腔砲にライフリングがないのは云々……」なんて話を聞いているうちに、徐々に長距離射撃型の方向性が見えてきました。それを持って友人のグラフィックデザイナーkuratch!氏のところへ行き、イメージを伝え、具体的に絵にしてもらいました。

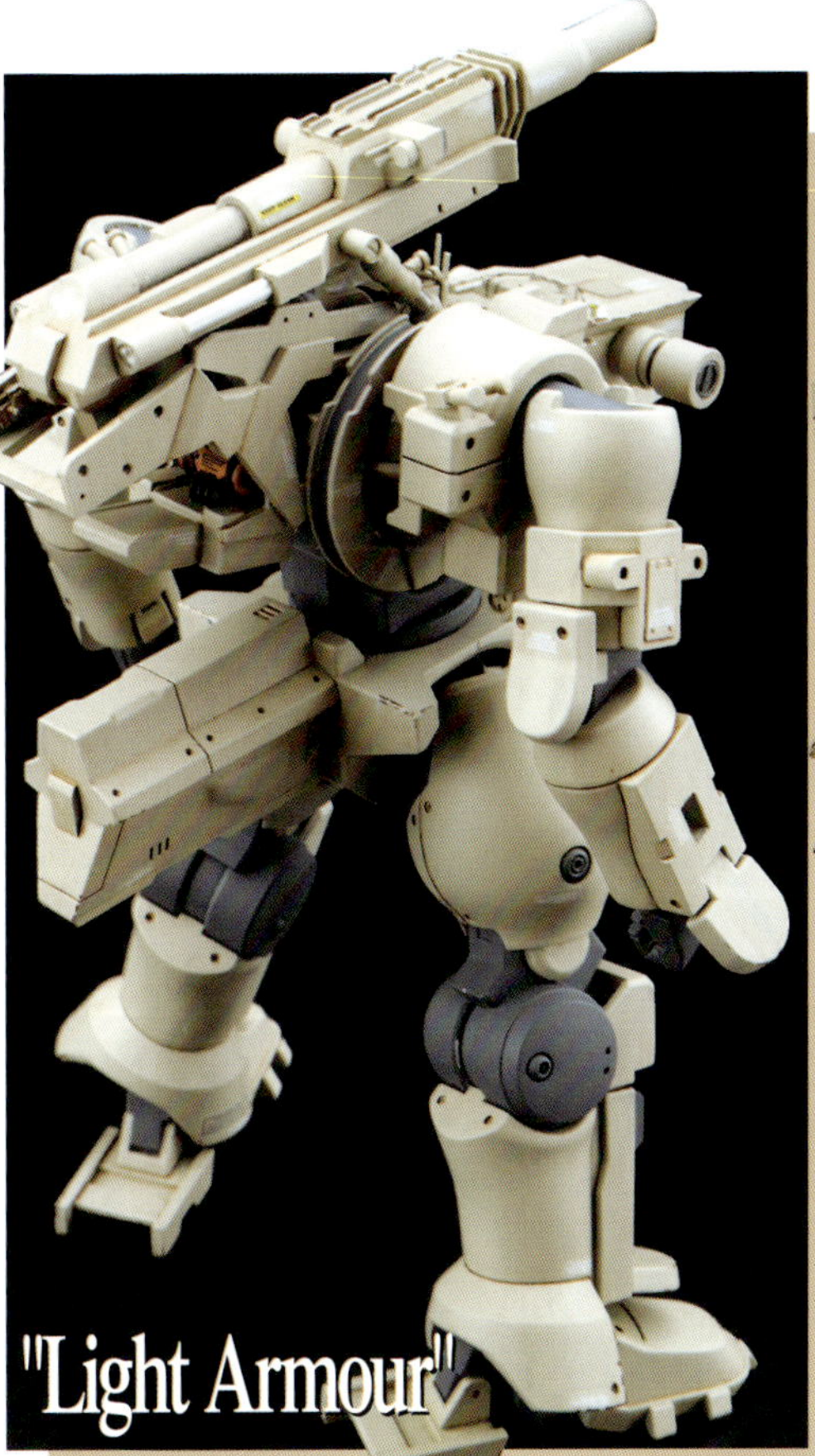

●ご覧のとおり、本体以外はマルチマテリアルでセミスクラッチビルドしている。アウトリガーには作業用ハシゴ、懸架用ハードポイント、上部に汎用ラックを配置。作戦行動によって迷彩テントや予備弾など装備できるようにしている。股間に付いているのはジャイロバランサー。ヘッドヘビーかつリアヘビーの非常にバランスの悪い機体なので、それを緩和するためのものとして追加たが、これはむしろ移動時に威力を発揮するのかもしれない

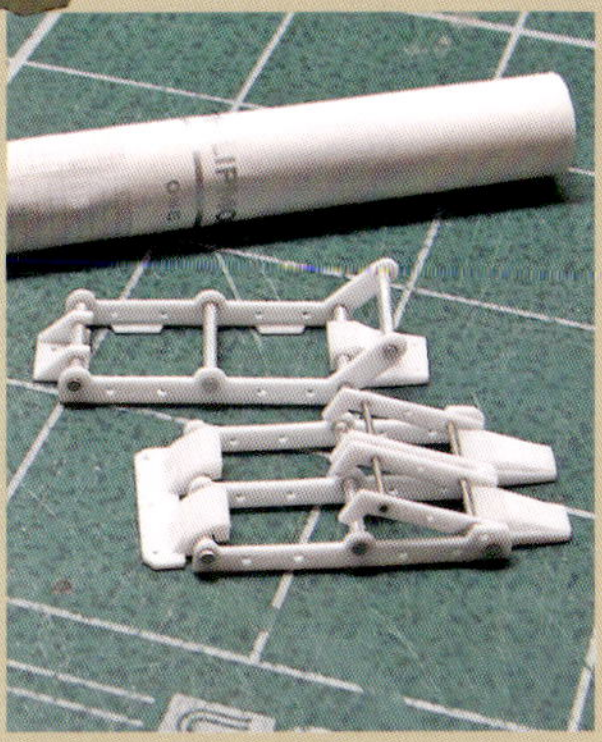

コンセプト的には、オリジナルのバリエーション機の設定ということではなく、あくまでも模型としてリアリティーを追求したらこうなるだろうという形状です。頭部を廃しそこに大砲を設置、胸部ユニットを延長して複座化、レンジファインダーを兼ねたデュアルカメラアイを設置、両足にアーマー追加、うしろにアウトリガー（接地安定装置）装備といった長距離射撃型の「記号」を盛り込みつつ現用戦車風のディテールを加え、リアルさを追求してみました。

近年までの戦車は、頑丈さよりも機動力を重視し、「当たっても大丈夫」ではなく「当たらないように逃げる」のが主流だったようですが、このティエレンは元々機動力が高くないうえに高重心なデザインですから一発撃って逃げるのは難しいだろうと思ったので、アーマー類を前面に配し多少被弾しても大丈夫な感じの形状にしました。

今回の製作に関して、デザイン的な部分についてはkuratch!氏にアドバイザー的立場で最後まで関わってもらいました。家が近所なのをいいことに何度も足を運び、全体的なバランス、各部の詳細なディテール等の相談に乗ってもらっています。

まず当初描いたイラストに沿って作り、それを叩き台に妥協なく突き詰めていき、修正、作り直しを繰り返しています。パーツによっては3度もやり直しています。最終的には2体ぶん組んでもまだ余るほどのパーツができあがりました（笑）。

頭部長滑腔砲の形状、大きさについてはかなり悩みました。何しろ本機の要ですから。自走砲等の現用車両を見る限り、大砲そのものはけっこうシンプルな作りなんですね。砲身の長さも10m前後でしょうか。これをそのまま作ったのでは余りにもあっさりしすぎている感があるので、戦車砲のディテールを加えつつ製作することに。砲身はアルミパイプを旋盤で加工しました。砲座フレームは機銃座等を参考にし、複雑かつメカっぽさを強調。リアビューに迫力を出しています。胸部ユニットは複座にする関係で前に延長されていますが、砲座フレームがかなりうしろまで張り出していますので、バランス的にちょうどよくなる長さにしてあります。また、ハッチ周りに手摺りやハシゴ、スモークディスチャージャーといった現用戦車のディテールを盛り込み、情報量を増やしています。リアに付いている多角形のパーツはパワーユニット。本来背中に付いているユニットですが、砲座とその制御装置類の配置の関係でここに持ってきました。陸戦型よりも高出力を必要とするであろう機体なので大型化が余儀なくされ、うしろに大きく張り出しています。

その下にあるのは超大型アウトリガー。砲を撃ったときの反動は前述のとおりですから、これがないと撃った瞬間にうしろにひっくり返ってしまいます。それも中途半端な大きさではきっとその衝撃に耐えられないでしょう。というわけで、「これでもかっ!!」というくらい大型化。形状もブルドーザーのうしろに付いているリッパーのような形状にし、地面にしっかりと食いつくようにしました。

胸、腕、足の各アーマーはプラ板で製作。プラ板工作の際、重要なのは単調な面構成にならないようにすること。エッジのラインや面にメリハリをつけてあげるとプラ板っぽさが軽減されます。今回は全身のほとんどのパーツがプラ板による工作だったので、いろいろな手法を盛り込んでみました。今回製作していく課程で、アーマー類を外したとき「アーマーなし状態も悪くないなぁ」と感じたので、急遽製作を決定。せっかくなので、アーマーは着脱可能なようにしています。

塗装は現用戦車を参考にしてメルカバのようなサンドイエローにしました。塗料はFOKプロダクツのアクセルSを使用しました。発色もいいし値段も手頃なのでヘビーユーザーにはお勧めです。胸アーマーにはkuratch!氏にデザインしてもらったサソリマークを配しコーションデカールは控えめにしてあります。ここまで戦車っぽくすると、当然のごとくウェザリングも必要になってきますので、うるさくならない程度にフィルタリングとチッピングを施してみました。■

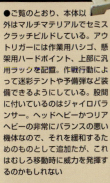

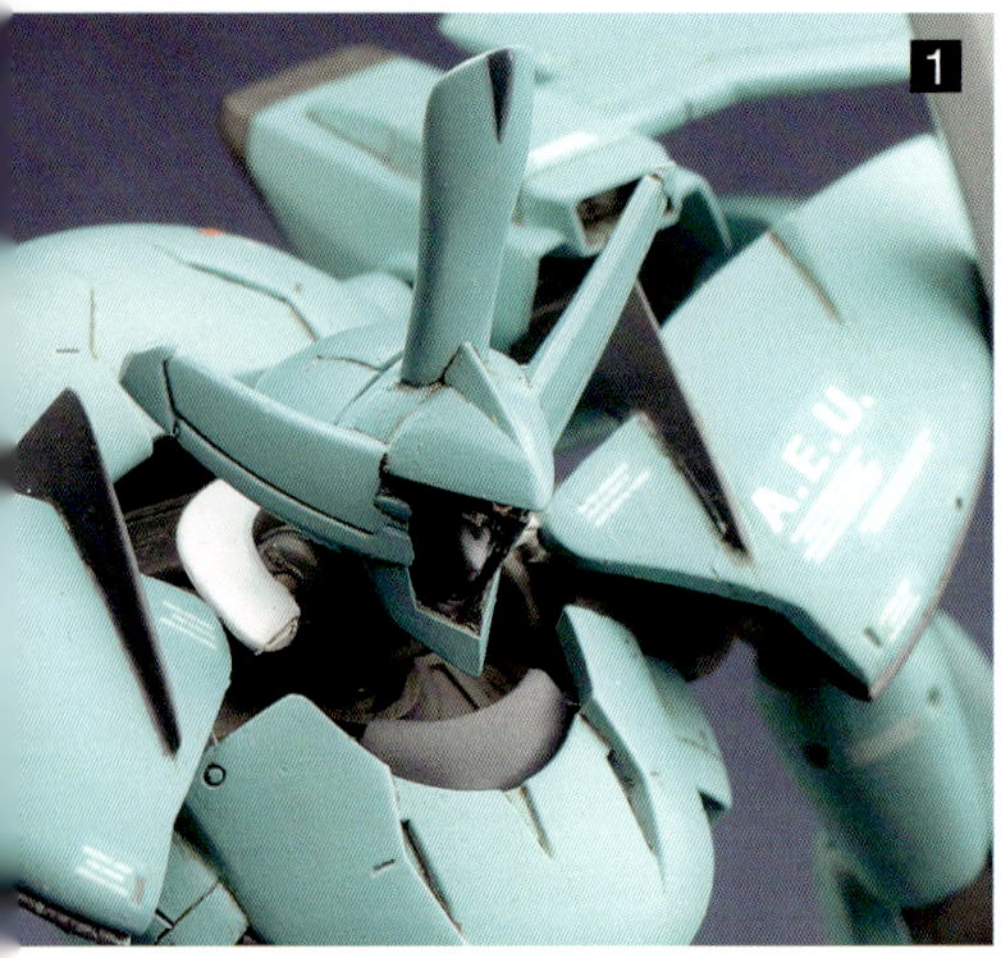


❶緻密な作業の積み重ねでキットパーツより情報量を格段に上げている上半身。肩の装甲断面のところで色を塗り分けていたり、腹部ブロックの塗り分けが多くなっていたりするのはもちろんのこと、胸の重層的な装甲の厚みを繊細にコントロールすることでイナクトの航空機らしさを演出している
❷キットではややモールドが寂しい背中のユニットには、赤いセンサー風のディテールや微妙な不連続面を作ることで面の密度感を高めている。各部にこまかく入れられた丸モールドや短いスジ彫りディテールにも注目してほしい
❸赤いセンサー風モールドは、飛行形態に変形するとディテールが集まるような箇所に追加されているのがわかる。各翼の形状もこまかく変更している

Model Graphix
2008年10月号
掲載

ソレスタルビーイング、人革連、ユニオンと各陣営のMSがHGで順次キット化され、最後発となったのがAEU勢の主力機イナクト。バリエーション展開が進んでついに第１話でその衝撃的（笑撃的？）登場を果たしたデモカラー機が発売に！　岡プロ、出番ですよ～っ！

# AEU-09 AEU ENACT -Demonstration Color-

AEU-09 AEUイナクト（デモカラー）
BANDAI SPIRITS　1/144　HGシリーズ
インジェクションプラスチックキット
発売中　税込1080円
製作・文／**岡 正信**

## ゲスト出演はヴィクトル・プガチョフ専用機!?

●上の赤い機体はHG サーシェス専用AEUイナクトカスタム（発売中　税込1050円）を飛行形態固定で製作してみたもの。キットをストレートに組んで塗装しただけなので、デモカラーの作例とじっくり比較してみてほしい。塗装のイメージソースはロシアの戦闘機、フランカーの折れ線迷彩。いわゆるスプリンターパターンだが、フェリススキームのように「への字」の連続ではなく「コの字」も見られるのが特徴だ。機体番号の「388」は超有名な某ロシア空軍パイロットへのオマージュ。上面が赤、下面が白という配色は飛行形態での見映えを最優先しているので、MS形態でどのように見えるかは想像にお任せします……。

●大きな4つの翼は前方から見たときに翼がX字になるよう軸の角度を少し傾けることで変化をつけている。リニアライフルやディフェンスロッドといった武装類にも整形や塗り分け、スジ彫りの追加などを施した
●左足側面に入った「ENACT」のマーキングは同じ2色のデカールを切り貼りしている。関節や武装などに使用したグレーの微妙なトーンの違い、各部のツヤの違いにも注目。配色を大きく変えずともトーンやツヤに変化をつけるだけでも質感や色味が格段に増えたように見せることができる

### ◆待ちきれへんって

もうすぐセカンドシーズンへ突入する『機動戦士ガンダムOO』。プライベートでもモリモリ作って遊びたおしていますが、なんか足らへんと思ったらイナクトがおらんがな！　ということで、今回はエッジをシャープにしたりスジ彫りを彫り直したりとこまかいところの工作を中心に、デモカラー仕様イナクトを作ってみました。

### ◆MSとしての工作ポイント

頭部の特徴的な耳とトサカのフチを裏から削り込み。片目のセンサー素子は黄色いデカールを切って表現すると簡単です。

上半身のパーツ、A26とC11／12は強度を考えるとしっかり接着したほうがよさそうです。肩アーマーとの接続は2㎜径のスプリングを使用。股間軸の先端は市販アフターパーツで塞いでいます。

上腕部は設定画を見るとヒジ関節まで一体成型ですが、模型映えを鑑みて一度上下に切り分けて入り組んだ感じに。そして、無表情なロボに豊かな表情をつけるのに欠かせないのが手首です。この手首は付属する平手パーツと握り手パーツを組み合わせしっかりと握った表情に改造してみました。

脚部は少ないパーツながら完成度が高いので、アキレス腱につくフィンを小型化して美しいラインを強調しています。

また、各部に見られる赤いスリット状のディテールは、人型のときは配置が拡散されるように、飛行形態では集中して配置されるように位置を考えています。

### ◆翼と機首は大事やで

背中に位置する主翼の基部は強度を感じさせる形状に加工。各翼は翼断面になるよう削り、スジ彫りの太さにメリハリをつけています。また、MS形態時でも本体が翼のボリュームに負けないよう、背中と腰の各翼とも約4㎜短縮しています。飛行形態時に機首となるリニアライフルは銃口をプラスチック材で再現。ディフェンスロッドは裏側が大きく肉抜きされているので埋めておくとよいでしょう。■

ついに放映開始となった『機動戦士ガンダム00』セカンドシーズン。トップバッターとして登場したのはアロウズの主力MS、GN-XⅢでした。さっそくキット化されたGN-XⅢですが、秀作であるHGジンクスのバリエーションキットということもあって完成度は折り紙付き。竹本浩二氏による作例は設定のカラーリングを踏襲しつつ、さまざまな質感を織り交ぜた金属塗装で充実度全開となっております。

# 第1話で鮮烈な登場を果たした槍兵ジンクスⅢを金属塗装で仕上げる!

●キットはHGジンクスのバリエーションに相当し、腰サイドのユニットや胸のユニット、武装などが新規パーツとなっている。その悪役然とした独特のプロポーションは実際に手に取ってみるとなかなか魅力的で、可動するユニットの多さもあいまってポーズによって多彩な表情を見せるのが楽しい
●脚のギザギザ模様はマスキングで塗装。まず模様をAdobe Illustratorで描き、クリアーシートに印刷。これをガイドとしてマスキングテープ上に貼り付け、切り出して使用した。胸のレンズ状のパーツは裏面にパールホワイトを塗装し、暖色系からあえて外して目立たせている。こうした円状のマスキングはテープだと切り出しが難しいので、マスキングゾルを使用した

### ◆セカンドシーズン、スタート!

待望の放映開始となった『機動戦士ガンダム00』セカンドシーズンですが、ファーストシーズン終盤の高いテンションのままスタートしたため第1話から戦闘シーンがすばらしいったらありゃしない。で、いきなり鮮烈なデビューとなったジンクスⅢは初代ジンクスにも負けない活躍をしていました。……いや、でもアヘッドがめっちゃ強かった印象も……。

地球連邦政府の独立治安維持部隊としてのアロウズ、相対する反政府組織カタロンという図式にソレスタルビーイングがどう関わっていくのか、そしてリボンズの思惑は? と、興味が尽きません。MSを見てみると、アロウズは疑似GNドライブ搭載機で機体色は赤、対するカタロンは旧式のMS群(ファーストシーズンのものが引き継がれているのがうれしい!)で機体色は青と視覚的にもわかりやすいです。

### ◆キット内容をチェック

さて、ルイスが乗っていてビックリのジンクスⅢのキットレビューです。キットは名キットであるジンクスをベースにしたバリエーションキット。そのせいもあるのか、色分けが設定どおりにならない部分があるので、ぜひとも塗装して仕上げましょう。

新規に付属するランスは、柄の伸縮機構が再現されていてショートバレルながらジンクスのライフルも付属するのでプレイバリューが高いです。組み立てに関しては顔とランスの先端部のみあとハメ加工が必要なくらいで、あとは組んでからの塗装が可能です。今回のレビューではほとんどストレートで、エッジとプラの厚みの調整だけです。部分的に一体パーツとなっているところが別パーツに見えるよう深いスジ彫りを入れています。使用した工具はおなじみBMCタガネです。この加工は手軽に密度感アップにつながるのでオススメです。

### ◆塗装について

以前製作したジンクスがメタリック主体の塗装だったので、そこからのバージョン

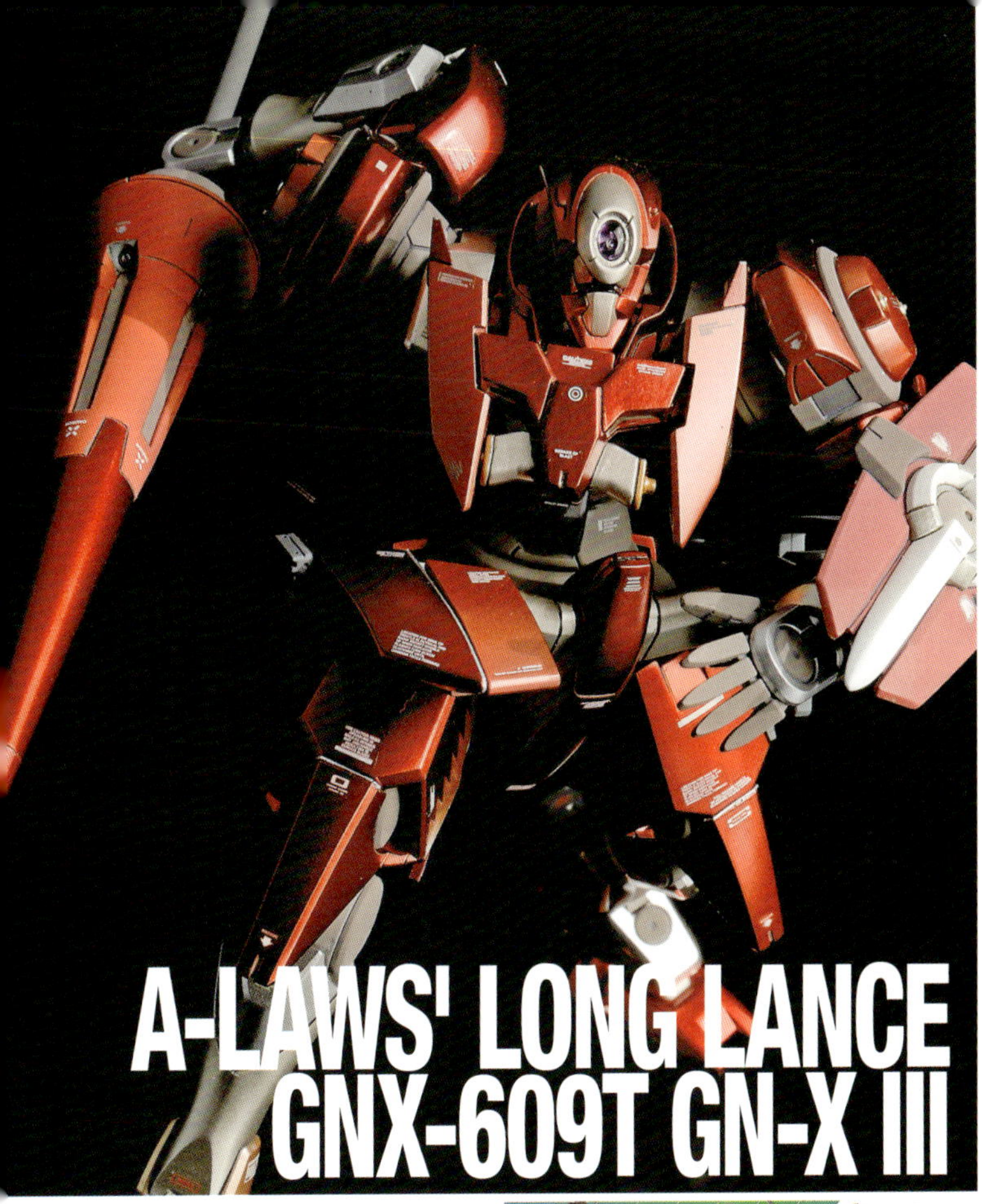

# A-LAWS' LONG LANCE GNX-609T GN-X III

GNX609T ジンクスⅢ（アロウズ型）
BANDAI SPIRITS　1/144
HGシリーズ
インジェクションプラスチックキット
発売中　税込1296円
製作・文／竹本浩二

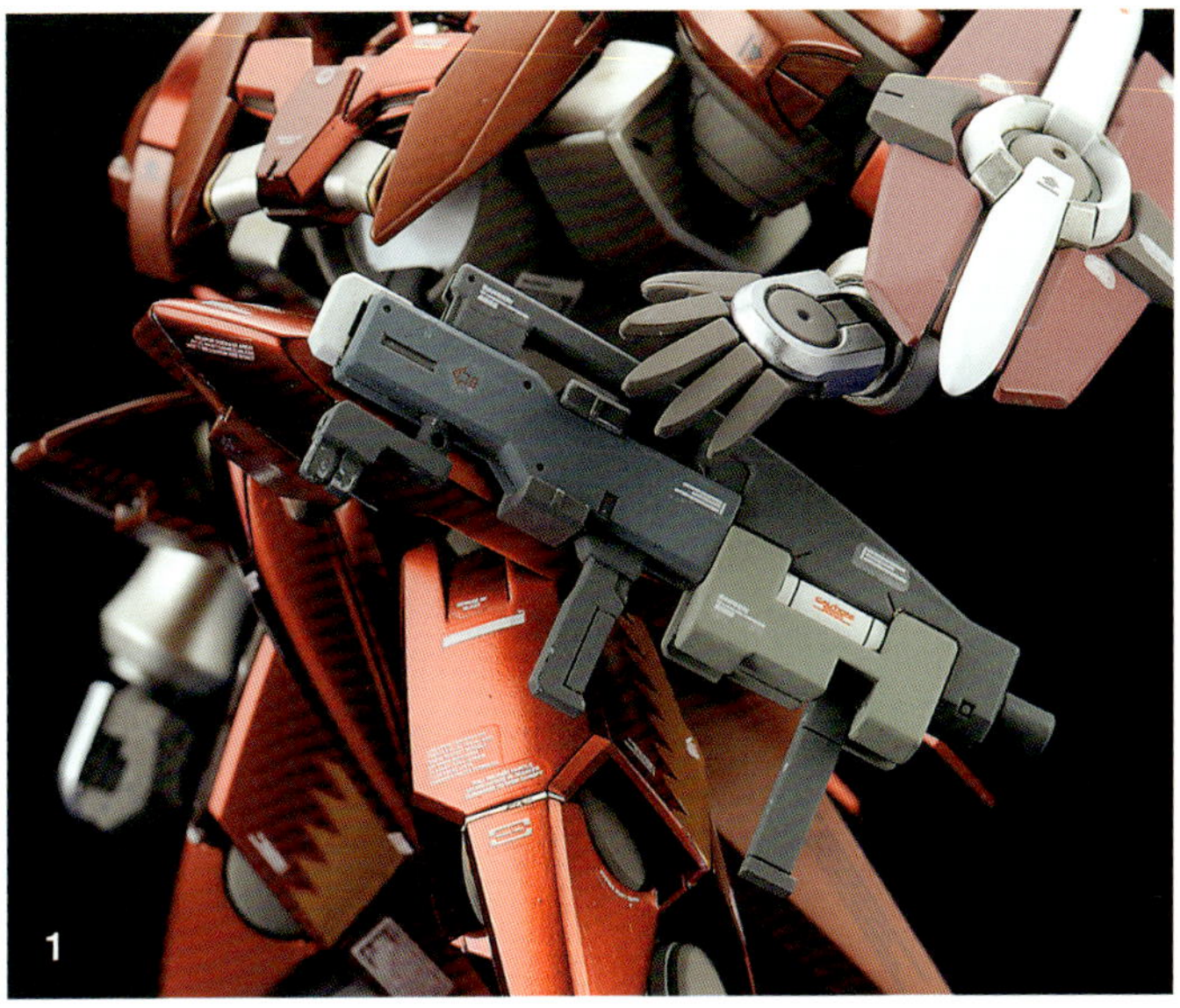
1

## 1/144 HG GN-X III A-LAWS TYPE

**1** 腰サイドのユニット、太もも前のアーマー、ヒザアーマーのパーツの境目には0.3㎜のミゾを掘り、そこにプラストラクトの0.3㎜プラ棒をシルバーで塗装したラインを接着、アクセントとしている。左腰のスタビライザーにはライフルを固定するためのパーツが付属するが、右側には平行に2つ穴が開いているだけなのでプラ材でラッチ状のパーツを自作して取り付けた。ライフルはあえて完全なツヤ消しで仕上げ、本体とのコントラストを演出している

**2** 顔エリ周りのプラの厚みが気になったので薄く削り込んでいる。胸のスタビライザー状パーツは上から見ると接続部が丸見えでになってしまうので、プラ板でフタをしている

**3** ランスは中央部にスジ彫りを追加してそこで境目に前後で塗り分け。ともにメタリックレッドだがツヤを変えている。ビーム発射口は開口してディテールアップパーツを接着した。武装、シールドなども塗り分けやマーキングを積極的に施すと有効なアクセントになる

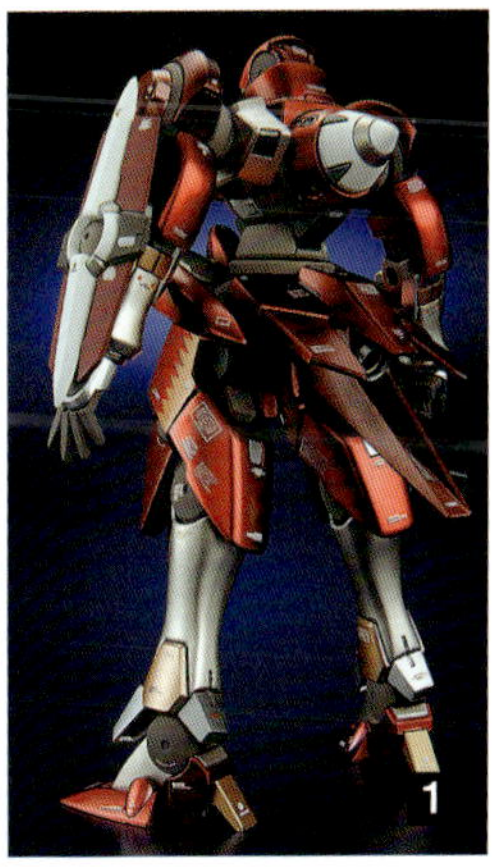
1

2

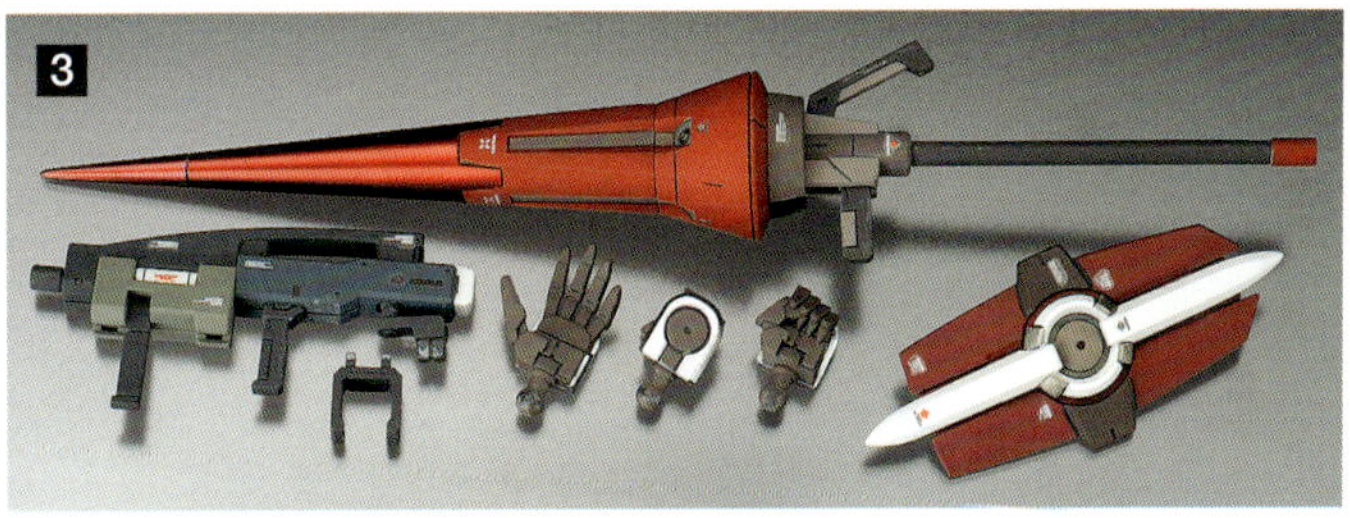
3

## ところでGN-XⅢってどんな機体なの？

『機動戦士ガンダム00』ファーストシーズン終盤で国連軍の最新鋭主力機として大挙登場したGN-X（右側）。GN-XⅢはそのアップデート型なのだが、ファーストシーズンで描かれた時代から4年後にあたるセカンドシーズンの劇中ではアヘッドなどの最新鋭機にやや劣る性能を見せている。シーンによってはアヘッドを小隊長機としてGN-XⅢ×2機の3機編隊で出撃しているので、とりあえず2個買いをオススメ。そして次回作であるHGアヘッドも揃えよう！

アップということを踏まえ、今回もメタリック主体の塗装としています。

シルバーは機体のレッドに合わせるように暖色系のチタンシルバーを中心に使用しました。メタリックレッドはシルバーを下地としてその上からクリアーレッドで色をつけています。すべての部分が同じ調子のメタリックレッドだと重たい雰囲気になってしまうので、上に重ねるクリアーレッドは色とツヤを調整して3色用意しました。これに加え、部分的に大きく調子を変えるためにパールカラーを使用しています。こうした塗り分けはそれだけ工程が増えますが、小スケールになればなるほど凝縮感が出て有効な方法だと思います。

各部フレームもシルバー同様に赤い外装部との調和を考えてブラウングレーをベースとして少量レッドブラウンを加え、ほんの少し赤みを足しています。

ライフルの塗装にはレッドの補色であるグリーン系を数色使用して、互いの色を引き立てるようにしています。

色がこれだけあるとマスキングがたいへんだと思われるかもしれませんが、マスキング材の使い方やマスキングテープの切り出しひとつでとても楽になります。例えば手の甲や足首アーマーなどにある丸い部分などは同径のポンチで打ち出したマスキングテープを使うととても簡単にできます。また、マスキングゾルを要所要所で効果的に使ってやるとマスキングが楽になります。ただし、マスキングゾルは数回に分けて塗って厚みを持たせるように意識しないと塗り漏らしや破れといったトラブルにつながるので注意しましょう。

マーキングは大判のものを多数使用してちょっと派手めにしました。使用したデカールは「ベルテクス」のコーションデカールをメインにガンダムデカール、ハイキューパーツのデカールなどを織り交ぜて使用しています。とくに「ベルテクス」のコーションデカールは同じデザインのものが複数枚入っているのでとても使い勝手がよくオススメです。仕上げはフレームはツヤ消し、メタリックは半ツヤにしています。■

◀作例ではディテールではなく"面"にこだわり、プロポーションの変更もいっさいしていない。各パーツの面構成をていねいに整えることでていねいにメリハリを強調していったが、エッジや曲面をはっきりとさせるだけでもこれだけシャープな印象に変えることができる

GNX-704T アヘッド量産型
BANDAI SPIRITS　1/144
HGシリーズ
インジェクションプラスチックキット
発売中 税込1296円
製作・文／**竹本浩二**

**ついに放映開始された『機動戦士ガンダム00』セカンドシーズン第1話、まったく説明なしに登場した赤いMS、そしてそれに対するは4年前の傷も生々しい隻腕のガンダムエクシアであった……これを模型で再現せずして何とする！　というわけで、その赤いMS、HGアヘッドを作例レビュー。**

**◆はじめに**

『機動戦士ガンダムOO』セカンドシーズンで大活躍中のアヘッドが早々とHG化されました。個人の専用機が何タイプかあるなか、まずは一般兵用機がリリースです。バリエーション機であるブシドー専用アヘッドも楽しみですね。劇中では独特のシルエットでスピード感あふれる動きを披露してくれています。とくに第1話でエクシアを圧倒した姿は印象的でした。

気になるキット内容ですが、特異な形状がよく再現されています。一見可動範囲が狭そうに見えますが、そこは最新キット。可動部にさまざまなアイディアが盛り込まれておりよく動きます。両胸アーマーは肩関節と連動して動く方式（ジンクスと同じもの）が採用されており、ライフルの構えがカッコよく決まります。太ももにも1軸関節が追加されているので横ロールにも対応しています。おもしろいのが首関節。いままでのキットの方式だとボールジョイントが上方に来ていますが、アヘッドではそれを天地逆に使用して下方にボールジョイントを持ってくることで可動範囲を広げています。オマケのオートマトンもこまかいモールドまで入っていて再現度が高いです。

**◆製作**

ストレート組みでも充分カッコよい出来ですが、各パーツのライン構成が曲面なのか平面なのかはっきりしないところが気になったので、その点に注目してライン構成を整える工作をしています。今回の製作ではパテでラインを変えるのではなく、削り込みでラインを変えています。大幅に削り込むところにはパテで裏打ちをしましょう。そうしないと穴が開いてしまって修整に手間がかかってしまいます。

頭部は巧みなパーツ分割で合わせ目がほとんど存在しません。唯一あるのが両側面のラインですが、ここは段落ちラインとして処理しました。あとアゴの形状修整だけエポキシパテを使用しています。

胴体は前後分割。両脇のラインは元から段落ちとなっていますが、上部のラインは

# GNX-704T AHEAD

●胸の「ひ」の字形のスリットの周囲にスジ彫りを入れ、のっぺりした感じを緩和した。内部パーツにパールホワイト、クリアーパーツにクリアーオレンジを軽く吹きつけている

●背面のフィンは端から2㎜くらいの幅で斜めに削り、薄く加工した
●シールドは角を落として滑らかなラインに変更。上部にホワイトのラインを入れワンポイントとしている

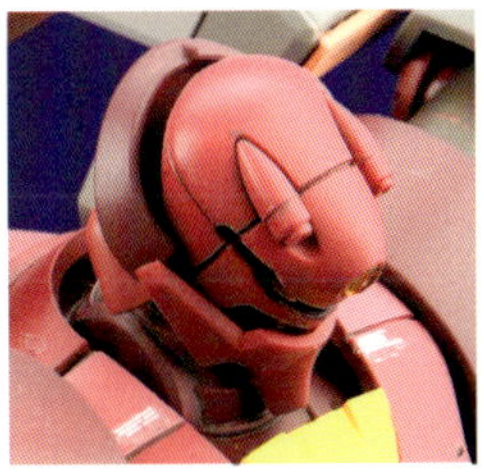

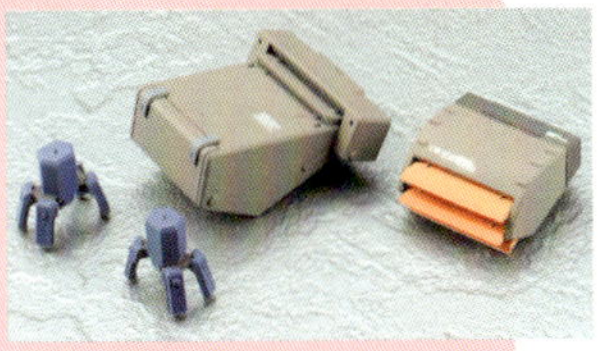

▲腰部背面のユニットは第1話で使用したオートマトン搭載コンテナに付け替え可能。もちろんオートマトンも2体付属する。左の設定画を参考にディテール工作してみよう！

普通に合わせ目なのでこちらも段落ちとしました。下腹部は山形のライン構成になっているところを曲面に削り込むと同時に、下部のラインを円弧状にし、全体に丸みを帯びたように形状修整しています。

肩アーマーは全体に丸っこいラインなので、メリハリをつけるべく上面は平面にして両端にエッジを出しました。断面もデザインナイフのカンナがけで鋭角になるように。肩は角張ったところと曲面がそれぞれ一体となっているので、ここは思い切って角を削り落としてなめらかな曲線になるように整形しています。まずデザインナイフで削り、スポンジヤスリの目の荒いものから順に目のこまかいものへと変えて整形するとキズが目立たなくなります。

太ももは面が広いのでポイントになります。左右割りの部品分割でなおかつヒザ関節が挟み込みなので、ヒザ関節を先に塗装してから合わせ目処理後のマスキング塗装をオススメします。作例では分割位置を変えてあとから関節をはめ込む方式にしていますが、おそらくマスキングのほうが強度面から見ても作業量から見ても有利だと思います。側面とうしろの面は平面出しを行なっています。スネは前後の分割ですが、前面のパーツは山形の面構成なのでこちらもなめらかな曲面になるようにひたすらデザインナイフのカンナがけとスポンジヤスリによる整形を行なっています。

ヒザとスネとのあいだに逆エッジがありますがここは一体パーツと解釈してなめらかに整形します。スネと足首カバーにスジ彫りを入れて別パーツ感を強調しています。

### ◆塗装

基本となるレッドはマルーンとレッド、レッドブラウン、それにパープルをほんの少し入れやや紫がかった色としました。これにライトグレーを混ぜた色、マホガニーを混ぜた色と3種用意して塗り分けます。フレームと背部のユニットはウッドブラウン＋ニュートラルグレーにグレーを数種類混ぜて濃淡数種類のブラウングレーを作り、場所によって使い分けています。■

GNZ-003 ガデッサ
BANDAI SPIRITS
1/144　HGシリーズ
インジェクションプラスチックキット
発売中　税込1620円
製作・文／**小林祐介**

Model Graphix
2009年3月号
掲載

**ようやくHGシリーズで『00』セカンドシーズンのガンダム4機がそろい踏み……というところで、彼らを上回る性能を発揮して見せたガデッサもキット化レースに殴り込み！その完成度はかなりのもので、これはもうすぐ作るしかありません。というわけで小林祐介氏が速攻作例レビュー！**

# GNZ-003 GADESSA
# TO REVIVE THE WORLD

1


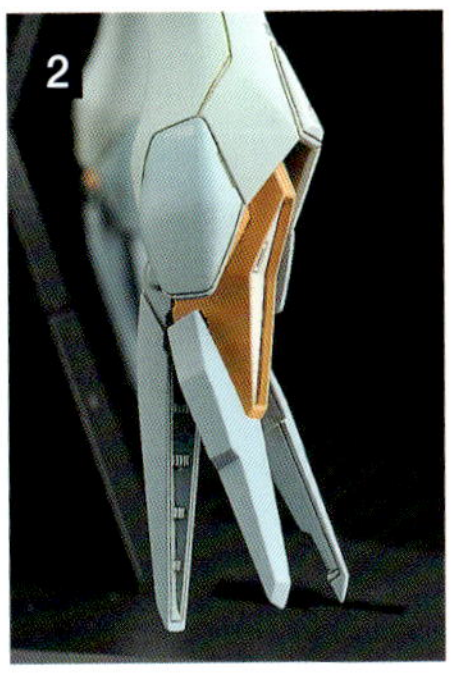
2

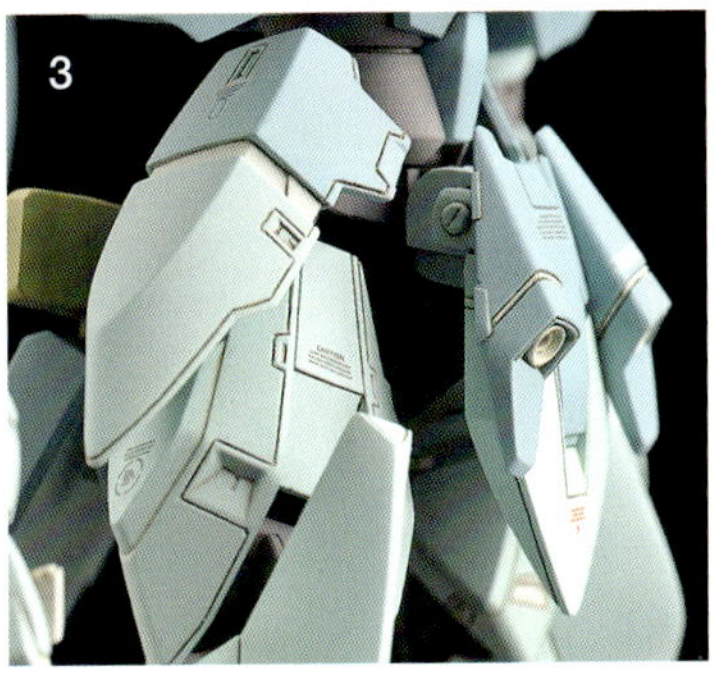
3

●それまでのMSデザインとは明らかに一線を画す細身かつグラマラスなスタイルが不気味な魅力を放つガデッサ。HGキットはこのデザインを抑えたパーツ数で再現できるよう大変よく考えられた構成になっており、シリーズ屈指の完成度となっている
1注目すべきは背面や肩に見られる丸形ノズル。金型の抜き方向をはじめとした制約によってきれいな円をモールドするのは難しいのだが、このHGガデッサではどこをとっても面に対して鉛直にきれいな丸モールドが刻まれている。改造要らずのまさに「雑誌作例モデラー泣かせ」な完成度。塗りわけるだけでも充分な仕上がりとなる
2飛行姿勢がデフォルトのこの機体、つま先は差し替えで着地姿勢を再現できる
3パーツ形状はほぼそのまま、スジ彫りやディテールの追加がとても効果的に見える

## イノベイターの駆る新型モビルスーツ HGガデッサはこんなとこがスゴい

●いまのところまったく正体不明な「イノベイター」という存在。彼らの駆るMSは強大なパワーで各陣営のパイロットを翻弄する。写真はHGガデッサとHGダブルオーガンダムを並べたものだが、その体躯はひと回り大きく、デザインラインも他の陣営に所属するどのモビルスーツにも似つかず、デザイン的な共通点を持たないのが特徴だ。HGはそのスタイルを余すところなく再現しており、対称な形状のパーツをうまく駆使しながら武装や脚部の展開ギミックなども設定そのままに立体化している。背面のブースターやコンテナは機体のシルエットに変化をつけており、広い可動範囲は多彩なアクションに対応している。ブリング・スタビリティの駆るガラッゾには共通する意匠が多く見られ、どのような意味があるのか興味深いところだ

# BANDAI SPIRITS HG 1/144 GNZ-003 GADESSA

▶独特な形状の頭部だが、パズルのような分割になっており、たった4点のパーツで構成されている。左右のフィンやフェイスをシャープに整形し、きれいに塗りわけるだけでも満足できる仕上がりになるだろう。ユニットが隙間を確保しながら組み合わさったような構造の胴体もじつによく再現されている

◀▲小林氏ならではのエッジ工作が炸裂した腰回りの装甲。装甲のフチや断面にスジ彫りを入れ、そこに明るい色を塗装することで情報量を増している。背面のブースタは左右のユニットが展開するギミックを再現。ペールグリーンの機体に赤いマーキングが映えている

▼GNランチャーは設定どおり開閉ギミックが再現されているが、固定する機構を持たないため均等に開いた状態を保持しづらい。中間にリング状のパーツを追加してこれに対処した

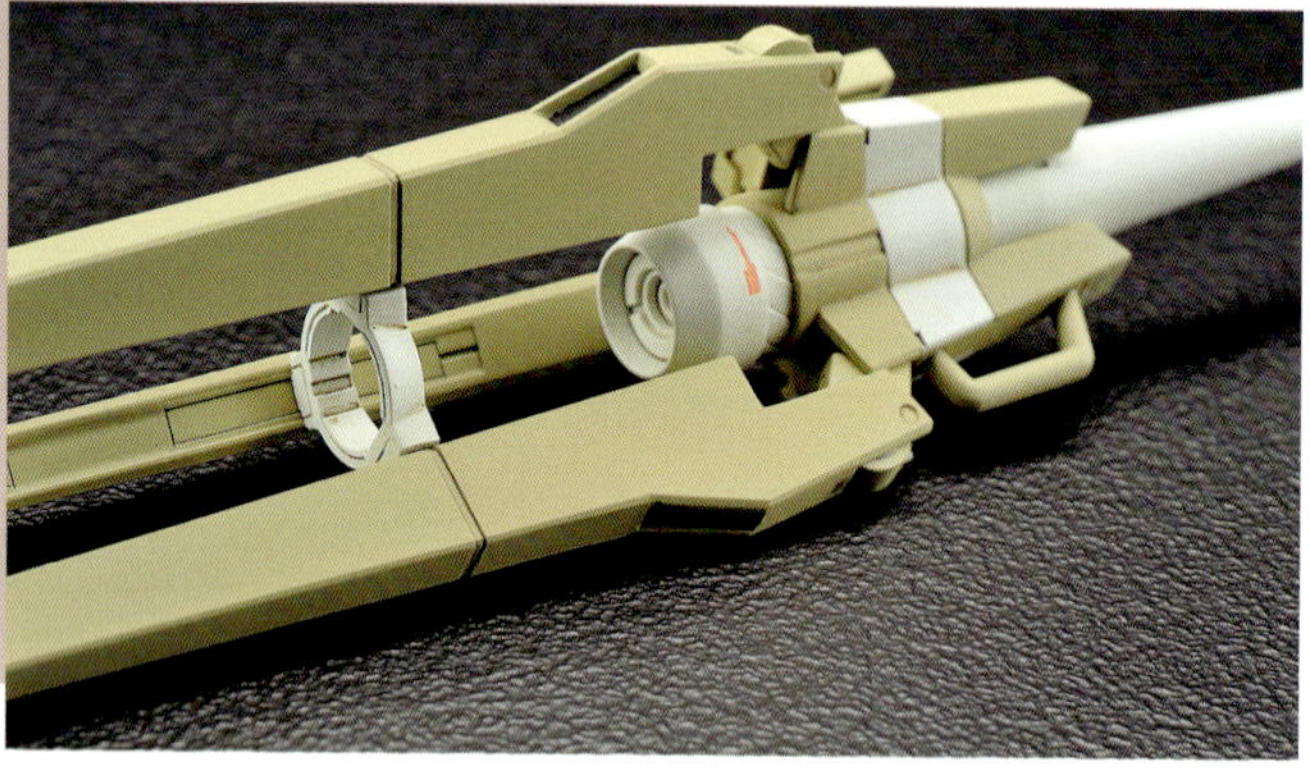

**◆キットについて**

イノベイター専用機として鳴り物入りで登場したガデッサおよびガラッゾ。ソレスタルビーイングやAEU、人革連といったいままでのどの陣営のMSとも異なるデザインラインで、機体の持つ特殊性を雄弁に物語っています。キットはこうした機体の特徴をよく捉えており、とても完成度の高いものとなっています。

**◆本体の工作**

頭部は、少ないパーツ点数ながら、独特の形状を余すことなく再現しています。額から伸びる短いツノのうしろ側の肉抜き穴が、背後から見るとちょっと気になりますので、埋めるなりしてもよいでしょう。

胴体は小さく細身でありつつ、可動、色分けともによく考えられた設計で、サクサク作り進められます。

気になる点としては、ワキの下の装甲やスカートの裏側といった箇所が挙げられます。脇の下の装甲裏はダボを切り飛ばし(胴体側にも固定用の溝があるので削っても大丈夫です)、前後スカートの裏側はパテ埋めすると、見た目の印象もよくなります。

背中の動力部は、脱着機構こそ省略されているものの、いままでのキットでは挟み込みだった可動部がすべてポリキャップ内蔵になっていますので、後ハメ加工することなく塗装しながら組み立てられます。胴体との接続パーツが肉抜きされていますので、プラ板でフタをするなりしてもよいと思います。作例では穴を埋めるのではなく、フチの厚みを削って全体を均一にすることで見た目を整えています。

肩は大きな球形パーツを2個連結という斬新な作りで、ボリューム、可動域ともに文句なしの仕上がりです。

肩アーマー下側の周りこみ部分の取付ダボは、あらかじめ削っておけば見栄えが少しよくなります。ヒジの赤色部分は説明書でははさみ込みになっていますが、少し削ることでヒジのほうから塗装後に差し込めますので試して見てください。

手首は左の平手の出来がとくにすばらしいですね。右の握り手も左に合わせて厚みを抑えるようにし、指側面を削って指らしい形状に彫刻してみました。

脚は一見HGのオーソドックスな作りのように見えますが、付け根部分に横ロールがあるおかげで、何の工作も加えなくても幅広いポージングが可能です。

たたんだ状態(=飛行姿勢)がデフォルトであるらしい足首は、足裏に肉抜き穴が開いているのでひと工夫したいところ。作例では足首にはランディングギア以上の機能は最初からないと解釈し、スジ彫りを加えてあえてスキマ感を強調しています。

**◆武装の工作**

ガデッサ唯一の火力にして最大の特徴であるGNメガランチャーは、三つ叉の可動部のみ挟み込み構造になっています(砲身を一部分割することで塗装後組み立てへの変更は可能なようです)。こうした仕様はプラスチックの成形品である以上仕方のないことですが、砲身を展開した状態ではなかなかきれいに固定しづらいです。そこで、設定にはありませんが、砲身を支えるリング状の治具をキットのパーツから切り出して作り、開いた砲身の内側に取り付けることで対処してみました。

ランチャーを懸架するためのラック(兼コンテナラック)がお尻に装着されますが、バリエーション機用の接続らしきものもありましたので、作例ではその部分は切断して小型化させています。

**◆塗装について**

薄い緑色主体という、まるでリボンズの服の色を連想させるように独特な色味がガデッサの持ち味ですが、気になるのは各部の濃い赤色(えんじ色)。基本的に緑地に赤というのは調和のとれない配色(設定的にわざと狙っている可能性もありますが)なので、本作例では妥協案として赤の部分にオレンジを塗装してみました。

ここに限らず、全体の色味的にも濃すぎず薄すぎず、という調色のバランスを見つけるのに苦労する機体でした。■

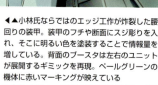

# VERITABLE POWER OF ARIOS TURNS OUT NOW!

かつて互いに苦悩しながらも敵として相まみえたアレルヤ・ハプティズムとソーマ・ピーリス。運命はやがてふたりを引き寄せ、アレルヤとマリーとして共に力を合わせるよう導いた……ってなドラマをメカで再現できてしまうのが『00』のドラマ作りの妙、メカデザインがうまいところなんだなぁ。つーことで、GNアーチャーを作るのだ！

GNR-101A GNアーチャー
BANDAI SPIRITS　1/144 HGシリーズ
インジェクションプラスチックキット
発売中　税込1260円
GN-007 アリオスガンダム
バンダイ　1/144 HGシリーズ
インジェクションプラスチックキット
発売中　税込1575円
製作・文／**有澤浩道**

Model Graphix
2009年3月号
掲載

# GNR-101A GN-ARCHER

◀背面に背負った無骨なブースターが特徴的だが、MS本体は女性的なフォルムをもつGNアーチャー。キットは少ないパーツ数で曲線と直線の入り交じるラインをうまく再現しており、変形に伴う可動機構と相まってポージングの幅も広い。作例では股関節の幅を縮めたり足首関節の取り付け方法を変更するなどしているためやや可動範囲が狭くなっているが、やはり女性型MSに大股開きは似合わない……ってことで、こういう方向の改造もアリ、でしょ？
▶腰アーマー背面のラッチに固定されているブースターを取り外した状態の姿がこちら。中央のスタビライザー状の赤いユニットが上方に展開することで飛行姿勢時の機首となる
▼飛行姿勢を下面から見た状態。スタンド接続用のアダプターは各形態に合わせて用意される

# 小粒でもピリリと辛いアリオスの支援機

●アリオスガンダムの支援マシンとしてラグランジュ3のファクトリーで開発された新生ソレスタルビーイングの新装備。もとは第三世代ガンダムとして開発された機体の一機だったが、制式採用に至らなかったものを支援機として完成させたのがこのGNアーチャー。太陽炉を持たない代わりに大型のGNコンデンサーを搭載し、合体したアリオスガンダムから供給されるGN粒子で稼働する。開発コンセプトはガンダムキュリオスに装備されていたテールブースターの延長線上にあるため、GNミサイルが搭載されているなど似通った点も多い。キットは単独での飛行形態からMS形態への変形はもちろん、アダプターとなるパーツを使用してアリオスガンダムとドッキングした状態も再現可能。別売りのHGアリオスガンダムに付属するスタンドを使用することで飛行姿勢でのディスプレイにも対応している

### ◆やっぱり変形するってスバラシイ！

アリオスガンダムと合体するサポートメカ、HG GNアーチャーです。本編に登場し始めたときにもチラッチラッと脚が見えたのでMSへの変形を予想した方も多いと思いますが、ついにベールを脱ぎましたね。作業中にはパイロットや機体特性など謎の部分だらけでしたが、今後の大活躍を期待して製作といきましょう。

### ◆MSの製作

頭部はすばらしい分割なので、無理に後ハメ加工せず、センサーブロックの接合面を斜めに削り凹ディテールにしました。おでこのフィン、ポニーテールのようなアンテナともに薄くシャープに整形。肩のフロートは上腕との隙間が気になったので内側に0・5㎜プラ板を貼りました。ヒジ関節は肉抜き穴をエポキシパテで埋めています。

股関節は広がり過ぎでポリパーツがまる見えなのを軽減するため1㎜短縮し、1・5㎜真ちゅう線で補強した上でバーニアの輪切りを被せて見映えをよくしました。脚部はヒザ関節を挟み込む構成なので塗装の便を考え後ハメ加工。スネ側にT字のポリキャップを仕込み、ヒザ関節は下部を切り欠いてあります。同時に肉抜き穴の処理もできるので一石二鳥です。スネの羽も少々厚いので、先端が薄くなるよう加工しました。足首関節は後方から見るとボールジョイントが剥き出しなので前後上下を逆さに取り付け。横方向への可動範囲は狭くなりますが、大股開きで格闘戦を行なうMSには見えないのでスタイルを優先しました。

### ◆機首／ブースターの製作

いちばんの見どころであるキャノピーはクリアーパーツ化しました。まずパーツ内部にグリスを塗って離型処理をし、エポキシパテを詰めます。硬化したらパテ部分を外して整形、＃320から番手を上げていき、＃1200までサンドペーパーをかけてサーフェイサーを吹き、表面を凹凸にないツルツル状態にします。これを原型にして塩ビ板をヒートプレスしました。原型は

●アリオスガンダムとGNアーチャーが合体した状態はアーチャーアリオスと呼称される。キットではHGアリオスガンダム（別売り）との合体ギミックを再現している。接続にはかなり長大なアダプターパーツが用意されており、各所のダボをしっかりとはめてやればしっかりとした剛性感のある合体が楽しめる。今回撮影に使用したアリオスガンダムは本誌先月号で同じく有澤氏が作例として製作したもの。GNアーチャーのブースター先端部をオレンジのグラデーションで仕上げて統一感を演出

# GN-007+GNR-101A ARCHER ARIOS

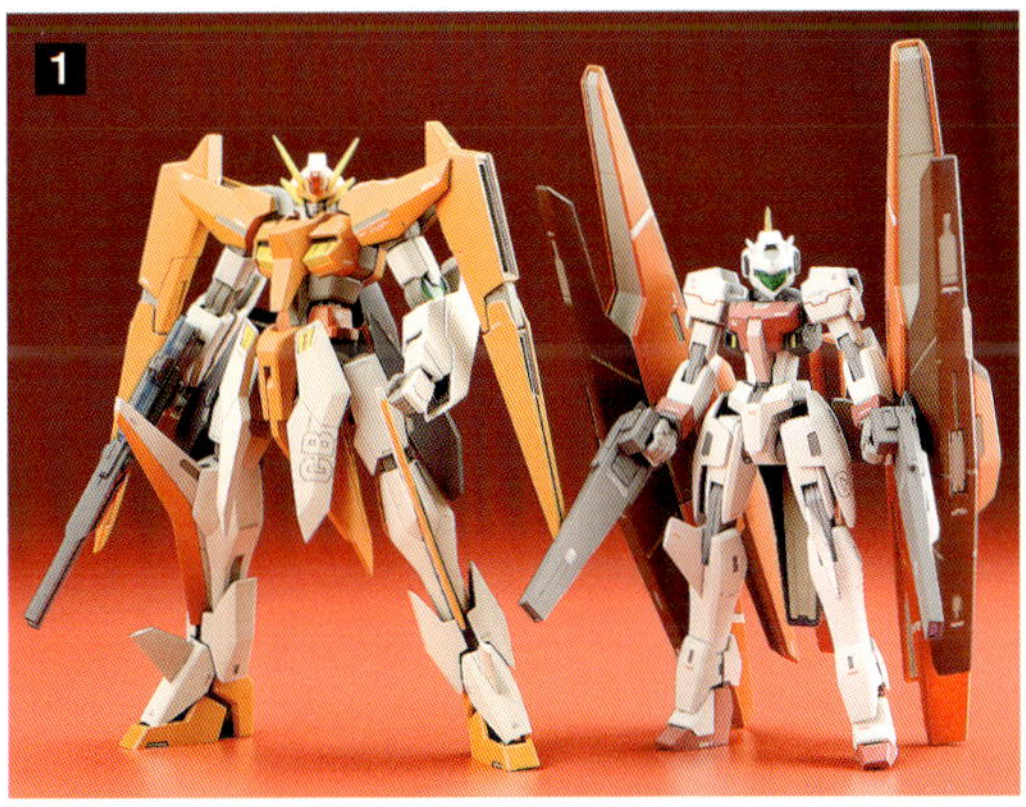

1アリオスガンダムとGNアーチャーを並べてみれば一目瞭然。標準的なガンダムに比べて二回りほど小さな体躯であることが分かる
2クリアーグリーンで成形されたバイザーの下にはこんなディテールが隠されている。本機がガンダムとして開発されていた機体であることの名残が演出されている、というワケ
3GNミサイル発射口のハッチはディテールを深く掘り直してスジ彫りにニュートラルグレーを流し込んでいる。腕に自信がある方は開放状態を再現すると模型に動きが出せるだろう
4ポニーテール状のアンテナなどチャームポイントは多いので、配色に気をつけたいところ

## 合体変形なんでもござれ!

今回紹介しているGNアーチャーだけでなく、『OO』セカンドシーズンの登場メカは、ズバリ合体変形の妙味が魅力。各機体の意匠もそれなりに揃えられているため、各キットのさまざまなユニットを組み合わせて改造し、自分だけの強化パーツを作ってみるのも楽しいはずだ。っていうか、誰か作ってみませんか〜？

▶GNアーチャーのバックパックはキット付属のパーツを介してダブルオーガンダムとの合体も可能。じつはこれ、設定にはないギミックなんです!

その後ディテールを彫り込んでセンサーを想定した内部メカにしました。バルカンは立体感に乏しいので削り取ってＨｉＱパーツ製の金属パーツに変えました。バルジ前面は直角に切り立っているので、０・３㎜プラ板を貼ってなだらかに繋がるように加工。両サイドのインテークは開口してフチを薄くしてからフィンを追加しました。この辺に手を加えると形状に説得力が増すと思います。ブースターは加工しやすいように後部を分割し、ＧＮバーニアを新造しました。凹モールドが多く整形しづらいですが、パーティングラインや継ぎ目消しはしっかり行なうと完成度が格段に上がるので手抜きできません。左右のブースターを繋ぐ中央のブロックとブースター下部のパーツは裏が空いているので、モールドを入れたプラ板で塞いでいます。

### ◆塗装／マーキング

ＭＳ本体はフォルムが女性的なのでパイロットはマリーに違いない！（編注／正解です）と、清楚なイメージで塗りました。赤はマルーンに白と少量の青を加え、チェリーピンクに。関節も淡い青味のグレー（ベビーブルー風味）にしました。淡い色ばかりだとボヤケてしまうので、凹モールドはニュートラルグレーでメリハリをつけます。肩アーマーの赤ラインも間延びさせないためのワンポイントです。機首・ブースターの赤はアリオスガンダムとの統一感を考慮し、黄色を加えてスカーレットにしました。濃いほうの赤はレッドブラウン、ウッドブラウン、スカイグレー、ホワイトも混色して小豆色にしています。太モモアーマーやブースターの大きめの文字はＨｉＱパーツ製デカールを使用しています。文字が太くて力強いのでお気に入りです！

### ◆あとがき

『OO』のキットはどれもすばらしいフォルムなので、面をキッチリ出すだけでも抜群の完成度になります。本編も折り返し地点を迎えラインナップも着実に増えましたので、ぜひ製作してみてください。■

# 武紫 BU SHI

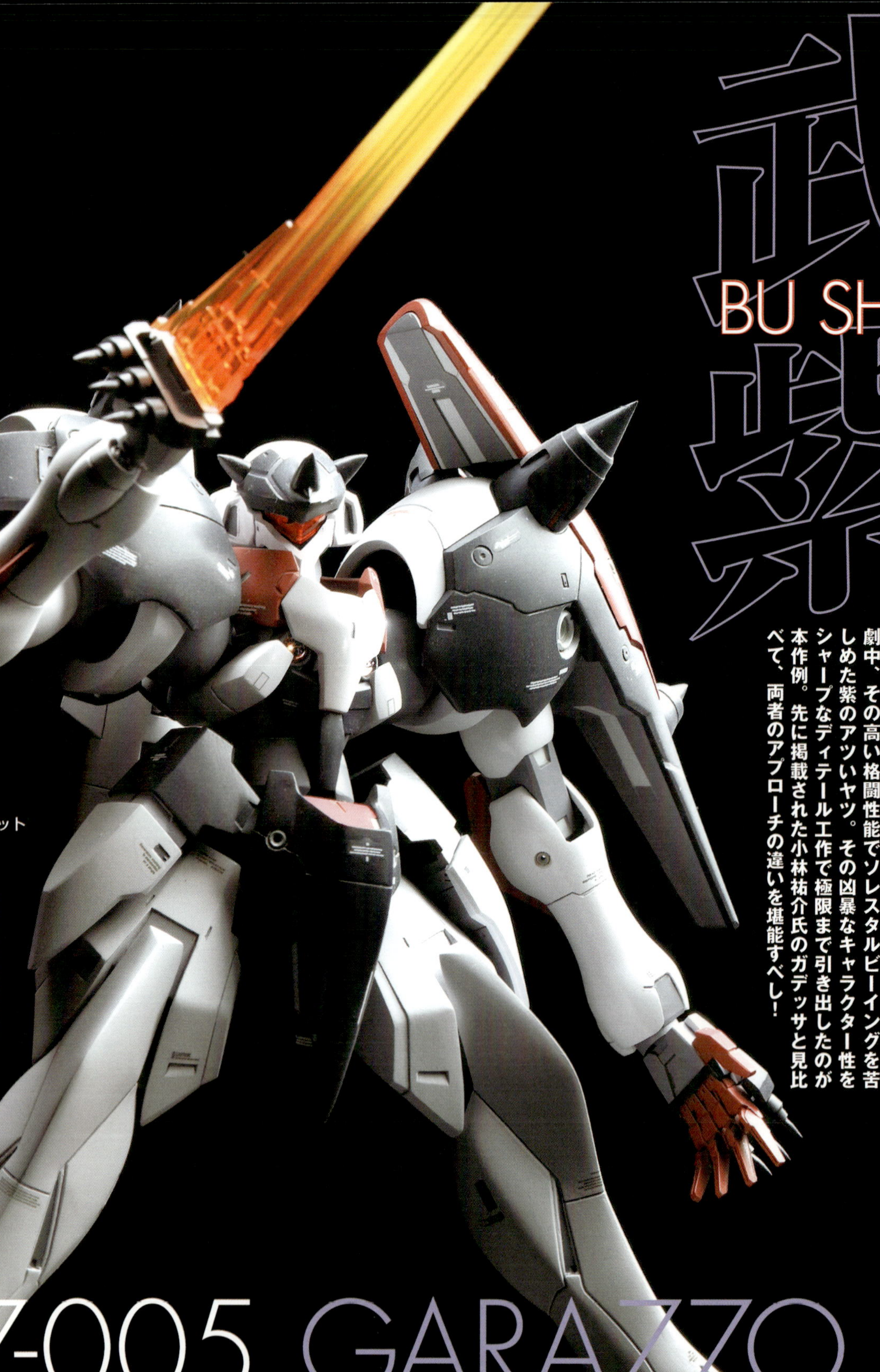

劇中、その高い格闘性能でソレスタルビーイングを苦しめた紫のアツいヤツ。その凶暴なキャラクター性をシャープなディテール工作で極限まで引き出したのが本作例。先に掲載された小林祐介氏のガデッサと見比べて、両者のアプローチの違いを堪能すべし！

GNZ-005 ガラッゾ
BANDAI SPIRITS
1/144 HGシリーズ
インジェクションプラスチックキット
発売中　税込1620円
製作・文／**有澤浩道**

**Model Graphix 2009年5月号 掲載**

# GNZ-005 GARAZZO

**◆VS背中の黒い人**

傑作キット、HGガデッサの発売から2カ月と置かずに発売されたこのHGガラッゾ、近接戦闘に特化させた装備が新規パーツになっています。劇中では無念の爆死をとげてしまいましたが、今回は小林祐介さんのHGガデッサの作例とは違うアプローチで、この紫の機体を攻めてみます。

ガラッゾのアイデンティティーであろうトゲトゲは、基本的にすべて尖らせました。頬のダクトは1㎜幅の彫刻刀とデザインナイフで深く彫り込んでいます。キットのパーツ分割はそれほど多くはないので、各パーツのスジ彫りに力を入れ、別パーツ感を出しています。

肩アーマーは、下端のフチを薄く削りながらなだらかな曲面に修整しました。上端も加工したかったのですが、スパイクと繋がるラインの修整も必要になることを考えると破綻をきたしそうだったので、ここはスジ彫りでメリハリをつけています。

胸部は前面アーマーの肉厚を薄くして、脇腹のアーマーのダボを削り取り、スッキリさせました。

腰のフロントアーマーは、キットのままだと本体から離れている感があり一体感に欠けると思ったので、基部で4㎜切り詰めて密着するように加工しました。裏側はプラ板で塞いでいます。リアアーマーは上下先端にプラ板をを足してシャープに整形、肉抜き穴をエポキシパテで埋めました。

腕部は、ヒジのデッパリとGNバルカン基部の周りを「腕部とは別構成のユニット」であることを意識した、深いスジ彫りを施しています。下腕の手首側面はパーツの厚みが気になるので、ここも内側方向に面取りして薄々攻撃を仕掛けました。

太ももはキットのディテールを消してスッキリさせ、エッジを出しています。うしろ側にあるブロックはデザインナイフで彫り込むことでメリハリをつけています。左右のダクトにもスジ彫りを追加しました。脚部は前面合わせ目のエッジをシャープに出すように整形して、下端のフロートはフチを薄く削っています。

AaクリアーパーツのシールドのÖ下に隠されたカメラアイにメタルシールを貼り、シールドが閉じている状態でもモノアイが目立つように加工している。丸い胸部センサーはHiQ-SPアイズでディテール工作している
Bb足首のダクト内部にテクスチャーシートを貼って別素材の雰囲気を演出
Ccカカトのパーツは、可動軸を隠した飛行姿勢用のディテール追加工作版と、着地姿勢用の通常版をふたつ作り、差し替えすることで各形態を再現できるようにしている
Dd袖口にチラリと見えるGNバルカン銃口のディテールはHiQパーツ製のメタルリングとパイプで再現した。頭部のツノ、手の甲についているスパイクナックルはパーツを削り込んで尖らせたものだが、特徴的な肩のスパイクアーマーはスリット入りのバーニアを逆さにして被せ、凶暴性を演出している
Eeキットのままでは丸見えになってしまう股間の基部は、バーニアパーツで覆って目立たなくしている
●ガラッゾが背負っているGNポッドは、上下の三角のエッジと左右に展開するスタビライザーの先端を削り込んでシャープにしている。スタビライザーの裏側にはエポキシパテでディテールを新造。本体との接続アームはキットのままでは少し細身なので、エポキシパテを盛って菱形にボリュームアップした
●全体のアウトライン、背部GNポッドは先に発売されたのHGガデッサと同じだが、頭部フェイスオープンギミック、肩のスパイクアーマー、腕部スパイクナックルなどが新しくなり、格闘戦用機としてのガジェットが随所に見て取れるHGガラッゾ。指先から展開するビームクローは、キットのままでもクリアーオレンジ～クリアーイエローのグラデーションが再現されている。右腕のみ、ビームクローを展開したまま手の平を広げた状態のパーツが付属する

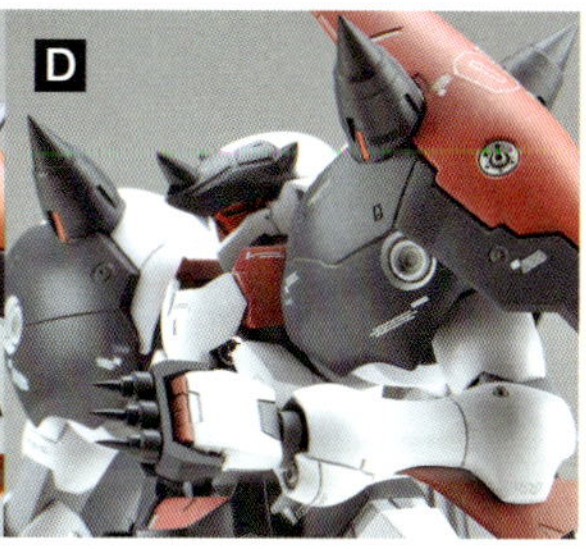


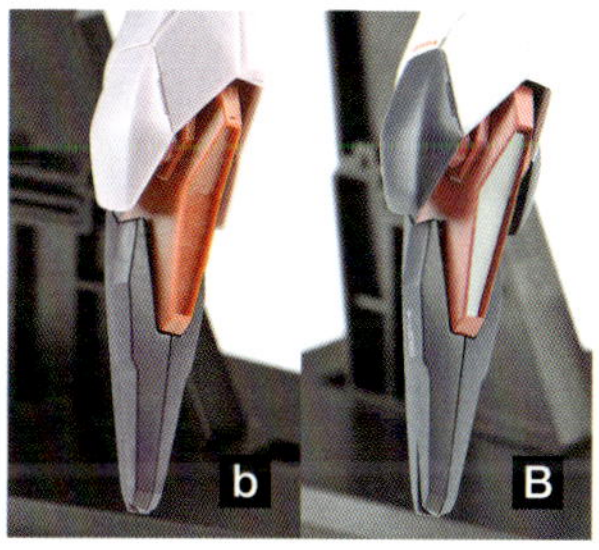

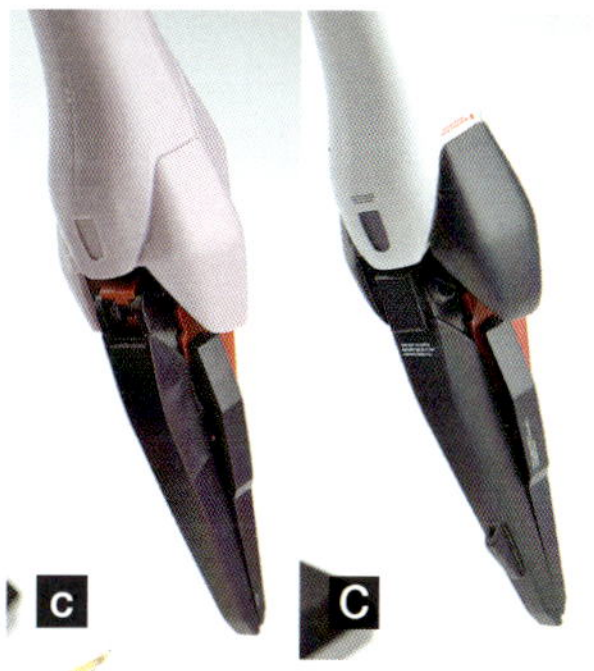

**◆ボディカラーを大幅変更**

キットのカラーリングは、濃い紫と薄い紫で構成されています。薄いほうの色はラベンダーグレー系の難しい色調ですが、1／144のキットに設定どおり塗るとチアノーぜっぽく見えてしまうかなと思い、ペールトーンのクラウディピンクにしました。配合はクールホワイトに少量のマルーン、ニュートラルグレー、コバルトブルーを混ぜました。濃いほうの紫は、初登場時のモノトーンのイメージが強かったので、ミッドナイトブルーを基に、ピュアブラックとレッドを加えて暗めに振りました。関節はニュートラルグレーとシルバーグレーで塗りわけています。シールド内部のジェネレーターは、インパクトを出すために限りなく白に近いグレー（フロスティホワイト）に、赤でスミ入れしました。

ガデッサ、ガラッゾとラインナップされたので、ヒリングやアニューのガッデスもキット化されたら作ってみたいですね。間もなくアニメも最終回を迎えます。どんな結末になるのか、また、今後のガンプラの製品展開も楽しみです。■

# GNX-704T/AC Mr. BUSHIDO's AHEAD

GNX-704T/AC
ミスター・ブシドー専用アヘッド
BANDAI SPIRITS
1/144 HGシリーズ
インジェクションプラスチックキット
発売中　税込1296円
製作・文／田中冬志

Model Graphix
2009年6月号
掲載

## 量産機のカスタムとはこういうことだ!

アロウズの主力MSである量産型アヘッドを近接戦闘用にカスタマイズしたミスター・ブシドー専用機。「ライセンスを与えられた男」が駆るスペシャルな機体であるわけだが、田中冬志氏はそこに独自の解釈を盛り込んだ。「あくまで量産機のカスタマイズであり、メインフレームの再設計はなされていないのではないか？」という考え方に基づいて再構成された外装と、よりマッチョなプロポーションに注目してほしい。

▲キットの可動性能はご覧のとおり。大股を開いてGNビームサーベルを両手持ちで構えるサムライらしいポーズもやすやすとこなしてしまう。作例では刀身をプラ板で大型化している

●今回の作例でベースとしたのは、HG量産型アヘッドのバリエーションキットであるHGミスター・ブシドー専用アヘッド。HG量産型アヘッドは、曲線主体のボディーを持つアヘッドの特徴をうまく捉えたキットで、胸の左右に位置するブロックが大きく動いて肩の可動範囲を広くとったり、スイングする股関節ブロックの存在により大胆なアクションポーズを可能としていたが、そこにミスター・ブシドー専用機の特徴であるパーツが新規に付属する内容となっている。脇差しや後頭部のケーブルも再現されているのがうれしいポイント

## 疑似太陽炉「タウ」を光らせる"ライセンス"の取りかた

▲キットでは胸部のスリットの内側にクリアーパーツがはめ込まれているが、作例ではこれを量産型アヘッドの胸部パーツに黒い前掛けを被せる構造にしつつ、内部にLEDによる発光ギミックを仕込んでいる。電池は胴体内に収納し（胴体パーツは接着していないため電池は交換可能）、疑似太陽炉をはずすと小型のスライドスイッチが露出するようにしている

ども、田中冬志です。「いまさらアヘッド!?」ですが、グラハム祭りなんです。劇中ではなんだか「あれ？もう終わり？」的な感じの扱われ方でしたが、ケレン味っぷりのカッコイイ機体でしたね。微妙にヒトガタを外したデザインも味わい深く、動くとまたアヘッドのくせに鬼のように強いヤツでした。

アヘッド量産型のHGはちょっと大味な感じで、プロポーションはいいけど曲線主体なだけにノッペリ感が強く、ポイントが見つけづらい雰囲気でした。が、この「サキガケ」になって各所に黒い部分が増えたことで引き締まって見えるようになり、いいバランスが出てきたなと感じました。よく動くし、フライングベースで見栄を切らせるとかっこよく決まります。

### ◆製作

さてさて、せっかくの作例ですので「何かひとひねり」と考え、量産型アヘッドのカスタム機であること、ティエレンタイプの派生機であることをヒントにひとネタ仕込んでみることにしました。

まずネタ1として、量産アヘッドとサキガケを並べたときに「襟首は共通パーツなんだ！」と気付いてしまい、サキガケの黒いボディーにのこぎりを入れることに。前掛け部分を切り出して量産型に被せたところ、「意外とイケル、なぜかGNドライブの丸い穴が重なるし、本来こうなのかも」と妄想しつつボディーを入れ替えました。

ネタ2として、スネがノッペリで間が持たないので「何かほしいな～」と思い、ティエレンだし足シールドがあってもいいかなということでサキガケ専用シールドと前掛けの風味を持たせた「コンデンサ付きGNシールド」ということにしました。

頭は前後左右に大きくしています。兜飾りも大きくし、後ろ髪ケーブルは先端にサーベルとの接続部分を新造。どう接続するのか分からなかったので形は雰囲気で。

胴鎧は別パーツ化、腰の接続はボールジョイント化、脇ユニットはプラプラとれるのでポリキャップ接続に変更。GNドライ

●キットパーツのままでもパーツ分割線がデザイン的に処理されているが、作例ではほとんどの合わせ目を消す処理をしてから全体のスジ彫りを施している
●頭部がやや小さめで胴体も短めなデザインなので、アンバランスな体形に見えてしまう傾向がある。作例では頭部の大型化と胸部の別パーツ化によって上半身のボリュームを増したことで全身のプロポーションを調整
●背面のスラスターは位置を前進させつつ、それぞれのユニットにスジ彫りを追加している
●スネの増加装甲は田中氏が独自に考案したデザインのパーツだが、脚部をボリュームアップして見せられるのと同時に、ディテール的なバランスをとるのにも効果的だ。もちろん取り外し可能となっており、田中氏いわく、「片足だけに装備した状態がティエレンの面影を感じさせてイイよね」とのこと
●塗装は「ミスター・ブシドー」や「サキガケ」といったキーワードからの連想で、ガンダムカラー「MG真武者頑駄無用」をベースに調色して使用。オレンジ色のアクセントが映える

# 自作パーツで魅せる「強化型アヘッド」のリアリティー

▲前掛けをはずし、スネの増加装甲をとりはずすと、ほとんど量産型に戻るのが本作例のポイント
◀胸部に入れられたスジ彫りや、額の前面を山なりにボリュームアップしているのに注目されたい

▶腰のうしろに取り付けられたスラスターはあえて胴体から離れた位置に取り付けられるよう改造し、太ももの大型化と可動範囲の拡大を同時に実現。スラスターのフィンを先細りにして塗り分けることで別パーツ感を演出

ヴの4つのボルトは削って市販パーツに変更。スラスターの接続位置を3㎜前方にずらし、肩にぶつからないようにしました。おまけでGNドライヴが光るようにしました。以前、本誌でも紹介していた光る百円ライターから極小の電池ボックスとオレンジLEDを、百円ショップのライトから極小のスライド式スイッチと配線を用いてお手軽に光らせてみました。

腰横のユニットは上面と下面の根元部分を少々削ってポーズを付けるときに干渉しないようにしています。

太ももはふた周りぐらい太くしています。それにともなって尻のスラスターはボディーから2㎜ほど離してくっつけています。足シールドは犠牲になった量産アヘッドのパーツを強引に広げて加工しました。

拳はコトブキヤプラユニットをベースに大改修。ジンクス・アヘッドタイプの指にはちょっと無理があったかな？　でも手のひらのなかをサーベルが通るなんていう現象が解消されるだけよかった。袖口の四角いパーツは内側にあるのが正しいんですが、どう回転させてもシールド用の穴のせいでそうはならないので左手は穴を埋めて、右手は一度切り離してから再接着しました。

武器がサーベルだけなうえにサーベルラックばかりたくさんあるので「サキガケセブンソード」にしたくてキットをあと2個用意、量産型と合わせて4個のアヘッドを使いました。腕シールド内側にコンデンサのモールドがありますが、そのままではうすっぺらなのでシールドをもう一個使ってモールド部分を切り出し、重ねて接着し立体化。サーベルは短く見えたのでプラ板で大きめに新造しました。

**◆終わりに**

『機動戦士ガンダムOO』、とてもおもしろかったです。ひさしぶりに放送時間を楽しみに待ったガンダムでした。セカンドシーズン最終回は映画があるのでちょっと歯切れが悪いところもありましたが、真の最終回は映画版で……ということで、2010年まで心して待ちましょう。■

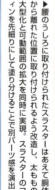

GNX-Y903VW ブレイヴ指揮官用試験機
BANDAI SPIRITS　1/144 HGシリーズ
インジェクションプラスチックキット
発売中　税込1728円
GNX-Y903VS ブレイヴ一般用試験機
BANDAI SPIRITS　1/144 HGシリーズ
インジェクションプラスチックキット
発売中　税込1728円
製作・文／**岡 正信**

# 実証試験段階の次期制式採用機

Model Graphix
2011年1月号
掲載

# GNX-Y903

◀頭部は、各エッジをシャープに整えつつグラハム機のみアンテナ（？）を大型化。フェイス部のセンサーはキットパーツでもクリアーオレンジで成型されているが、作例ではさらにクリアーオレンジ塗料を重ねて色味を濃くし、青／緑とのバランスを取るようにしている。センサーの内部メカは、キット付属のシールは使用せず、ガンメタルを塗装することで深みのある金属光沢を表現した

▶両機の違いは背面に顕著に現れる。一般用機は疑似太陽炉が1基搭載され中央のコーン部がそれにあたる。グラハム機は背中にコーン部がなく、バインダーに2基搭載している。バインダーと胴体の接続アームには肉抜き穴があるので、エポキシパテで裏打ちして埋めている。ツインドライヴのグラハム機では、市販のリング状パーツを組み合わせてコーン部を大型化。手首関節部のボールジョイントはやや長い印象なので、前腕内部のフレームを中央付近で切断して約1㎜切り詰め、手首のフチは薄く整形している

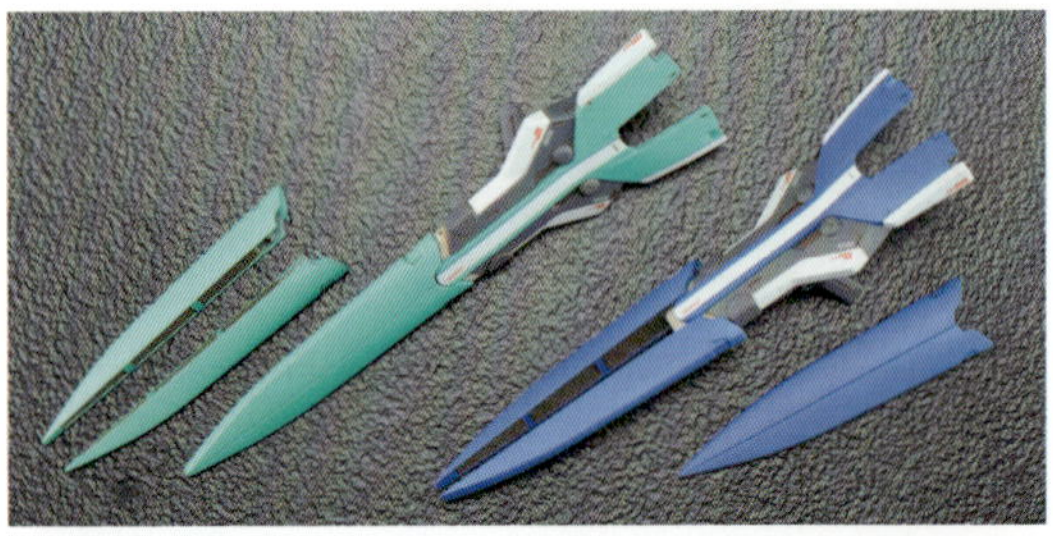

◀キットをふたつ使用して、閉じた状態と開いた状態を差し替え式で再現。展開状態のものは内部を作り込み、閉じた状態は表面処理の精度を上げるなどの作り込みをしている

## 個性の強いカラーバランスに統一感を出すコーディネイト

▲設定の配色は青／緑と黒のコントラストが強いツートンカラーに白の差し色が入ったパターン。そのまま模型に塗るともの足りない感じになりやすいが、関節色やメカ部の色を工夫することで、全体の基本配色は変えずに密度感や情報量を増やせる。わりと簡単なのは、関節やメカ部をウォームグレー（赤系のグレー）に塗るパターンで、鮮やかな青や緑と干渉しすぎることなく色味を増やすことができる。同一系統のトーンの色だけで全体を塗ってしまうと印象が弱くなりやすいので、干渉しすぎない程度に別系統の色味を足すことで完成品に彩りを持たせる。そのときにグレーをうまく使うようにするのだ

### ◆はじめに

グラハム機と一般機を同時に作例ということで、当初はグラハム機はディテールを作り込み、一般用機はストレートに組んでレビューというふうにしてみようかとも思いました。しかし劇場版をご覧になった方はおわかりのとおり、劇中のグラハム・エーカー率いるソル・ブレイヴ隊の息の合ったフォーメーションは数あるバトルシーンのなかでもとくに印象的なものでしたので……おっと、これ以上言うとまだご覧になっていない方へのネタバレになりかねないのでこのへんで詳細は控えますが、ともかく、連帯感、一体感がある両機なので、作例でも作りをシンクロさせたいと思い、作り分けはやめて揃った仕様で製作することにしました。なんなら部隊全機揃えてしまいたいくらいカッコよかったですね。

### ◆工作と塗装

というわけで、形状の違いを除いて両機ともまったく同じ工作を施しています。

まず、フラッグやイナクト系機体に見られる特徴的な細身のプロポーションですが、ポリキャップのスペースを必要としないABS関節仕様のおかげで、MS／MA両形態ともにすこぶる良好です。また、見た目だけでなく関節の剛性や保持力もよく、一見危ういつま先立ちの姿勢でもしっかりと自立することができます。そこで今回は、関節を強化することで、そんな良好なギミックがよりヘタリにくくなるようにしてみました。関節パーツの片方がスチロール樹脂の場合は、関節を組み上げるときに、小さく切ったビニールを挟むとヘタリにくくできます。今回はキットをふたつ用意できたので、ちょっと贅沢に、足首関節のABS側を切り取ってもうひとつのキットの反対側に移植することで、ABS同士の関節パーツにしています。また、つま先と足の甲のところの関節だけで足首の可動は充分確保できるので、足首上側の関節（足首とすね側の接続部／パーツD2とA26、A27）は奥にめり込ますようにしつつ接着してしまい、ヘタる要因を減らしました。

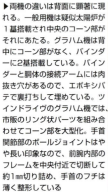

**元ユニオンとAEUの技術者が中心となってマスラオ／スサノオから発展させた地球連邦の次期制式採用機、ブレイヴ。グラハム・エーカー率いるソルブレイヴス隊により実証試験中という設定の機体である。劇場版『機動戦士ガンダム00 -A wakening of the Trailblazer-』からのガンプラリリースが続くなかで、現状唯一ガンダムタイプではない機体の製品だが、人気キャラであるグラハム搭乗機ということで、本編中では印象的な活躍を見せており、ガンプラ化を待ち望んでいたファンも多いことだろう。そしてさらに、グラハムが乗った指揮官用試験機だけでなく隊員用の一般用試験機も同時に発売されたのはうれしい限り。今回は可変機構を有する機体ならではの「スピード感」をテーマに2機同時に作例レビューしてみよう。**

# GNX-Y903

ディテールの工作ですが、全身のパーツのフチが少々ダルいので、ナイフやヤスリでシャープに整形します。また、肩やヒザなどにある肉抜き穴をエポキシパテで埋め、それらしいディテールを彫り込みました。頭部の飾り（アンテナ？）は、グラハム機ではプラスチック材などでほんのちょっぴり大型化。逆に一般用機では先端を削って小型化して差別化しました。胴体部は、胸部中央の黒い部分（パーツC3）のフチの内側を薄くしましたが、削ったままだと上面の白い部分（パーツA18）との間に隙間ができますので、パーツA18を大きくして対応しました。手首は、キットがふたつ手元にあるのをよいことに、握りに穴が開いたパーツそのままのものと、穴が開いていないしっかり握った状態に加工したものを2種製作。この系列機は手首が大きいので効果的です。工作は結構簡単で、親指とそれ以外の指をいったん切り離し、それぞれ整形してから角度を変えて再接着するだけです。コツは手の甲に対して親指の角度を平行にしないことで、斜めにするとそれらしくなります。脚部はスネのパーツA11、A12とA22を先に接着して、それぞれの合わせ目を瞬間接着剤で埋めてからスジ彫りを彫り直しています。ついでに、ヒザ周辺にちょっとしたディテールを追加してみたりしました（効果のほどは写真で見てください）。つま先の関節部にもプラスチック材でディテールを追加しています。背面のバインダーも、色分けは気にせず一回接着して段差を埋めてからスジ彫りを彫り直しています。グラハム機は左右のバインダーの基部にそれぞれ疑似太陽炉を収めている設定なので、前後のコーンを大型化、一般用機はコンデンサなので後部のみにします。GNビーム・ライフルは先端の開閉状態を選択式で再現してみましたが、せっかくなのでコトブキヤのメッシュプレートのいちばん目のこまかいものを貼り込んでいます。

塗装ですが、並べたときに両機の色が互いに干渉しないように、そして同時に適度に変化がついて見えるよう、慎重に色味を調整して決めました。■

Model Graphix 2010年3月号 掲載

# 偽りの太陽を載せた次世代の騎兵、ジンクス

●ジンクスは『機動戦士ガンダム00』ファーストシーズンの終盤に登場したモビルスーツ。ユニオン、AEU、人革連の各陣営から集められたエースパイロットがソレスタルビーイングのガンダムに対抗するために搭乗した。動力に疑似太陽炉を採用したことで従来型のMSから飛躍的に性能が上がっており、パイロットによってはガンダムと互角の勝負に持ち込むことが可能。各部の意匠はそれぞれの陣営のMSの特徴をうまく融合させつつそれまでの「敵MS」とは一線を画するデザインとなっているのがおもしろい

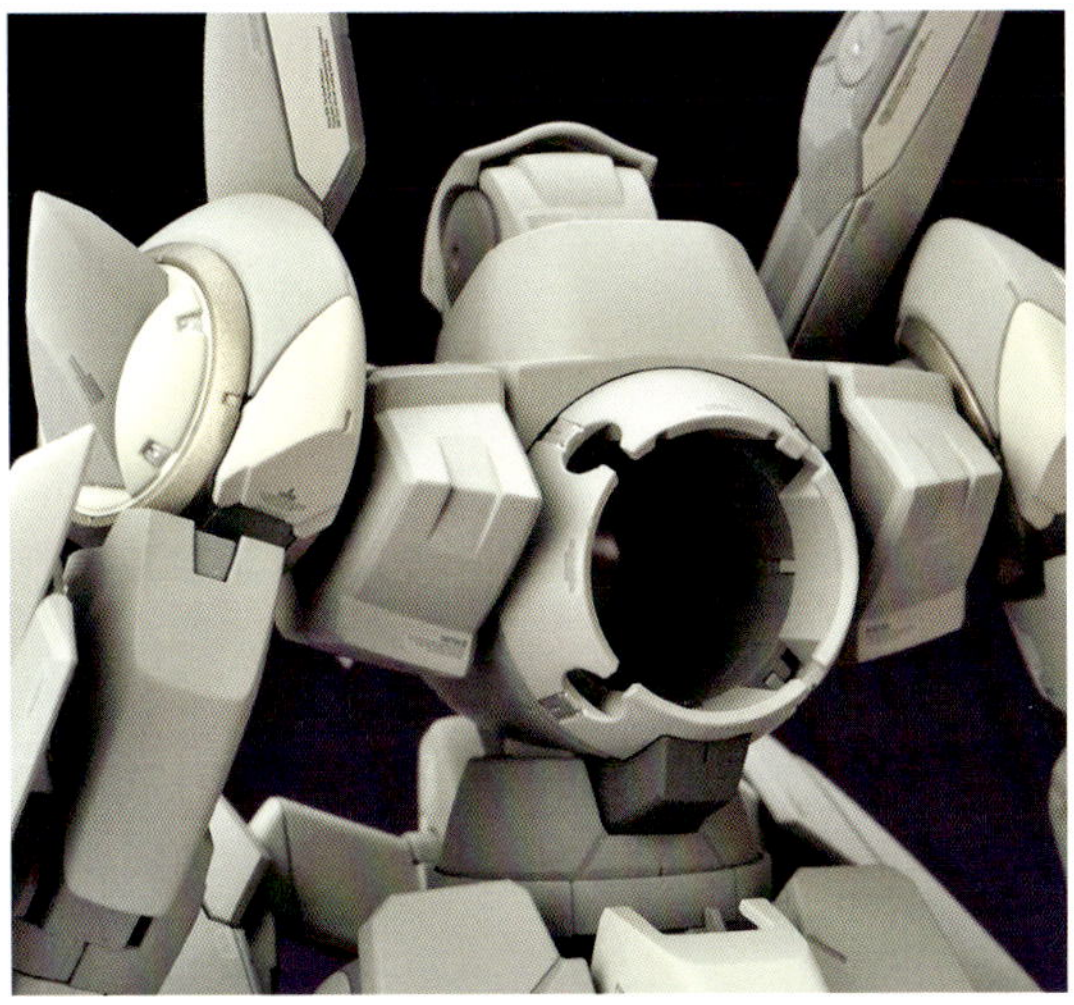

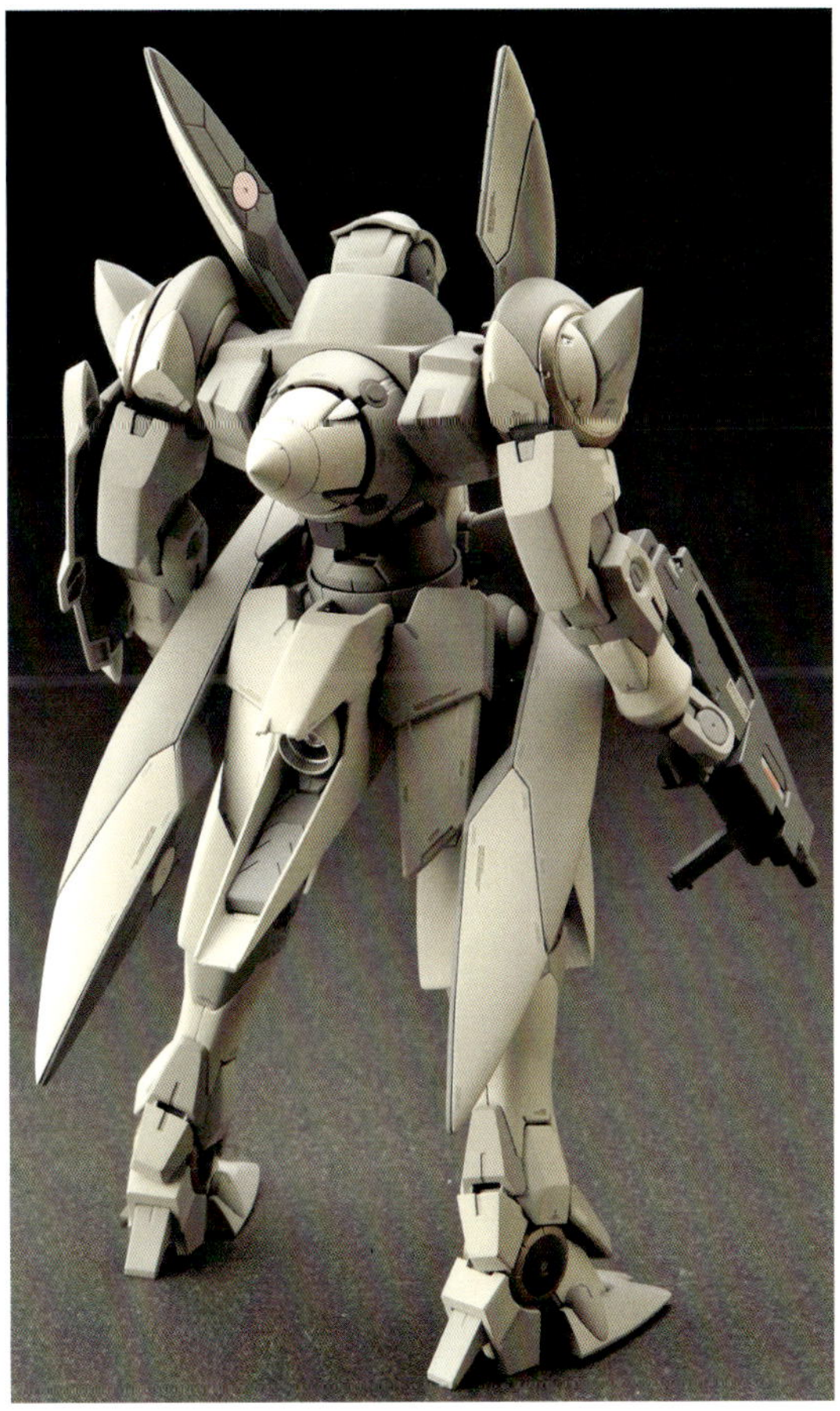

# ついに『00』の敵メカがMG化 たくさん作って並べよう!

**『機動戦士ガンダム00』登場MSとしてガンダムエクシアに続いてマスターグレードシリーズに加わったのがGN-X ジンクスだ。いわゆるザク系のデザインのくびきから完全に放たれ、これまでにないスタイルを採用しつつもきちんとキャラの立った演出がなされている。バリエーションも豊富な機体だけに、1/100での製品化を待ちわびたファンは多いはず。まずはキットレビューをお届けしよう。**

GNX-603T ジンクス
BANDAI SPIRITS 1/100
マスターグレードシリーズ
インジェクションプラスチックキット
発売中 税込3888円
製作・文／**POOH**

●プロポーション、ディテールともにきわめて良好なので作例はストレートに組んで塗装している。追加工作は部分的にエッジを立てる作業をしているのみ。両肩から突き出した突起はシルエットを大きく左右する部分だけにシャープに尖らせた。独特の形状を再現するためパーツ分割はややトリッキーだが、塗りわけるだけでかなり見映えがする、ぜひ塗装して仕上げたい

●MG化に際して新規に設定画が描き起こされ各ユニットの分割がHGモデルよりも細分化された。可動ギミックも新しい解釈が盛り込まれている
●股間ブロック内部にはコクピットが再現され、内部にはソーマ・ピーリスかセルゲイ・スミルノフのフィギュアを選んで搭乗させられる
●バインダー内のGN粒子発生器など、内部構造も部分的に再現されている

**◆はじめに**

ここ最近のマスターグレードは大きく二極化してきているように思います。ひとつはVガンダムやアストレイに代表される、ギミックや色分けをとことん追求するがゆえにパーツがこまかく、パーツ点数も多いタイプ。そしてもうひとつはガンタンクのようにギミックを追求しつつもパーツ点数を抑えて組みやすさを重視したタイプです。

このジンクスは胸と腰のバインダーのおかげでかなり派手に見える機体ですが、パーツ点数はさほど多いわけでもなく、とても組みやすいキットとなっています。もちろん、股間軸の左右独立可動やヒジアーマーの連動機構と言った最近のMGらしいギミックはきちんと押さえてあります。

**◆プロポーションについて**

スタイルを見てみると、首ブロックをクランク状にして背中側から突き出すように頭部が接続される仕様となっていることが大きなポイントでしょう。頭部が肩より若干前にあるため、大きな肩ブロックと相まって胸を張りつつ頭が前に突き出す独特な雰囲気が表現されています。これと合わせ、スネブロックが細いわりにモモアーマーが大型化されているおかげでかなりマッチョに見えるところなど、「これぞ敵キャラ!」な印象になっており、先に発売されたマスターグレード ガンダムエクシアと並べたときに非常にバランスの取れたアイテムになっていると思います。本作はHGのジンクスを単純に大型化して解像度を上げただけのものではなく、大胆なプロポーションの解釈が行なわれているので、好みが分かれるところかもしれませんが、僕はこのマッチョで悪そうなスタイルが好きです。

内部構造を見てみると、フレームの意匠にもガンダムエクシアとの共通部分があり(一部には共通パーツもある)、ソレスタルビーイング製のMSと同じ技術で製造されたモビルスーツであることが理解できます。

各部をブロック単位で見るとかなりシンプルなラインで構成されていますが、形状にきちんとメリハリが利いていますので間

▲シールドのディフェンスロッドは引き出して回転させられる。腕部の接続用アームは小さいながら回転するので取り付け角度を調整できる

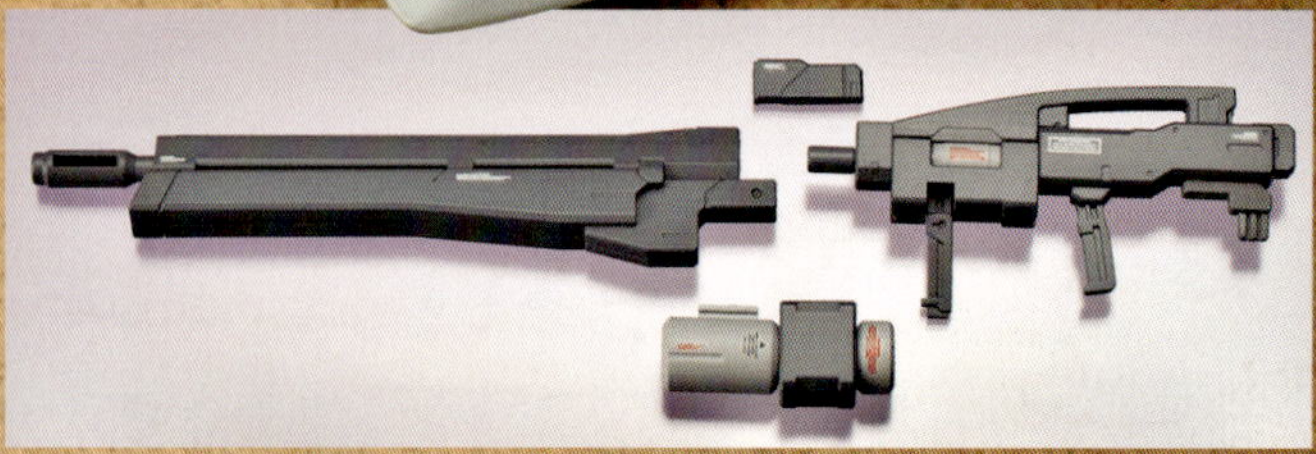

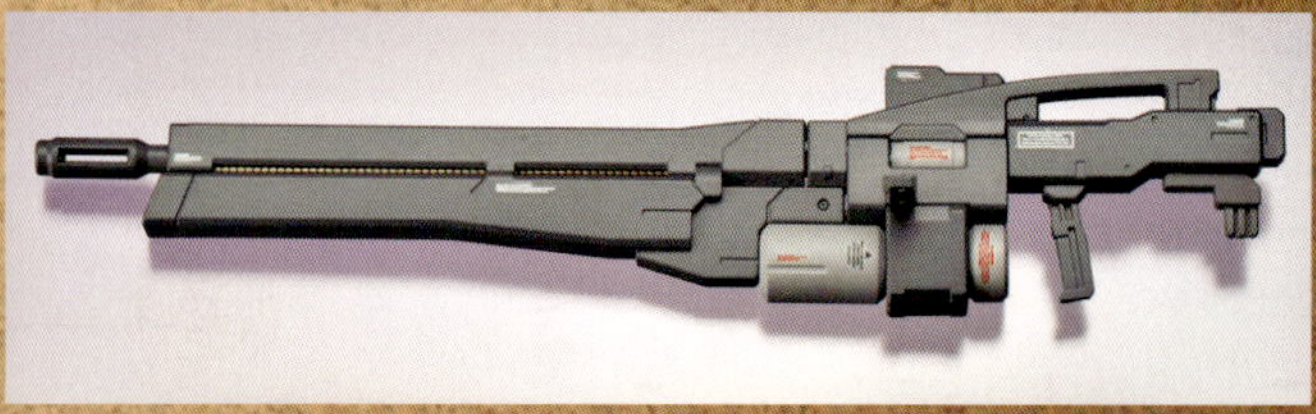

◀GNビームライフルはバレル、センサー、タンク状のパーツを取り付けることでショートバレルタイプからロングバレルタイプへと換装できる。ロングバレルタイプのときはフォアグリップは左右どちらかに曲げた状態で固定されるため、サウスポーのパイロットを想像して製作するのもおもしろいだろう

▼GNビームライフルは前腕部のコネクターにも接続される

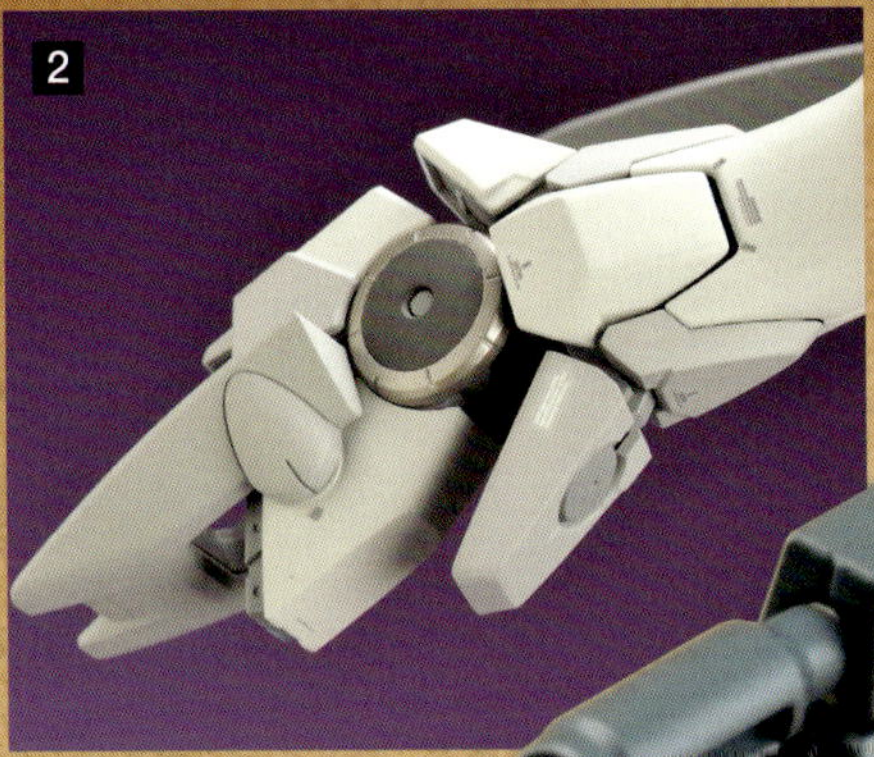

1 巨大なヒザアーマー内部にビームサーベルの格納スペースがあるという設定に。装甲が大きく割れて脚が曲がるという可動ギミックが楽しい。股関節は二軸式のボール型ユニットで接続されており、大きく股を開いたポーズもこなせる
2 つま先は折り畳んで飛行形態を再現可能。また、かかとのプレート状のツメは起倒式になっている
3 胸部のバインダーは基部がボールジョイントになっており、フレキシブルに可動。カメラアイの周囲は筆で塗装している

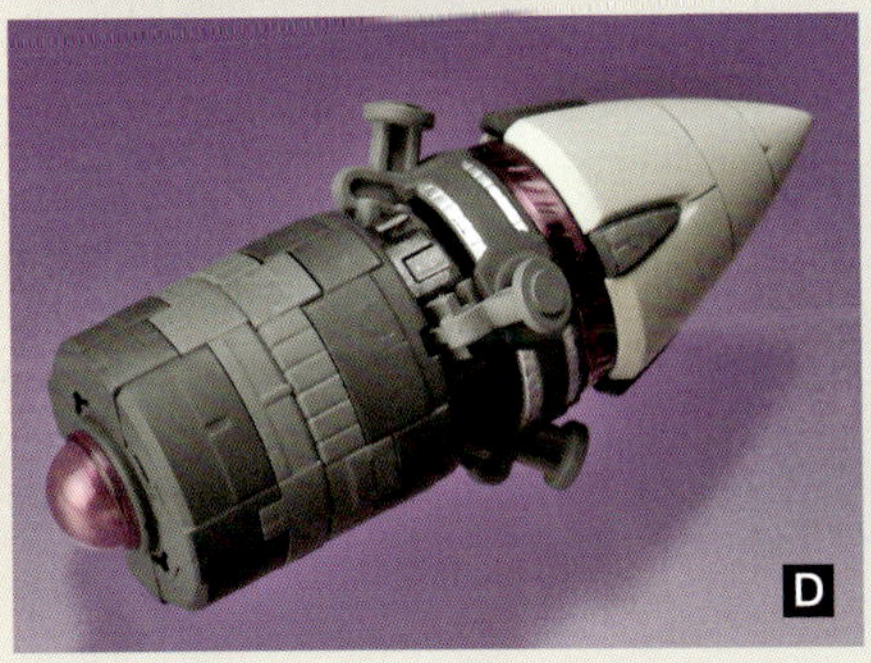

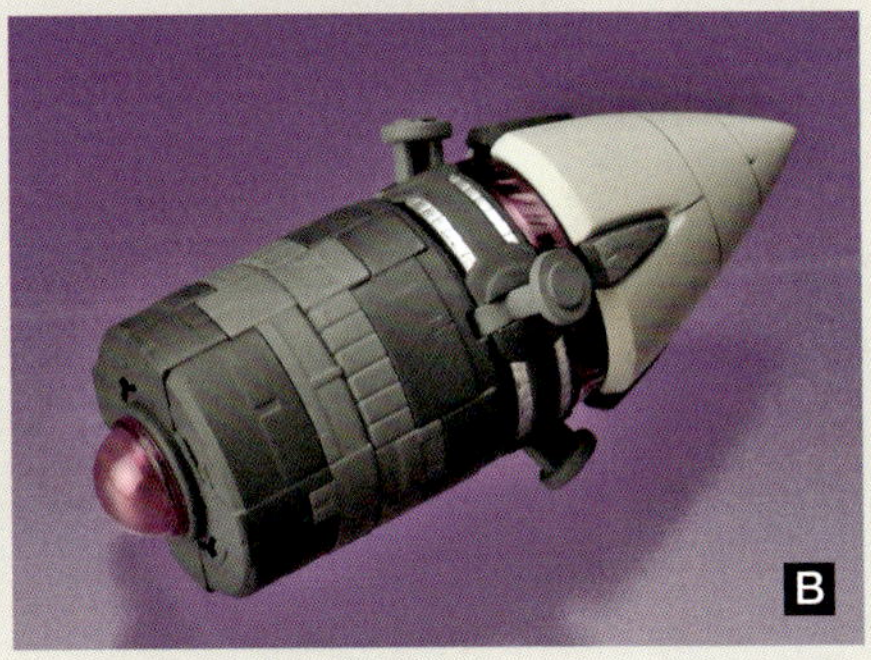

●疑似太陽炉GNドライヴ[T]（タウ）は取りはずし可能。複数連結可能なディスプレイベースが付属しており、GN-Xをたくさん手に入れれば劇中で印象的だった「大量のGNドライヴが保管されているシーン」を再現できる
AB疑似太陽炉を本体に装着した状態。リング状の外装パーツには切り欠きが作られており、疑似太陽炉から突き出したグレーの円形状のパーツ（ロックボルト）がこれに噛み合うことで固定されている。前端部のレンズ状パーツはクリアーパープルで整形されており、本文でも触れているように内部に発光ユニットを仕込めば胸部全面が光るようにできる設計となっている
CD疑似太陽炉後端部を引っ張ると一段全長が伸び、4つ設けられた固定用のアームが連動して外側に展開する。そのまま引き抜けば胴体から取りはずすことができる。こまかいギミックだが視覚的にも感触的にもなかなかおもしろい設計だ。装着してしまえば内部は見えなくなってしまうものの、写真のように部分的に金属色で塗りわけるなどするととても映える

# 疑似太陽炉のギミックに酔う!

伸び感はありません。従来各エッジに施されていた面取り（C面）がある箇所も驚くほど少なく、また鋭角に尖っている箇所も多いので、全体的にシャープなイメージに仕上がっています。

もしどうしても手を加えたいのであれば、大小４つのバインダーやモモブロックなどはわりと大きな面構成なので、うるさくならない程度のディテールアップやデカールチューンがあってもよいかもしれません。

### ◆疑似太陽炉

疑似太陽炉の後端部は尖った形状になっていますが、胸部に収まる部分の形状はガンダム系のＧＮドライヴと同じものになっていますので、ＬＥＤユニットを内蔵できるようです。が、現在バンダイから販売されている発光ユニットは緑色ＬＥＤを採用したものしかないので、そのままではジンクスに使えません（現在は赤とピンクのＬＥＤユニットも別売されています）。自己責任になりますが、ユニットをバラして付け替えるのも手かも知れません。３㎜径のＬＥＤがあればわりと簡単に付け替えることができるでしょう。

### ◆塗装と仕上げ

塗装は成形色からあまりイメージを変えないようにしていますが、外装はロービジが似合いそうだったので暖色系のグレーを濃淡２色、イメージソースは航空自衛隊のＥ-２Ｃホークアイです。

上半身は濃いめのグレーを多く、下半身にはオフホワイトを多くし、できるだけ塗り分けをこまかくして情報量を増やしています。フレームも同様にウォームグレーを２色作り、バランスが取れるように塗り分け、所々に金属色やミッドナイトブルーをちりばめました。

デカール類はベルテクスシステムマーキングとガンダムデカールから適宜チョイス。ロービジを意識してグレーとホワイトのものを中心に貼っています。バインダーの円形モールドにはオプティカルデカールを貼って質感を変えています。■

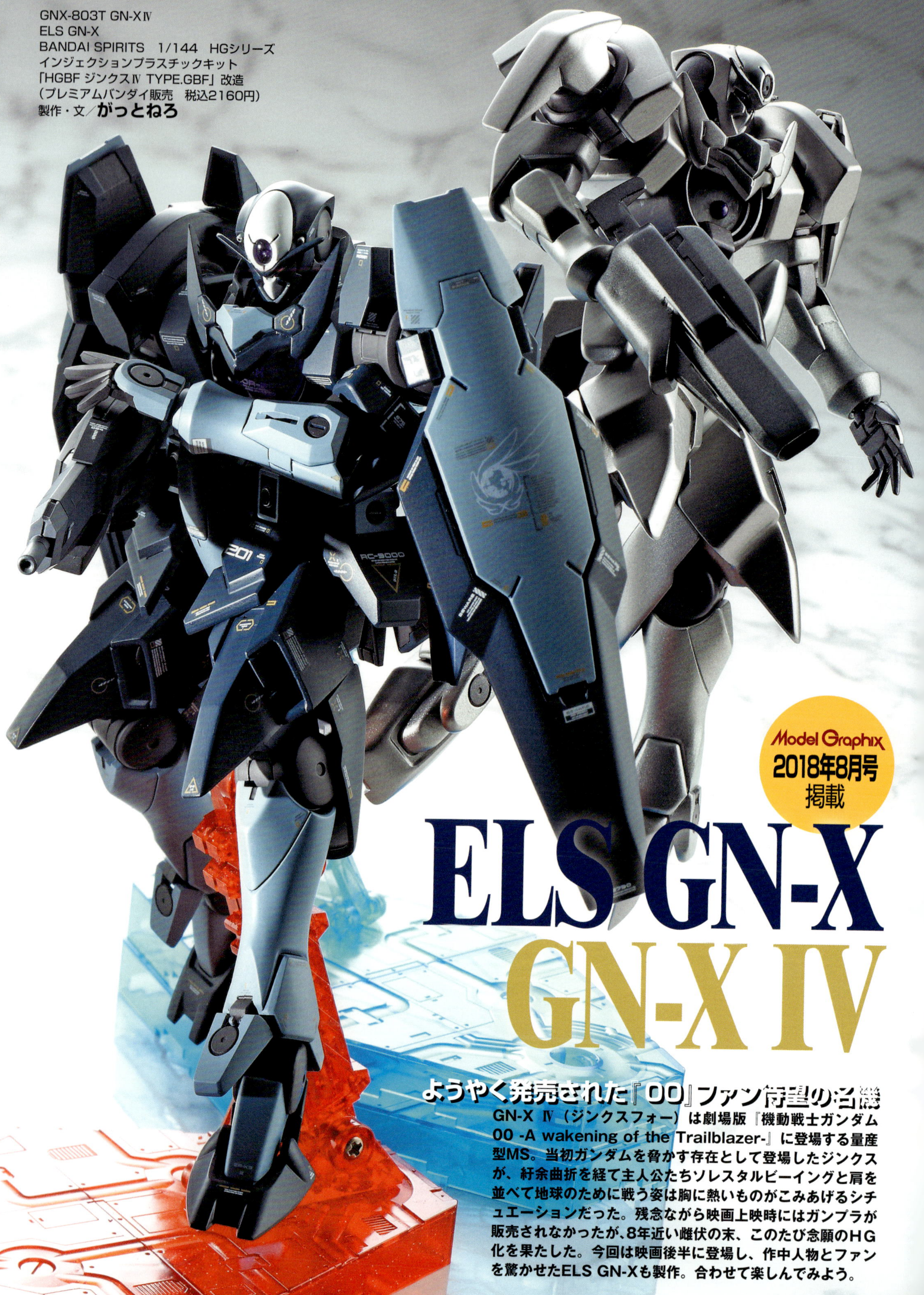

GNX-803T GN-XⅣ
ELS GN-X
BANDAI SPIRITS　1/144　HGシリーズ
インジェクションプラスチックキット
「HGBF ジンクスⅣ TYPE.GBF」改造
（プレミアムバンダイ販売　税込2160円）
製作・文／**がっとねろ**

Model Graphix 2018年8月号 掲載

# ELS GN-X
# GN-X Ⅳ

## ようやく発売された『00』ファン待望の名機

GN-X Ⅳ（ジンクスフォー）は劇場版『機動戦士ガンダム00 -A wakening of the Trailblazer-』に登場する量産型MS。当初ガンダムを脅かす存在として登場したジンクスが、紆余曲折を経て主人公たちソレスタルビーイングと肩を並べて地球のために戦う姿は胸に熱いものがこみあげるシチュエーションだった。残念ながら映画上映時にはガンプラが販売されなかったが、8年近い雌伏の末、このたび念願のHG化を果たした。今回は映画後半に登場し、作中人物とファンを驚かせたELS GN-Xも製作。合わせて楽しんでみよう。

# 蒼い惑星を守護する鋼鉄の防人

●GN-X（ジンクス）は『00』ファーストシーズン終盤に登場したMS。強大な力を持つガンダムに対抗できる機体として鳴り物入りで投入され、ソレスタル・ビーイングを圧倒。その姿は量産型MSファンを歓喜させた。そしてTVアニメのその後を描いた劇場版で登場したのが本キットのモチーフ、GN-X Ⅳ。セカンドシーズンではジンクスの上位機種、アヘッドを運用していた独立治安維持部隊「アロウズ」の非道が暴かれ、劇場版では相対的にソレスタルビーイングが市民権を得ている。そのためGN-X Ⅳはツノを生やしマスクの形状も改めたことでガンダムを意識した頭部となった。当初はガンダムに敵対した機体が、世界情勢の変化でガンダムを強く意識した外形となる変化はおもしろい。ジンクスタイプのMSではじめてトランザムが使用可能になったのも特徴だ。『00』のシリーズ全体を通して劇中世界の情勢を常に反映し戦い続けたジンクスシリーズ。『00』の世界感を模型で味わい尽くすためには、本機のガンプラ化が果たした功績は非常に大きいと言えよう

●劇中では緑の量産機、黒の指揮官機が登場。さらに装備バリエーションが多様に存在していたが、作例ではダブルシールド＋粒子増加タンクのコーラサワー機をセレクト

▲HGBF ジンクスⅣ TYPE.GBF（プレミアムバンダイ販売　税込2160円）。『ガンダムビルドファイターズバトローグ』に登場した仕様だ

●作例で使用したキットはインターネット配信アニメ『ガンダムビルドファイターズバトローグ』に登場した「ジンクスⅣ TYPE.GBF」のガンプラ。劇中ではアドヴァンスドジンクス改造のガンプラ、ストライカージンクスとともにケルディムガンダムサーガ、PG ガンダムエクシアとバトルを繰り広げた。本キットは'08年発売のHGジンクスをベースとして、頭部、肩部、腰部といった外装を新規造形で追加。さらにショートバレルとロングバレルを選択可能なGNビームライフル、GNビームサーベルといった基本武装のほか、GNシールドが2枚とGNバスターソード、増加粒子タンクといったオプションも豊富に付属し、劇場版『00』登場機もすべて再現可能な仕様となっているのだ

●両肩に配されたシールドには国連軍のマークを自作デカールで再現して貼り付け。こちらは差し替えで粒子展開状態を再現可能。そのほかGNドライヴや腰部GNバルカンに市販パーツを使用してディテールアップ。サイドアーマーには1㎜プラ板を貼って厚みを増した

## GN-X Ⅳ

'10年の全日本模型ホビーショーでMGジンクスが参考出品されてから8年め、ようやく……ようやくっ！　全ジンクスファン待望となる最強のジンクス、GN-X Ⅳ のHGが発売となりましたッ!!　個人的に待ち望んでいた本機ですが、製品は『GBF』仕様。ここはやはり劇場版の隊長機カラーで仕上げたいということで、ロングシールド2枚＋ショートライフルの、みんな大好きコーラサワー仕様を選択。本キットは組み換えパーツが豊富なので、一般機、隊長機の組み換えに加え各種オプションも付属しているのがうれしいところです。パーツ全体の7割を占める初代ジンクスも、10年前の製品とはいえ『00』シリーズ屈指の完成度ですので、基本工作をメインに、こまかい部分にディテールを追加しました。

ＧＮドライヴのコーン部は2重構造に、根本の緩いモールドはプラ板とメタルパーツを使いシャープに。ＧＮドライヴ正面はＨｉＱパーツのジーレップ（エッチングパーツ）でクリアーパーツの中身をでっち上げました。顔は頬当てが大きく、せっかくの４つ目が隠れてしまうので削り込んでしっかりと見えるようにしました。

塗装は設定のグレーカラーだと隊長機としての見映えが足りない気がしたので、印象を変えない程度に青系を意識して調色。ＧＮドライヴ正面と左シールドには自作デカールを作成し、友人に白印刷できるレーザープリンタで印刷してもらいました。

### ◆ＥＬＳ版も作るよ

さて、ＧＮ-Ｘ Ⅳが完成したところで、やっぱり敵メカも並べたくなりました。劇場版『00』の敵といえばＥＬＳ。単純な形状ではあるので、パテやら３ＤＣＡＤで作れるのですが、それより、せっかくＧＮ-Ｘ ⅣがあるのだからＥＬＳ ＧＮ-Ｘが作れるのでは!?　と思いつき、ざっくり設定画などを参考にしつつＨＧ ＧＮ-Ｘ Ⅳと並べて違和感がないように製作しました。

本機最大の特徴は背中のＧＮドライヴの代わりに突き出たＥＬＳ型のコーン。ここは手軽さ重視で、３Ｄモデリングソフトの

# 浸食する異邦人

●ELS GN-Xは、『00』劇場版で地球を脅かした地球外生命体ELSが、取り込んだGN-X Ⅳに擬態した姿。コミュニケーションに言葉を用いず、地球人類とはまったく異なる文化を持つELSが、地球人類の対話方法は戦いによる命の奪い合いなのだと解釈したすえの姿である。TVシリーズを通じて戦争と対話について問いかけ続けてきた『00』だが、その総決算である劇場版での戦いが、異星体とのディスコミュニケーションによって引き起こされるというのは大変興味深い。また、地球人と宇宙移民の戦いではなく、完全な異星体との戦いであるという点もガンダムシリーズ屈指のユニークさであり、そうした意味でもELS GN-Xは稀有な存在であると言える。GN-X Ⅳを手に入れたモデラーには、ぜひ製作にチャレンジしてもらいたいモチーフだ

●ELS GN-X最大の特徴は、背部GNドライヴコーンと置き換わるようにして生えたELS。こちらは3D CADソフトのRhinocerosを使い製作した。そのほか、ヌメッとした表面を再現するため「ディテールを潰す」「エッジを落とす」といった、通常のガンプラ定番工作とは真逆の工作を各所に施している

●腕部を直接変形させたような擬態武装もELS GN-Xならではのポイント。こちらも製品付属のライフルをパテで無理やり一体化して再現。モーターツールで荒く削り込んでうねった表面を作り上げた

「Rhinoceros」で設計。単純な形なので15分くらいで作れます。ついでにプラ板から作ると面倒そうな首パーツも作りました。「DMM.make」でアクリル樹脂で出力し、軽く磨いてそのまま使用しました。足も形状が変わる部分なので製品パーツを芯にプラ板とエポキシパテで整形し、複製して両足分揃えています。

あとはとにかくエッジを丸めていきます。スポンジヤスリ、紙ヤスリ、ウェーブのヤスリスティック、モーターツール、キサゲなど使えるものはなんでも使いきます。エッジを丸めるときにあえて適当にヤスリを当てることで生物感を出すことを狙っています。ついでにモールドも削り落としたり埋めたりしていきます。モールド埋めにはポリエステルパテを使用し、硬化時の収縮を利用してわずかにディテールがあった痕跡を残しました。

ELS GN-Xも劇中ではライフル長／短、ダブルバズーカなどの武装違いがありますが、今回はいちばん印象深かったショートライフルを製作、追加で用意したGN-Xの腕を用いて差し替えで再現しました。劇中では常にモノアイのような表現になっていた目は金属球に自作のメタリックパープルで塗装し埋め込むことで正面から見ても光の当たり具合では片目しか見えないように調整しています。

GNドライヴ正面も劇中では光がグリグリと動いていましたので、HiQパーツのレンズパーツ、クリアドームに目と同様の塗装をしました。クリアドームの裏と本体側にネオジム磁石を埋め込んで位置を変更できるようにしています。

塗装は流体金属をイメージしてガイアノーツのスターブライトジュラルミンをメインにクリアーの割合を変えて表現しました。GN-X Ⅳで色の濃かった部分はクリアーブラックを追加し、粒子がキレイに並ぶよう低圧で塗装。色の薄い部分は上澄みのクリアーを抜いて高圧で粗目の塗装にしました。フェイス、コックピット、ELSコーンはガイアノーツ プレミアムミラークロームを使用しています。■

ELS GN-X

# ザクやGM、ジェガンにも負けない西暦を駆け抜けた名機

先述したとおり、ジンクスは『機動戦士ガンダム００』シリーズ全般を通して登場する、作品を象徴するMSだ。当然そのバリエーションは数多く、ジンクスⅢのような純粋な後継機から、宇宙世紀世界における06R高機動型ザク的なポジションのアドヴァンスドジンクスなど魅力的な機体が揃っている。

そして『ビルドファイターズ』では、MSV的発想でデザインされたストライカージンクス、流用パーツの使い方がおもしろいガンプラベースならではのミキシングビルド機体アクセルレイトジンクス、最新作『ビルドダイバーズ』では鬼をモチーフに取り入れたジンクスには珍しい重厚なプロポーションが魅力のオーガ刃-Xなどががキット化され、そのバリエーションの幅は広がるばかりである。その製品数が急増し注目を集めているジンクスシリーズ。複数のアニメ作品を横断し、その姿を変えながら戦い続けてきたジンクスの系譜を深く味わいたいなら、ガンプラは絶対に外せないのだ。

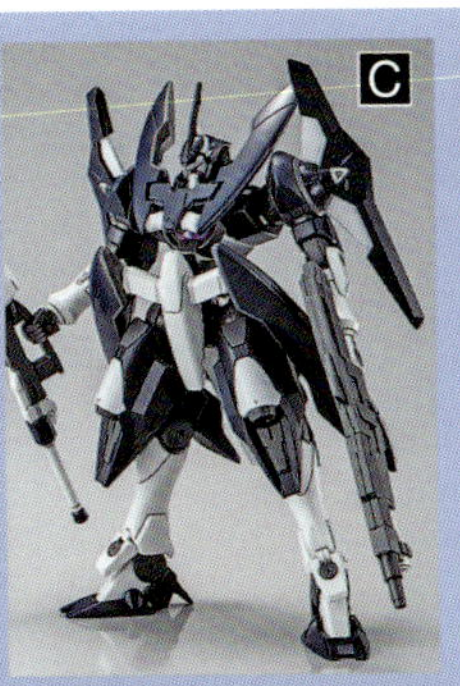

AGN-X：『00』1stシーズンに登場。HGとMGで発売
BGN-X Ⅲ：『00』2ndシーズンに登場。水色の国連軍仕様も存在。HGが一般販売、MGはプレミアムバンダイで発売された
Cアドヴァンスドジンクス：『ガンダム00 V』登場の高機動型指揮官機。HGとMGがプレミアムバンダイで販売された
Dアクセルレイトジンクス：『GBF A-R』登場。GN-XとGN-X Ⅳのミキシングビルド。プレミアムバンダイで販売
Eストライカージンクス：『GBFバトローグ』に登場。アドヴァンスドジンクスをベースに、増加装甲と大型ライフルを備えた重力下での運用を視野に入れた機体。HGで発売
Fオーガ刃-X：『ガンダムビルドダイバーズ』に登場。ガンダムAGE-1タイタスの要素を加えたパワフルな機体。HGで発売

▲足裏はプラ板やパテで肉抜き穴を埋めておく。どちらかというと地に足をつけた状態より飛行ポーズが映える機体なのでぜひ施しておきたい。サイドアーマーは厚みを増しがてら裏側を埋める。リアスカートは製品のままでもディテールが入っているので処理なしでもOK

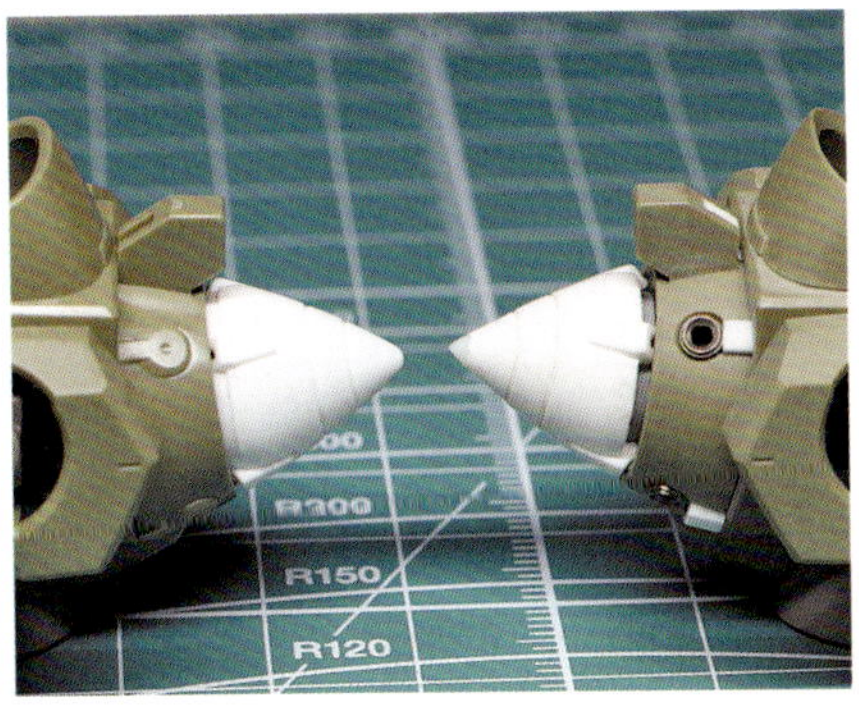

▲GNドライヴコーン部は新規造形で段落ちが追加された。作例ではこのラインに沿って切り落とし、プラ板からリングパーツを作成して2重構造に、根本の緩いモールドはプラ板とメタルパーツを使いシャープにした（向かって右が改造後）

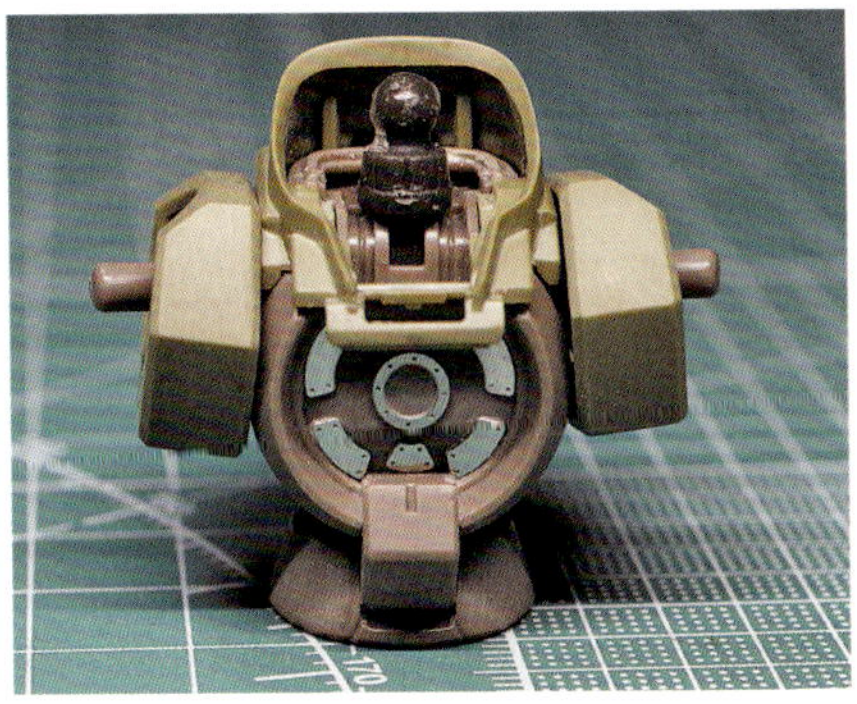

▲GN-X ⅣのGNドライヴレンズ内にはハイキューパーツ製エッチングパーツ、ジーレップを貼り付けてディテールアップ。ジーレップはゲートがないので表面処理不要、0.3㎜厚という薄さで緻密なメカディテールの演出が可能な製品だ

▶ELS GN-Xの背面コーン部をRhinocerosで製作しているところ。形状的には単純なので3DCGなら数分で製作可能。ついでにELS版の首パーツも製作している

◀3D出力サービス『DMM.make』に発注してアクリル樹脂で出力されたコーン。形状や混み具合にもよるが、発注から一週間程度で到着する

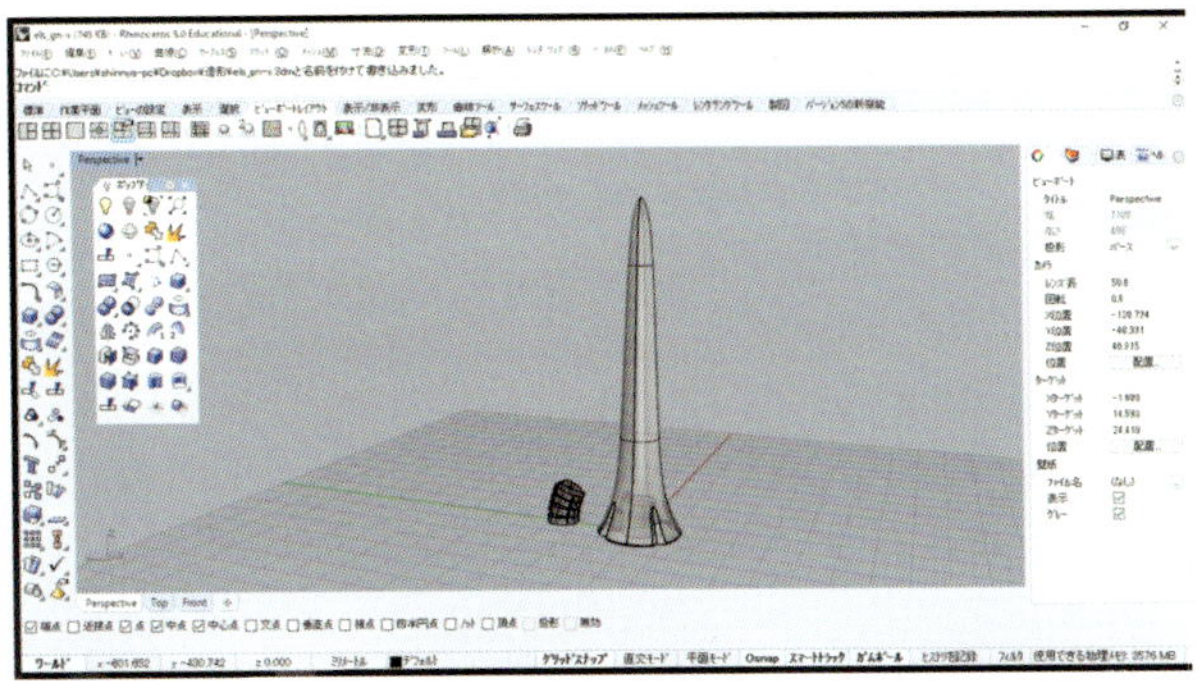

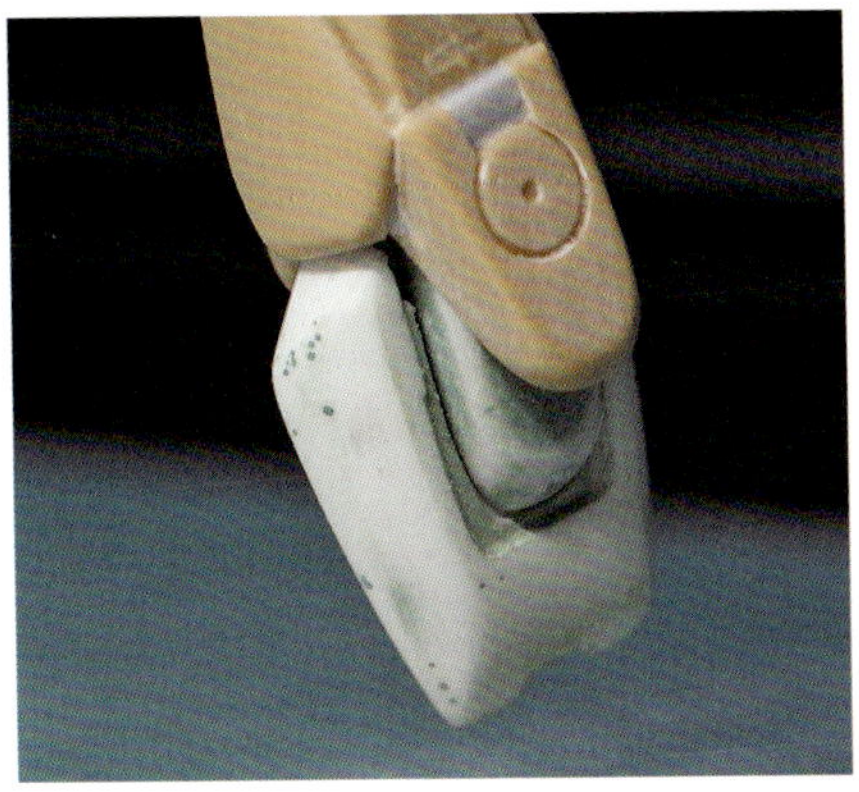

▲各部がヌルリとし、目やレンズといったディテールが異なるものの、外形はほぼGN-X ⅣそのままのELS GN-Xだが、足は折り畳まれた独特の形状となっている。こちらはプラ板とパテで形状を変更し、複製して両足ぶんを揃えた

◀▶工作がひととおり終わり、サーフェイサーが吹かれるの待つELS GN-X。緑色の箇所はポリエステルパテで埋められた箇所。各部のエッジが丸くなっているのもおわかりだろう。ちょっと牧歌的でかわいい（?）印象も受ける。アンテナもあえて曲げている

ガンダム アーカイヴス
『機動戦士ガンダム00』編

編集●モデルグラフィックス編集部
撮影●ENTANIYA
装丁●横川 隆（九六式艦上デザイン）
レイアウト●横川 隆（九六式艦上デザイン）
　　　　　丹羽和夫（九六式艦上デザイン）
SPECIAL THANKS●サンライズ
　　　　　　　　BANDAI SPIRITS

ガンダム アーカイヴス
『機動戦士ガンダム00』編

発行日　2019年8月19日 初版第1刷

発行人／小川光二
発行所／株式会社 大日本絵画
〒101-0054 東京都千代田区神田錦町1丁目7番地
URL; http://www.kaiga.co.jp

編集人／市村 弘
企画／編集 株式会社アートボックス
〒101-0054 東京都千代田区神田錦町1丁目7番地
錦町一丁目ビル4階
URL; http://www.modelkasten.com/

印刷・製本／大日本印刷株式会社

内容に関するお問い合わせ先: 03(6820)7000 (株)アートボックス
販売に関するお問い合わせ先: 03(3294)7861 (株)大日本絵画

Publisher/Dainippon Kaiga Co., Ltd.
Kanda Nishiki-cho 1-7, Chiyoda-ku, Tokyo 101-0054 Japan
Phone 03-3294-7861
Dainippon Kaiga URL; http://www.kaiga.co.jp
Editor/Artbox Co., Ltd.
Nishiki-cho 1-chome bldg., 4th Floor, Kanda
Nishiki-cho 1-7, Chiyoda-ku, Tokyo 101-0054 Japan
Phone 03-6820-7000
Artbox URL; http://www.modelkasten.com/

©創通・サンライズ
©株式会社 大日本絵画
本誌掲載の写真、図版、イラストレーションおよび記事等の無断転載を禁じます。
定価はカバーに表示してあります。
ISBN978-4-499-23271-5